JIYU YOUER NIANLING TEDIAN DE JIATING JIAOYU ZHIDAO

基于幼儿年龄特点的
家庭教育指导

郭丽华◎著

中国文联出版社

图书在版编目（ＣＩＰ）数据

基于幼儿年龄特点的家庭教育指导 / 郭丽华著. -- 北京：中国文联出版社, 2023.7
ISBN 978-7-5190-5273-7

Ⅰ. ①基… Ⅱ. ①郭… Ⅲ. ①幼儿教育－家庭教育 Ⅳ. ①G781

中国版本图书馆 CIP 数据核字(2023)第 133782 号

著　　者	郭丽华
责任编辑	王　萌
责任校对	秀点校对
装帧设计	张　凯

出版发行	中国文联出版社有限公司
社　　址	北京市朝阳区农展馆南里 10 号　　邮编 100125
电　　话	010-85923025（发行部）　010-85923091（总编室）
经　　销	全国新华书店等
印　　刷	三河市龙大印装有限公司

开　　本	710 毫米×1000 毫米　　1/16
印　　张	23.75
字　　数	300 千字
版　　次	2023 年 7 月第 1 版第 1 次印刷
定　　价	48.00 元

版权所有·侵权必究
如有印装质量问题，请与本社发行部联系调换

自 序

伟大的教育家陈鹤琴先生指出:"幼儿教育是一种很复杂的事情,不是家庭单方面可以单独胜任的,也不是幼儿园一方面可以单独胜任的,必须两方面结合才能取得充分的成效。"2022年1月起施行的《中华人民共和国家庭教育促进法》(以下简称《促进法》)总则第三条指出:"家庭教育以立德树人为根本任务,培育和践行社会主义核心价值观,弘扬中华民族优秀传统文化、革命文化、社会主义先进文化,促进未成年人健康成长。"《促进法》进一步指出:"未成年人的父母或者其他监护人实施家庭教育,应当关注未成年人的生理、心理、智力发展状况……尊重差异,根据年龄和个性特点进行科学引导。"本书围绕家庭教育指导展开。

本书共包括三个部分:第一部分是基于幼儿年龄特点的家长指导概述;第二部分是基于幼儿年龄特点的幼儿成长档案;第三部分是生活化、游戏化的亲子游戏设计。

第一部分:基于幼儿年龄特点的家长指导概述

本部分阐述了家庭教育的指导背景、阐述了家长在幼儿成长过程中的独特作用,让家长清晰,在幼儿成长过程中应该树立的正确观念,让家长清晰,在幼儿成长过程中家长不是权威的指挥者,而是应该与子女一起成长,相互促进。第四小部分,阐述了1—6岁幼儿不同年龄段幼儿的年龄特点,并提出了相应的家庭教育指导建议。第五小节,从实操的角度,围绕家庭教育如何开展进行了阐述，具体包括如何在家庭中开展科学教育、如何在家庭中开展阅读指导、如何在家庭中开展艺术教育、如何做好幼儿入幼儿园前幼儿入园焦虑的应对。

第二部分：基于幼儿年龄特点的幼儿成长档案

本部分基于幼儿年龄特点记录了幼儿1—7岁成长过程中的典型行为，形成幼儿成长档案记录，每一个成长档案中描述了某一年龄段幼儿的典型行为表现以及家长的困惑问题，在此基础上从教育学和心理学的角度分析了幼儿出现这一行为的原因，并提出了具体的家庭教育策略。每一个档案都包括问题描述、成因分析（为什么）、应对策略（怎么办）三部分内容。这些表现包括1—2岁不爱穿袜子、老闹着出门、翻箱又倒柜等，都是这个年龄段幼儿的典型行为表现，那为什么会出现这些"问题"呢？其背后的原因是什么？面对这些行为家长适宜的应对策略是什么？每个档案中都进行了详细的分析。透过对不同年龄段幼儿档案的记录、成因的分析，以及家长应对策略的阐述，家长就能从一个纵向的维度看到幼儿发展足迹，掌握幼儿发展特点和规律。

第三部分：生活化、游戏化的亲子游戏设计

游戏是由儿童的内在需要而引发的一种愉快的活动，是幼儿期的基本活动。世界《儿童权利公约》明确规定"儿童有游戏的权利"；1989年颁布的《幼儿园工作规程（试行）》指出，幼儿园应当"以游戏为基本活动"；2001年颁布的《幼儿园教育指导纲要》指出，幼儿园教育应"以游戏为基本活动"；2012年颁布的《3—6岁儿童学习与发展指南》指出："幼儿的学习是以直接经验为基础，在游戏和日常生活中进行的。要珍视游戏和生活的独特价值。"《纲要》《指南》等多个幼教法规中都强调，要

以游戏为基本活动，这意味着把游戏作为幼儿园教育的基本组织形式得到前所未有的重视，让幼儿在游戏中学习，寓教育于游戏之中，是我们必须遵循的幼教准则。但是具体到家庭中，如何做到在游戏中学习呢？亲子之间可以进行哪些游戏？又该如何实施呢？本部分从数学、科学、语言、音乐等领域维度创设出很多家庭亲子游戏，还从家庭常规物品出发，设计出球、家居用品游戏等各类游戏。每个游戏中包括游戏名称、游戏准备、游戏目的、游戏玩法、温馨提示、适宜年龄等部分，家长拿来即可使用，方便、便捷、通俗、有趣、可操作性强。书中共列出了500多个亲子游戏，内容非常丰富。

总之，本书的特点是实用性，实操性强是本书的鲜明特点，本书中无论是对于幼儿成长过程中的"问题"的分析及策略的提出，还是亲子游戏的设计，操作性都非常强。能给予家长非常具体的指导，并提高家庭教育的质量。

郭丽华

目 录

第一部分　基于幼儿年龄特点的家长指导概述　001
  一、家庭教育指导的背景　001
  二、正确认识家长在幼儿成长过程中的作用　004
  三、家长与子女相互促进，共同成长　005
  四、正确认识幼儿的学习特点及家庭指导建议　013
  五、家庭教育指导的具体实施　026

第二部分　基于幼儿年龄特点的幼儿成长档案　058
  1—2 岁成长档案　058
  不爱穿袜子　058
  老闹着出门　061
  翻箱又倒柜　064
  2—3 岁成长档案　067
  不爱玩玩具　067
  自己打自己　070
  沉默天使　073
  病好变坏　077
  破坏大王　080
  吃手成瘾　082

迷恋手机	085
不爱读书	088
看电视着迷	091
着迷现代电器	094
吃雪糕大王	097
3—5岁成长档案	099
直面公共场合的哭闹宝贝	099
宝贝慢悠悠	102
羞答答的你	106
宝贝也"疯"狂	109
好捉弄人	113
盲目自信	116
好管人	118
不爱上兴趣班	121
超爱臭美	124
爱上流行歌曲	127
宝贝羞答答	129
总不开心	132
家有小尾巴	135
恶作剧	139
不讲礼貌	143
狡辩专家	146
家人生病了	148
总爱讲条件	151

5—7 岁成长档案　154
不认真学习　154
小科学家　158
爱当小领袖　160
孩子说话很"伤人"　163
喜欢玩结婚游戏　167

第三部分　生活化、游戏化的亲子游戏设计　170

30 个音乐游戏——敲响成长乐章　170

50 个生活游戏，为妈妈排忧解难　188

16 个备战春节游戏，伴宝贝欢欢喜喜迎大年　205

53 个语言游戏——为智力发展提速　212

54 个数学游戏——激发智慧思维　232

35 个球类游戏，弹出智慧　251

35 个情绪游戏——让宝贝玩出好心情　265

科学游戏——让宝贝做小小科学家　276

家居用品游戏——让宝贝在寒冷的冬日玩出热情与智慧　291

43 个传统游戏，感受妈妈的快乐童年　312

三类游戏，让宝贝注意更持久，学习更有效　327

44 个手指游戏，练就一双小巧手　338

"水"游戏，让宝贝玩出清凉夏日　353

参考文献　368

第一部分
基于幼儿年龄特点的家长指导概述

一、家庭教育指导的背景

家庭教育是学校教育和社会教育的基础。科学的家庭教育是儿童健康成长的重要保证。一方面，幼儿园进行家庭教育指导可以了解家长的教育需求，帮助家校通力合作，才能整合教育资源更好地发挥教育的作用。幼儿园应当承担起指导家庭教育的责任，要帮助家庭创设良好的教育氛围，积极促进家园协同一致教育。陈鹤琴："幼儿教育是一种很复杂的事情，不是家庭单方面可以单独胜任的，也不是幼儿园一方面可以单独胜任的，必须两方面结合才能取得充分的成效。"

苏联著名教育家马卡连柯在论述学校教育和家庭教育的关系时，有一个简单而鲜明的观点，那就是："学校应当指导家庭。"因为学校（幼儿园）是从事教育的专门机构。在家长的教育素养普遍需要提高的情况下，教师应主动地指导家庭教育。美国北佛罗里达大学隆巴那认为，学校应在家校合作中起"主导"作用。因为学校是从事教育的专门机构，拥有大量的教育专业人员，能按教育规律科学地对儿童进行教育。

《九十年代中国儿童发展规划纲要》指出，要"发展社区教育，建立起学校（托幼园所）教育、社会教育、家庭教育相结合的育人机制，创造有利于儿童身心健康、和谐发展的社会和家庭环境"。

1992年国务院颁发《九十年代中国儿童发展规划纲要》，提出了幼儿家庭教育指导的目标：到20世纪末，要使百分之九十儿童（十四岁以下）的家长不同程度地掌握保育、教育儿童的知识，要发展社区教育，建立起学校（托幼园所）教育、社会教育、家庭教育相结合的育人机制，创造有利于儿童身心健康、和谐发展的社会和家庭环境，因地制宜，采取多种形式，通过多种渠道，广泛深入地宣传、普及家庭优生、优育、优教的基本知识。

1999年《中共中央 国务院关于深化教育改革全面推进素质教育的决定》指出："全面推进素质教育，是我国教育事业的一场深刻变革……学校、家庭和社会要互相沟通、积极配合，共同开创素质教育工作的新局面。"

《幼儿园教育指导纲要（试行）》在总则中指出："幼儿园应与家庭、社区密切合作，与小学相互衔接，综合利用各种教育资源，共同为幼儿的发展创造良好的条件。"幼儿园与家长共同担负起幼儿教育的重任，是现代社会对幼儿教育提出的客观要求，也是实现幼儿教育目标的重要保证。《幼儿园教育指导纲要（试行）》中进一步指出"家庭是幼儿园重要的合作伙伴。应本着尊重、平等、合作的原则，争取家长的理解、支持和主动参与，并积极支持和帮助家长提高教育能力"。要做好新时期幼儿园家长工作，必须深入学习领会《幼儿园教育指导纲要（试行）》精神，既要更新观念、提高意识，又要在实践中加强研究与探索的力度，建立积极的家园合作关系，不断创新工作思路，改进工作策略。引导和帮助家长树立正确的教育观和科学的育儿观，积极发挥家庭教育在幼儿成长中的重要作用，营造儿童良好成长环境。

2010年2月26日，我国首份《全国家庭教育指导大纲》发布，系统阐述了家庭教育指导的相关要求、原则和内容，把指导家庭教育和家园互动的重要性提到了相当的高度，幼儿园必须承担起指导家庭教育的责任。

《幼儿园园长专业标准》"调适外部环境"部分，第58条指出园长要："面向家庭和社会（社区）开展公益性科学育儿的指导和宣传，利用家长学校、家长会、家长开放日等形式，帮助家长了解幼儿园保教情况。开展家庭教育指导，注重通过多种途径，转变家长教育观念，提高家长科学育儿能力。"

为指导幼儿园和家庭实施科学的保育和教育，促进幼儿身心全面和谐发展，教育部出台了《3—6岁儿童学习与发展指南》（以下简称《指南》），《指南》中指出"家庭、幼儿园和社会应共同努力，为幼儿创设温暖、关爱、平等的家庭和集体生活氛围……让幼儿在积极健康的人际关系中获得安全感和信任感"。《指南》对3—4岁、4—5岁、5—6岁三个年龄段末期幼儿应该知道什么、能做什么，大致可以达到什么发展水平提出了合理期望，指明了幼儿学习与发展的具体方向；教育建议部分列举了一些能够有效帮助和促进幼儿学习与发展的教育途径与方法。可以说《指南》是幼儿教育的福音，是指导幼儿园和家长科学开展幼儿园教育的"指南"。

2022年1月起施行的《中华人民共和国家庭教育促进法》（以下简称《促进法》）总则第三条指出："家庭教育以立德树人为根本任务，培育和践行社会主义核心价值观，弘扬中华民族优秀传统文化、革命文化、社会主义先进文化，促进未成年人健康成长。"《促进法》进一步指出："未成年人的父母或者其他监护人实施家庭教育，应当关注未成年人的生理、心理、智力发展状况……尊重差异，根据年龄和个性特点进行科学引导。"

整体来看，我国政府对家庭教育指导非常重视，出台了多方面的政策文件保证家庭教育指导的有效落实，但是我国的家庭教育指导起步较晚，目前尚处于快速发展阶段。而且现有的一些研究指向理论的多，而具体操作过程中家长到底应该怎么做？实践层面的研究相对较少。

现代家庭教育有了明显的优势，首先，家长家庭教育意识有了明显增强，许多家庭都把子女教育摆在了优先发展的地位。其次，家庭成员文化素质提高，使得家庭教育质量也不断提高。再次，由于孩子少了，因此家长有相对充裕的时间和精力来教育孩子。最后，随着时代的发展，家庭都拥有了比较优越的经济条件，这为孩子接受好的家庭教育提供了坚实的物质保障。所有这些变化，都为幼儿接受更好的家庭教育提供了有利的条件。但是条件的改变并不必然带来高质量的家庭教育，许多家长不明白"为什么我付出了这么多苦心却见不到教育效果？""为什么所有心血都花到孩子身上了，可是现在的孩子怎么了？就是管不好，让人头痛！"其实，我们认为："没有不好的孩子，只有不好的家长"，"孩子不适宜行为背后有着合理的理由"，孩子身上的"种种问题"都能在家长不恰当的教养意识与方式中找到症结，孩子的种种不适宜行为令人担忧，孩子需要教育，但其实首先应该接受教育的是家长，只有"釜底抽薪"，从源头上、从根源上改变家长，孩子才能得到更快更好的发展。

二、 正确认识家长在幼儿成长过程中的作用

家长要重视对幼儿的教育这点毫无疑问是对的，但是家长在幼儿成长过程中影响到底有多大？与教师相比，家长、教师对幼儿的影响孰重孰轻？

家庭这个以血缘关系组成的、人一出生就生活于其中的社会群体，是幼儿最重要的安全基地。过去没有成立专门的幼教机构的时候，家长承担

着全部的幼儿教育任务，后来，随着托幼机构的建立，幼儿教育才逐步被分担，但是人们也由此产生了一种误会，以为学前教育即幼儿园教育，而忽视了家庭的作用。事实上，幼儿的大部分时间是在家庭中度过的，孩子从出生到长大成人，约有三分之一的时间在家庭度过。家长对孩子的教育在相当大的程度上影响着孩子的未来，家庭教育对每一个人来说，不仅是做人的摇篮教育，也是做人的终身教育。心理学家埃里克森认为，父母对孩子的态度为儿童以后对社会的态度奠定了基础。在个性、社会性、智力发展和文化特征方面，父母是孩子的第一个最重要的环境影响因素（瑞典贝肯罗斯），国际教育成就评价协会的研究表明，家长在幼儿的社会性发展方面所起的作用，并不亚于幼儿园。在城市，尤其是家庭文化水平较高的地区，家庭在幼儿认知发展中的作用大大超过了托幼机构。

可见一个小生命诞生，给家庭、父母能带来无限喜悦和希望，但更让家庭和父母从此担起了一份永远的、沉甸甸的养育和教育的责任。家庭，是人一生教育的起点；父母，是孩子一生教育的第一位老师。家庭教育尤其是幼儿家庭教育，在整个教育过程中，占据着举足轻重的地位。

三、家长与子女相互促进，共同成长

"相互促进，父母与子女共同成长"是《中华人民共和国家庭教育促进法》第十七条中提到的第八条教育方式。这一条，指出了家庭教育中存在的一个重要问题：在传统的教育方式下，家长认为在家庭教育过程中该教育、需要成长的是孩子，家长的职责在于监管甚至是看管孩子，这样的父母高高在上，认为凭借自己的老经验和已有的知识就能教育好孩子。事实上，从家长来看，在快速信息化社会，家长的已有经验不能满足孩子成长的需求，父母也需要与时俱进，和孩子一起学习，一起成长。从教育对象来看，每一个孩子都是独特的个体，家长只有不断学习，走近孩子，了解孩子，和孩子相互促进，才能找到更加符合孩子学习特点的方式来开展家庭教育，实现子女和自身的共同成长。

家庭教育中需要教育和成长的不仅是孩子，还有家长。家庭教育不是"家长"说"孩子"的单向的过程，家庭教育是家长和孩子双向互动、教学相长的过程，孩子向父母学习，父母向孩子学习，相互学习，相互促进，能实现父母与子女共同成长。这是新时代对父母提出的要求，也是新时代父母必须掌握的重要方法。

（一）父母做好自我的提升

毛毛大班第二学期，都快要入小学了，别的小朋友都开始学习小学知识了，但毛毛却好像整天脑中只想着玩，一刻也闲不下来。家长教他认字他不干，让他学写字也不动，但如果和他玩，给他讲奥特曼，他却非常有兴趣，还能滔滔不绝地讲很多，玩积木也是毛毛的爱好，一玩就没完没了。家长为此很着急，特意给毛毛报了学前班，好像也收效甚微，而毛毛也变得越来越不快乐！

俗语云："孩子在外的表现就是父母在家的表现""孩子在外面说的就是家长在家里说的"。在家庭教育中，家长是教育者，"教育者先受教育"，这是一条普遍的原则。德国存在主义哲学家雅斯贝尔斯在其专著《什么是教育》中做了一组形象的比喻"教育意味着一棵树摇动另一棵树，一朵云推动另一朵云，一个灵魂唤醒另一个灵魂"，作为孩子成长中重要的家长，给孩子一个什么样的原生家庭，以什么样的灵魂去唤醒孩子的灵魂，这个问题至关重要。所以在这个意义上，我们认为，家庭教育，重在家长的自省和修行，好的家长，向外劝导孩子，向内修行自我，做好家长的自我修炼才是问题的根本。教是为了不教，如果家长能由内而外做好自我的修炼，从自身观念到行为能够做到自觉，那么事实上家长就已经实现了"不教而善"，也就是说家长在无声无息中以潜移默化的方式将自己对生命的解读，对社会规则的理解，为人处世的方式传递给了孩子。

有句话叫作"没有有问题的孩子，只有有问题的家长"。很多时候，貌似在孩子身上存在的问题都是家长"眼中"的问题，如果家长经过学习、经过自我反省对自我进行调整，对自己的认识进行转变，你会发现"问题"不复存在。家长自我完善了，观念改变了，孩子也因为家长的完善而获得幸福。

案例中的毛毛是一名大班幼儿，孩子活泼好动，喜欢游戏，在游戏中孩子获得快乐。但是慢慢地毛毛不快乐了，因为家长让他学写字、认字，家长不了解，自己的做法违背了毛毛学习成长规律，对毛毛来说，学习发生于生活和游戏中，在讲述奥特曼故事的过程中，在思考搭建积木的过程中，毛毛恰恰进行着有意义的学习。如果毛毛家长能通过学习了解毛毛的学习特点，能仔细观察并捕捉毛毛的兴趣点并加以引导，如果家长能将孩子的快乐成长放在第一位，而不受外在攀比、比较等因素的影响，那么毛毛的家长就会找到毛毛童年快乐成长的秘密，所谓的"问题"也自然就不存在了！

（二）家长和孩子一起学习和成长

不知从什么时候开始，萱萱的头脑中有了无数个问题，看到蚂蚁，萱萱会问："妈妈，蚂蚁的家在哪里？""如果下雨蚂蚁怎么躲避？""蚂蚁爱吃冰激凌吗？"看过恐龙的书后会问："三角龙是真的有三个角吗？""它是食肉恐龙吗？"谁？什么？为什么？每日萱萱总有各种问题"突袭"着妈妈，让妈妈感到尴尬又无奈。

其实，好奇好问是孩子的特点，每个家长都经历过被孩子问而不知如何回答的"尴尬"。面对这样的情境不要在乎家长的"权威",不要担心自己"没面子"。坦诚地和孩子一起面对这些未知的问题,以更加开放的姿态向孩子学习,和孩子一起通过翻阅书籍、网络搜索等方式查阅相关资料,既能获得关于问题的答案,还能密切亲子关系。比如面对孩子对蚂蚁的诸多问题,家长可以和孩子一起搜索关于蚂蚁的科学知识,还可以带孩子在小区里面进行观察,找找蚂蚁的家在哪里,观察观察蚂蚁都长什么样,它们都在忙着干什么,它们喜欢吃什么,和孩子一起成长,一起探索。

图书馆有非常多的书供孩子选择,是探究的好环境。所以,如果有条件,建议家长多带孩子去图书馆,当孩子很小的时候可以一星期去一次,随着孩子日渐长大,可逐步增加去图书馆的频率。在图书馆,家长有时间的话可以围绕孩子感兴趣的问题,和孩子一起查阅资料、寻找答案,也可以孩子看孩子喜欢的书,家长看家长喜欢的书,相互陪伴又互不打扰。除了图书馆,动物园、博物馆、天文馆、农场、社区科学馆等都是帮助幼儿发现问题和解决问题的好地方,建议家长经常带孩子去,养成一种和孩子一起学习的习惯。

(三)家长和孩子做朋友

松松非常喜欢画画,一天,他画了一幅画,高高兴兴地拿给妈妈看,妈妈一看感觉很诧异,松松画的自己眼睛怎么是一条缝呢?难道他不知道自己的眼睛非常大吗?他对自己的特征怎么把握这么不准呢?妈妈很纳闷,但是也没有直接质疑松松,而是走到松松身边,蹲下身问孩子为什么画的眼睛这么小,松松抬起头,扑闪着大眼睛告诉妈妈:"我画的是暑假去南戴河的事情,那里太阳好晒,我眼睛睁不开,只能眯着。"说完乐呵呵地笑了,眼睛眯成了一条缝。妈妈恍然大悟。

幼儿的生活世界不同于成人的生活世界,他们的世界是童真、童趣、童话般的，是前科学的、直观的、轻松的、自由的，这样的世界和充满事实与规律、规则与秩序、理性与规范的成人世界有着很大的差异。也正因如此，孩子的成长过程中会出现很多"问题"，面对这些问题，有的家长会置之不理，任由孩子自由发展，有的家长会批评。每个孩子都是独特的个体，孩子都有自己成长的特点和规律，我们倡导家长蹲下来，做孩子的朋友，和孩子像朋友一样地沟通，尊重孩子作为独立个体成长的能力和权利，以平等的态度去了解孩子的内心世界；和孩子一起共读孩子喜欢的书、一起旅游，倾听孩子讲述自己的绘画作品内容；遇到事情倾听孩子的想法，以耐心、爱心、宽容之心、理解之心去了解孩子。根据孩子的兴趣、发展特点调整家长的教育方式和教育策略，引领孩子获得主动、快乐而有意义的发展，实现父母和孩子的相互促进、共同成长。

（四）重言教更重身教

幼儿对事物好坏的辨别还比较差，只要是父母和老师说的或做的，就认为是好的、对的、美的。他们每天都在用最精细的眼光去注意生活中的一切问题和观察着大人的一举一动、一言一行，一切都想模仿，一切都想学。于是，父母便成了他们学习的示范老师。父母的一举一动、一笑一颦，都像一张张生动形象的图谱一样展示在幼儿们面前，幼儿从中模仿父母待人接物的方式，逐渐形成自己的是非标准、善恶观念和行为习惯。所以，有人也把这个时期的教育称为"图谱教育"。如果父母在各方面的表现是良好的、适当的，幼儿看得见，学得着，耳濡目染、潜移默化，久而久之，幼儿就会受到良好的家庭教育，并健康地成长起来。否则，正如鲁迅所指出的："父母的缺点，便是子孙灭亡的伏线，生命的危机。"所以律人先律己，不要要求孩子注意交通安全，自己却不遵守交通规则，红灯亮时强行通过；不要一再叮嘱孩子要好好学习，可是自己下班回来就看电视，一看看到夜里十二点；不要要求孩子讲文明礼貌，可是自己却脏话连篇。这样所有的教育都是白费，所有的辛苦都是徒劳，所有的努力都被自己的行为抵消。

（五）理智审慎抉择

很多时候，家长走入家教误区与整个社会背景息息相关，在市场经济环境下，大量各种各样的广告充斥着家长，让家长在各种"名目繁多"的煽动面前迷失了方向，看着周围的人纷纷去参加某个活动或者都去某机构参加某课程，许多家长坐不住了，出于从众心理盲目地效仿别人，让孩子也跟着背上各种各样的包袱。如在很多人对"幼小衔接"这一名词尚觉新鲜时，幼小衔接班已经以大热姿态在各类培训班中站稳了脚跟。这些班价格不菲，3000元一个月，但在主办方的大力宣传下，许多家长盲目跟风，以至于形成了热潮，形成了提前几个月预订名额的态势。对此专家指出，家长在家就可以引导孩子完成幼小衔接，该类型班大热，纯粹是家长盲目跟风造成的。所以我们劝诫各位家长无论做什么事情都要理智选择、审慎抉择，如果自己不懂，可以向教师以及其他专业人士咨询，科学地为幼儿搭建好成长阶梯，不要因为自己的赶时髦或者自己的功利心态，为无辜的幼儿带来巨大的负担。

（六）爱有度严合理

爱是相互的，爱也是需要培养的，但是有些家长只是一味地爱孩子甚至对孩子百依百顺，却没有教育孩子懂得爱，更没有教育孩子去爱别人。这种沉浸在单向输入爱河中的孩子，一般都认为别人爱他是天经地义的，而自己却不懂得去关心别人，关心周围的人和事物。这样的孩子将来在与人交往中，总是以自我为中心，自私自利，只懂得索取，不懂得付出，更不关心他人疾苦，在生活中则是畏难、胆怯，没有自己动手尝试的意识。

"爱子之心人皆有之"，但是这种爱不是溺爱。教育家马卡连柯说：

"一切都给孩子，牺牲一切，甚至牺牲自己的幸福，这是父母给孩子的最可怕的礼物。"我们倡导对幼儿的爱要爱得适当，爱得合理，爱中有教，教中有爱，在爱孩子的同时也要教育孩子去关心妈妈、爱护爸爸，更要教育他们尊重老人，帮助爷爷奶奶做力所能及的事情。如为奶奶捶捶腰，为爷爷端杯水，在幼儿园，我们也要教育孩子尊重老师的劳动成果，知道老师整天在为他们辛勤做事，更有义务去照顾小班的弟弟妹妹，这样培养起来的孩子才是一个生活在爱中，也懂得感恩，懂得去爱别人的人。

在幼儿成长的过程中会出现很多的问题，家长会为此着急、会为此批评幼儿，但是家长一定要切记，家庭永远是幼儿也是每个人的心灵港湾，这里可能有批评、有责难，但爱是永恒的，爱是人类最美好的语言，能够感化一切。当幼儿出现问题时，家长一定要用自己的爱、感化幼儿，帮助幼儿健康成长；当幼儿气馁时，家长要用爱鼓励孩子站起来，重新开始。家长是孩子永远的保护神，家长的微笑、家长的理解、家长不绝的爱会给幼儿带来无穷的力量。

期望过高，必然会要求过严，要求过严，期望会化为失望，爱心能结出苦果。将来的世界是孩子们的。孩子们有他们自己的期望和向往，我们要相信孩子们将来一定会发挥各自潜能和所长，用自己的双手创造出美好的生活。

家庭是幼儿走好人生旅途的第一站，家庭教育是整个教育事业的奠基石，作为幼儿专业教育者，我们有责任帮助家长正视自己的问题，有责任帮助"空有望子成龙之心，而无教子成龙之术"的家长走出家庭教育的误区，科学地教育子女，用家长的教育智慧托起明天的太阳。

（七）让孩子在游戏中成长

幼儿的学习特点是由幼儿的思维特点决定的，3—6岁幼儿的思维总的特点是具体形象，但小、中、大班幼儿思维特点也都呈现出各自的特点。

3岁幼儿思维是知觉行动的，他们的认识很大程度上要依赖行动。边说边做、先做后说是他们的典型行为表现。比如有的孩子会拿印章在家到处乱"印"，弄得家里哪里都是红印，这种行为貌似孩子的捣乱，其实正是孩子的学习，家长正确的做法应该是准备好多白纸贴在墙上，这样既保护孩子，又满足孩子行动学习的需求。4—5岁的孩子是具体形象思维，这种思维的特点是通过直观形象的看与体验来解决问题，其特点是具体性、形象性的，思维的内容是具体的，思维要依靠形象，一根树枝，孩子能一会把它想象成枪，一会儿把它想象成马鞭，而过一会儿又成了大马。所以这个阶段的孩子特别喜欢玩象征性游戏，家长要多给幼儿提供具体的活动情境与活动形式。

基于幼儿的思维特点，有专家指出幼儿的思维在手指上。美国华盛顿儿童博物馆的墙上写着一条醒目格言："我听到了就忘了，我看见了就记住了，我做过了就理解了。"幼儿主要依靠感知、动作与表象来认识世界，依靠具体的、直接的经验来理解周围的环境。对幼儿来说经验来自活动，思维来自游戏，活动、游戏是幼儿学习中两个最为关键的词汇，幼儿的学习始于对物体的直接行动，游戏是幼儿的基本活动，是家长必须牢记的教育原则。一日生活的吃喝玩乐都是学习的时间与空间，千万不要以为孩子游戏就是在浪费时间，孩子游戏是非常宝贵的学习，在游戏中孩子学会了与人交往、沟通与交流，学会了解决问题，学会了角色情感体验，这对孩子来说都是非常宝贵的经验。他们的学习隐藏在最朴实的游戏和生活当中。比如走路时可以数自己的脚步，这就是学习了数学；和小伙伴们一起玩角色扮演游戏，这就已经培养了孩子的表达能力和与人交往的能力。这些都是学习，在游戏中学习、在生活中学习是幼儿的学习特点。

孩子的思维特点决定了给幼儿讲抽象、枯燥的知识是不合适的，比如与其让孩子空口数1—5，不如给孩子5个苹果让孩子一个一个去点数；与其拿着书给孩子讲动物的特征，不如带孩子去动物园亲身观看；与其在书本上学习春天，不如让孩子走出家门，走进大自然去发现、感受春天的秘密；与其让孩子学习计算，不如带孩子一起去超市购物，亲身感受结账的过程，或者与孩子一起玩超市买商品的游戏，让孩子在游戏中学习数的分解、数的组成……这样孩子学得快乐，记得深刻，何乐而不为？

（八）享受童年快乐成长

尽管现代家庭趋向小型化、简单化，但为了照顾孩子，小家庭与父母家仍保持着密切的联系，有的住在父母家，也有的请父母来同住，四个大人围着一个小孩转，形成了"四二一"众星捧月的家庭模式。孩子在家饭来张口、衣来伸手，什么也不用做，孩子应该自己做的事情，也一概被家长替代。过度保护、包办代替，使孩子到了该长大的年龄却总长不大，并产生了以自我为中心、依附成性、自理能力低下、社会适应能力极弱等一系列不良心理效应，单向的爱使他们的行为能力都退化了，导致孩子缺乏主动学习成长的机会，出现了保护过度。

除了"包办成长"，还有一种现象是"催促成长"，让孩子去做与他们年龄和身心特点不匹配的事情，比如在幼儿园时期大量地计算。其实，人生的每个阶段有不同的任务，童年期身心各方面都还没有发育成熟，对他们来说主要任务就是成长。让童年期的孩子做青年期的任务是违背人成长规律的，给孩子创造良好的成长环境，让孩子心平气和、轻轻松松地享受父母的爱，让他们健康快乐地成长是家长应当承担的责任。

四、正确认识幼儿的学习特点及家庭指导建议

我国著名教育家顾明远教授主编的《教育大辞典》中把家庭教育定义

为:"家庭成员之间的相互影响与教育",通常是父母对子女辈进行的教育。

李洪曾指出:"家庭教育指导一般是由家庭以外的社会组织,以家长为对象,以提高家长的教育素质、改善教育行为为直接目标,以促进儿童身心健康成长为目的的一种教育过程。"在幼儿园开展家庭教育指导活动通常被称为"家园共育""家园合作"。

"幼儿园家庭教育指导"是指幼儿园组织的、以学前幼儿家长为主要对象的、以家庭教育为主要内容的教育活动,借助于幼儿园教育资源的优势,对幼儿的家庭教育进行引导和教育,以提高家长家庭教育指导方式和途径。

(一) 0—1岁幼儿发展特点及游戏学习指导

0—1岁是幼儿各种身体机能、心理行为发生和初步发展的时期,在游戏中学习、在游戏中发展是这一阶段幼儿学习的主要特点,亦是促进孩子更好更快发展的必要必需途径。以下围绕0—1岁、1—2岁、2—3岁各年龄段幼儿发展特点,结合实例就如何指导幼儿进行游戏学习进行论述。初生婴儿喜欢听、看、触摸和节奏活动,对人的声音和面部表情、各种质地的物质等都做出反应。渐渐地他们开始学习如何感知事物,学习通过自己各种感知觉探究自己的身体能干什么,学习如何让事物再出现,学习解读声音、旋律、表情,学习听语言,为说做准备。与此同时,在成人的照料中他们也逐渐形成初步的依恋与信任。所以这一时期宝贝的教育重点首先就是成人给予孩子充分的爱,保证宝贝安全舒适的生活,并对宝贝的哭叫以及喜怒哀乐做出及时的回馈;其次提供安全的可供宝贝运用多种感官听、看、拍、抓、滚、玩弄的材料,让宝贝在操作中接触事物,开始了解世界之旅。这个阶段要多引导孩子进行各种感知觉的游戏活动,让孩子在各种快乐的游戏中探究、学习。

游戏教育活动举例：

亲密接触——日常多给予宝贝亲密的拥抱、接触与抚摸，在亲密的接触中，成人可以抱着宝贝唱一些小歌曲或小儿歌，让宝贝反复听。比如睡觉前反复听摇篮歌等，当然方便的话还可在听的过程中随着歌曲节奏抱着宝贝轻柔地跳舞。这样不仅能减少宝贝忧虑，让宝贝感觉舒适，还能让宝贝逐渐建立起对周围环境与人的信任。

触摸世界——只要宝贝醒着，他们就在不停地忙碌着、探究着这个世界，您可准备色彩鲜艳的不同物品让宝贝玩，如画有脸的图片，不同质地的家居衣服、皮毛等，装有各种塑料玩具的篮子，各种通过挤压能发声的玩具。

水世界——水是幼儿最喜欢的物质之一，在温度适宜的房间里，把宝贝放在澡盆里，把水淋到宝贝身上，他会感觉非常惬意，宝贝会自己拍水、泼水、踢水。为让游戏更有趣，可以在澡盆里放上海绵、各种杯子、瓶子等，让宝贝挤水、滴水、装水、倒水、灌水玩。注意千万不要把幼儿单独留在水中，一定要保证好孩子的安全。

神奇魔袋——准备一个袋子（一个盒子或篮子也可以），里面放上一袋子各种各样对宝贝来说安全的东西，如各种各样的球，不同形状的塑料积木、勺子、碗，各种水果，毛绒玩具，各种形状和质地且大小不同的瓶子、罐子、丝巾、毛巾等。让宝贝尽情地触摸、玩弄，感受接触多种多样的物品。

温情一刻——在柔和的音乐中，把他抱在胸前，温柔地摸着宝贝的胳膊和腿，让他去摸你的鼻子、你的嘴巴，甚至你的头发，抚弄的过程中，看护者不停地以温柔的声音和宝贝说着话，他摸到哪里你就说出每个器官的名字。

找猫猫——找猫猫的游戏玩法多样，可以把你的脸用手捂住，让宝贝找你；也可以把毯子的一角盖在幼儿脸上，问宝贝哪里去了；还可以一个在门里，一个在门外，玩偷看的游戏。

小小阅读者——别以为宝贝小就不能阅读，事实上从第二个月起，幼儿就开始学着读书了，他会拿着你给准备的布书、硬纸书安静地玩。"摸"中读、"撕"中读是这个时期宝贝阅读的特点，照料者要为宝贝准备硬纸板图书、粗体图书等具有质地和声音的、能激发幼儿触、摸、挤压的书，让宝贝在玩中感受阅读的快乐。

（二）1—2岁幼儿发展特点及游戏学习指导

1—2岁，宝贝各方面能力都开始快速发展，在前期主要通过触摸、看、听等知觉认识世界的基础上，开始运用更多途径，如闻、尝了解事物更多特性。特别重要的是，这一阶段他们真正脱离对成人的依赖，站立起来，开始学着走、跑、跳、藏，学习如何控制自己的身体，如何巧妙地操纵物体，自主地探索周围的物质与空间世界。不仅如此，语言也在这一阶段飞速发展，一旦幼儿说出第一个词，他们语言的发展就非常惊人。他们会很快学到很多词汇，学会说简短的句子，尝试以自己的能力表达更多的想法和事情。当然随着身体的独立，宝贝的心理独立能力也开始发展，开始对成人说"不"。这个时期要重点通过有趣的游戏发展宝贝走、跑、跳，大肌肉及小肌肉运动，创设机会发展宝贝听说能力，让宝贝小嘴"唠叨不停"。心理方面要注意给宝贝自己做决定的机会，发展自主性等。

游戏教育活动举例：

快乐公园游——有空就带宝贝在户外或公园里玩，让宝贝尽情地走、跑、跳，尽情地接触生活、接触世界，走累了可以停下来，手拉手和宝贝一起谈谈在公园中的所见所闻，交流一下认识。

多功能宝物箱——准备一个纸箱，里面放入宝贝喜欢的各种玩具，如布娃娃、手偶、塑料鸭子等等，宝贝不仅能学着把这些东西一个一个拿出放回整理好，还能推着来来去去地走，当然也可以在小汽车上拴上绳子，让宝贝拉着走或跑。

爬山洞——准备一个大的硬纸箱，弄成两头开口的洞状，让宝贝爬来爬去地玩。这有利于发展宝贝想象思维以及空间概念。

敲敲打打——准备一些安全干净的锅、盆、碗、瓶子等，让宝贝拿着小棍敲敲打打，感受声音的多样，发展小手运动能力。

堆高高——积木是宝贝最喜欢的玩具之一，准备一些积木和宝贝一起堆高，边堆边聊，激发宝贝表达交流欲望。如故意把积木放在成人身边，逼宝贝通过语言要积木，不仅如此，通过堆高宝贝能积累积木堆斜了就会倒的因果经验与空间经验。

（三）2—3岁幼儿发展特点及游戏学习指导

在通过多种方式认识现实世界的同时，2—3岁的幼儿开始创造想象世界，一日生活中，他们会不时地沉浸在幼儿游戏状态，通过装扮成他人不断地理解人们做什么，装扮成别人的感觉是什么。此外，随着自身能力的发展，他们也开始尝试自我服务，尝试与同伴及他人合作游戏，探索如何用语言、图画、游戏表达自己的想法等，所以这个阶段的教育重点在于继续创设机会，让幼儿认识生活、发展身体动作机能，同时通过提供多种材料，创设装扮游戏情境，让宝贝在假装、想象的世界中了解他人世界、发展交往技能。

游戏教育活动举例：

快乐装扮——通过装扮妈妈、医生、售货员或者自己喜欢的动物，感受游戏的快乐。日常可以多准备一些手偶、毛绒玩具等让宝贝自己玩，这样不仅能促进宝贝对事物、对他人的理解，还有助于发展语言。

小小帮手——无论是在家还是在幼儿园，成人在做饭、购物、洗东西、打扫的过程中都可带宝贝一起进行。如老师在分发东西的时候，让宝贝帮着发等，通过参与这些真实的生活活动，宝贝不仅能获得知识和快乐，还能获得自尊，感受自我的成长与力量。

写写画画——准备些纸和彩色笔等，让宝贝在上面涂涂画画，感受书写的乐趣，当然写与画还可在沙子、泥土或面团上进行，此外平常可结合生活，让宝贝认识生活中的标记，玩智力拼图、卡片游戏等，这种经验能为幼儿的读写、数学和创造思维打下基础。

图书阅读——阅读活动应该伴随宝贝各个年龄阶段，2—3岁宝贝开始认识更多的事物，如果有条件的话，给宝贝创设一个图书阅读区，里面放上各种适合他们阅读的书，如人物故事图书、好结局的图书、问题图书、生活物品图书、儿歌图书等等，供宝贝随时翻阅。有条件的话，成人最好带宝贝一起读，成人的提问与启发可以帮助宝贝更好地理解图书内容。

游戏是幼儿发展强有力的促进者，在快乐的游戏中，宝贝身体、认知、社会性等各方面都能获得有益的发展，而针对宝贝各年龄段发展特点所开展的有针对性的游戏活动是确保宝贝拥有"有质量的开始"的重要保证。

（四）3—4岁幼儿年龄特点及教育建议

3—4岁的孩子刚从婴儿期步入幼儿期，一方面，他们不免带有一些婴儿的"痕迹"；另一方面，由于身心发展迅速，他们又开始具有幼儿期的显著特点。因此，小班幼儿的年龄特征十分突出。具体表现在以下方面。

1. 动作发展快

小班幼儿处于身体迅速发展的时期，而动作发展又是其重要标志。他们身体和手的动作已经比较自如，可以掌握各种粗动作和一些精细动作。由于动作发展的需要，小班孩子特别好动。由于骨骼肌肉的发展和大脑调节控制能力的不断增强，在3岁这一年中孩子动作的进步非常快。3岁幼儿在动作发展方面已经表现出明显的个体差异。我们发现，这些差异与他们的先天身体素质、性别、个性及早期教养环境有关。

家庭教育建议：为了给幼儿提供尽可能多的活动机会和条件，对幼儿动作发展的个体差异，要予以充分的理解和接纳，并为每位幼儿提供有效的帮助。不要总要求孩子当个乖乖不动的好宝贝，好动是孩子的天性，给予空间与时间，让孩子尽情操作、尽情活动。

2. 在行动中学习

幼儿动作的发展不仅对他们的身体发育，而且对他们的思维发展都有重要的价值。刚刚走过婴儿期的3岁幼儿，正处于直觉行动到具体形象思维的过渡阶段，他们的认识很大程度上要依赖行动。同时，3岁幼儿的口语表达和人际交往能力与中班、大班相比还较差，他们也常常通过自己的行动表达需求。

家庭教育建议：不要以为孩子老乱动东西、不爱坐下来就是不爱学习，边玩边学是他们的学习特点，孩子的智慧在指尖上，他们就是在摆弄中进行学习的。应充分理解和接纳幼儿"边做边说"或"先做后说"的行为，给他们用口头和肢体语言来表达思想的机会，使他们生活得更愉快。

3. 行为情绪化

情绪对3岁幼儿的支配作用很大。他们容易激动，而且激动起来就难以控制。他们对成人表现出强烈的依恋，初次离开父母，会表现得极为不安。他们的认识主要受外界事物和自己的情绪支配，他们的许多活动也都是"情绪化"的。

教育建议：不要把自己的意志强加给孩子，接收孩子活动"情绪化"的特点，积极利用情绪引导孩子开展积极活动。一日生活用有趣的游戏贯穿，引发幼儿的积极情绪。

4. 爱模仿

爱模仿是3岁幼儿突出的年龄特征。他们喜欢模仿老师、家长和伙伴。

模仿可以成为他们的学习动机，也可以成为他们学习他人经验的过程。幼儿的模仿并不是消极被动的临摹，他们在模仿中同样有创造，有自己个性与情感的表达。

教育建议：成人首先要理解和接纳幼儿不自觉的模仿行为，并挖掘其中的积极因素。家长要以身作则，成为幼儿模仿学习的榜样，同时充分利用幼儿同伴群体的资源，给幼儿在游戏中通过模仿向同伴学习的机会。

5. 把想象与现实混淆

幼儿常把自己假想的事情当作真实的事情，使他们想象夸张性的表现。成人不理解幼儿的这一特点，往往误认为他们在"说谎"。幼儿喜欢游戏，就是因为他们沉迷于想象的情景，把自己真的当成了游戏中的角色。这一特点在三四岁的幼儿身上十分突出。

教育建议：充分理解和接纳幼儿的这一特点，同时因势利导，创设假想情境引发幼儿良好行为。如针对孩子乱脱鞋，家长可以引导，两只鞋子是好朋友，总喜欢在一起，要不然它们该伤心了，这样孩子脱鞋后就会整齐地把它们摆放好。这样的方式不仅可以使幼儿充分享受童年的快乐，也使我们的教育变得非常自然。

6. 把一切东西都看作有生命的东西

幼儿常常把动物也当成人，甚至觉得没有生命的物体也会说、会动、会想，是他们的同类。他们常和娃娃"说话"，跟小椅子"再见"，这是幼儿思维"拟人性"特点体现。正因如此，三四岁的幼儿喜爱童话故事，自己也常生活在童话世界之中。

教育建议：理解和接纳幼儿的这一特点，并运用这一特点进行教育，如用拟人化的口吻与幼儿做游戏，比空洞抽象的说教有效得多，它能使幼儿保持愉快的心境，同时把教育的要求顺利转化成幼儿自身的需求。比如，当孩子挑食不吃香菇的时候，成人可以告诉孩子："香菇能把肚子里的脏东西扫出来",孩子就会相信并吃掉香菇。

(五) 4—5岁幼儿年龄特点及教育建议

幼儿园中班是幼儿三年学前教育中承上启下的阶段,也是幼儿身心发展的重要时期。有它特有的年龄特点,如下。

1. 幼儿的活动水平明显提高

中班幼儿的动作能力明显地发展起来,幼儿活动的范围大大扩展,活动的积极性有了极大的提高。因此,他们更加好动,而且探索的欲望更为强烈。

教育建议:提供更加充足的活动空间与活动时间,让他们在尝试与探索中获得发展。

2. 幼儿游戏水平特别是象征性游戏水平极大提高

小班幼儿已经有了游戏活动,但对复杂的游戏还不太会玩,需要成人领着玩。中班幼儿则大不一样,他们不但爱玩而且会玩,能够自己选择和规定游戏的主题,寻找不同的玩法,游戏能力和游戏积极性都有了较大的发展。中班阶段是幼儿游戏水平蓬勃发展的早期。

中班幼儿非常喜欢象征性游戏。他们在游戏中常把自己想象成一个特定角色,如当售票员、医生或爸爸妈妈等。游戏的情节也比以前更加丰富了,幼儿把自己想象成某个童话或故事中的人物,尤其是对故事的表演很感兴趣。他们还喜欢伴随着动作和手偶讲述,也喜欢对同一个故事重复讲述。

教育建议:尊重孩子游戏的天性,给予孩子与同伴一起进行象征性游戏的时间与空间,不阻断孩子,不把孩子的游戏当作无聊的事情。

3. 幼儿活动的自主性与主动性明显提高

中班幼儿活动的自主性和主动性有了进一步的发展,他们能够提出自己的活动想法,有主动参与活动的热情与能力,能努力完成自己选择的活动。

教育建议：幼儿自主性与主动性的发展，使得他们在活动中的目的性有所增强，对事物有自己的处理"意见"。家长都应该理解幼儿，更好地帮助他们实现合理的需要与愿望，为幼儿创设一个宽松、自主、有规则的活动环境，让幼儿真正成为自己活动的主人，日常生活中，也要尽可能多的给予孩子进行选择与决断的机会。

4. 幼儿同伴交往需求与能力大大提高

中班幼儿游戏能力与水平都有了很大的发展，与同伴的合作性游戏也逐步发展起来。他们已不满足于自己玩，而是开始喜欢找同伴一起玩。但由于社会行为的规则还没有很好地建立起来，因而他们的交往很容易发生冲突，一个重要的表现就是监督他人的行为和告状。但是，他们又非常渴望有游戏伙伴。因此，中班幼儿正是在冲突与交往需求的矛盾中，不断学会控制自己的行为，学会遵守行为规则。

教育建议：中班的幼儿有着强烈的交往需求，成人应创造机会满足幼儿的成长需求，表演游戏、角色游戏以及各种活动区的游戏，都能为这一发展需要提供帮助。在家庭中，家长要积极为幼儿创造与亲戚或者邻居家的幼儿进行交往及游戏的机会，让幼儿在与同伴的互动中学习交流、交往。

5. 幼儿想象的有意性水平提高

幼儿的想象在其各种活动中所占的地位非常重要。到了四五岁，幼儿的活动内容日益丰富，从语言故事到音乐、图画、手工等，都表现出丰富的想象力，尤其在他们的角色游戏与表演游戏中表现得更为突出。

教育建议：给予幼儿合理的时间空间，为幼儿的想象插上飞翔的翅膀。成人可以通过让幼儿续编故事、画画、做手工等进行想象表现。

6. 思维处于具体形象思维阶段

中班幼儿是幼儿期思维特点表现最为典型的时期，即思维的具体形象性最为突出。这一思维特点不仅表现在幼儿解决问题、判断事物时，而且表现在幼儿各种活动中。在游戏活动时，幼儿都是沉浸在形象化的思维活动中的。

教育建议：中班幼儿典型的具体形象性思维特点，需要为其提供具体而丰富的思维活动材料和活动空间，以保证幼儿具体形象思维的充分发挥与实现。当孩子拿着一根棍子嘴里念念有词当宝剑挥舞的时候，不要认为孩子是"疯癫"，事实上孩子正快乐地陶醉在游戏情境中。

7. 幼儿的学习方式为操作与探索

幼儿的学习活动大都建立在操作物体的主动性活动基础上。中班幼儿的活动积极性有了明显增强。对中班幼儿而言，操作活动以及探索活动是一种比较适宜的活动、学习方式。手是幼儿认识事物的一个重要工具。由于中班幼儿小肌肉动作水平有所发展，所以他们能够比较熟练地操作和使用一些物体及活动材料。一些研究发现：一个处于正常发展水平的 4 岁幼儿，一般喜欢用沙为玩具汽车造一条路。而较小的幼儿则相对更喜欢用容器来装沙和倒沙，而不是用沙来表征其他东西。再如，"四五岁的幼儿能照着一个图画配方表来配置东西，如用黄色和蓝色配出绿色"，他们还会用材料有目的地制作东西。

教育建议：中班幼儿操作与探索的能力和积极性都有了明显的提高，这对幼儿认识理解事物的特征以及发现事物之间的关系都有积极的意义。家长应理解幼儿的学习方式，为幼儿提供适宜的可供幼儿尽情探索与发现的环境条件。

8. 幼儿活动的持久性增加

中班幼儿的心理活动水平有了很大的发展，他们在一项活动中的持久性、目的性和专注性都比小班幼儿有了比较明显的提高。但这种持久性是在幼儿感兴趣的游戏与操作活动中实现的。

教育建议：由于中班幼儿活动持久性水平的提高，他们活动所需的时间既不同于小班，也不同于大班。我们要认真分析和对待幼儿在活动时间上的需求，避免幼儿因时间不够而匆忙收场和不能完成自己的建构、制作以及其他游戏活动。

（六）5—7岁幼儿年龄特点及教育建议

1. 活动的自主性、主动性提高

随着年龄的增长和心理各个方面的发展，大班幼儿不再满足于追随、服从老师，而是有了自己的想法和主见，他们活动的自主性、主动性水平明显提高。

教育建议：大班幼儿自主性、主动性提高，启示我们要适当放手、放权。无论是在学习方面，还是在生活方面，很多地方都要让孩子自己动手做。成人的任务在于为他们创造适当的条件，真正动手做的人应该是孩子。

2. 活动更加有目的、有计划

同小班、中班幼儿在行动过程中进行思考的特点相比，大班幼儿已有可能在行动之前对自己要做的事情有一个大致的想法，他们的行为少了些盲目性，多了些目的性和计划性。但是，这种目的性、计划性不是自然发生的，它有赖于成人的引导。

教育建议：做什么事情都让孩子参与学习计划的制订，并引导他们按照计划进行学习。这样，一方面可以使幼儿的主动行为始终围绕着学习计划、学习主题进行，另一方面也可以进一步发展他们制订计划、按计划行动的习惯和能力。

3. 自我控制能力提高

以大脑额叶逐渐发展和神经纤维髓鞘化接近完成为标志，5—6岁幼儿的神经系统比5岁前的幼儿成熟许多。与此相对应，幼儿的自我控制能力明显提高。这既表现在他们对动作准确性的控制上，又表现在对他们自己行为的控制上，如规则意识、坚持性的增强等。

教育建议：由于大班幼儿已有一定的自我约束能力，所以进行学习活动时可以考虑要求幼儿安静地坐下来，养成良好的学习习惯和规则。

4. 好学、好问，喜欢有挑战性的学习内容

5—6岁的幼儿有强烈的好奇心，他们思维积极、活跃，愿意学习新东西。正如陈帼眉教授在《学前心理学》中所指出的那样，"如果说4岁儿童的活跃主要表现在身体的活动上的话，那么5岁儿童的活跃主要表现在智力活动的积极性上"。在他们的头脑中总有数不清的疑问、问不完的问题。而且他们喜欢有一定挑战性的学习内容、问题情境，在经过自己的努力克服一定的困难后，解决问题后的成功体验会带给他们极大的满足和快乐。

教育建议：学习内容要有适当的难度，要有一定的挑战性，这不仅顺应了幼儿积极思考的特点，而且有利于进一步培养他们勤于思考的习惯。

5. 同伴间互动、合作多了，开始注意向同伴学习

5—6岁幼儿注意的广度提高了，交往能力也增强了，他们不仅注意自己的活动，而且还注意同伴的活动。如果有共同的兴趣或目标，幼儿相互之间会有很好的分工、合作、协作等。他们还会主动地向同伴学习，一起讨论问题等。

教育建议：对大班幼儿应多组织一些集体性学习活动，加强讨论、交流，扩大他们的信息量。与此同时家长也应多引导孩子听听别人的想法是什么，以利于培养他们的"去自我中心化思维"，让他们在实实在在地与别人共事的过程中学习共同做事，发展交往、协作能力，也为小学的班级式学习做准备。

6. 思维中出现了抽象逻辑思维的萌芽

随着神经系统的成熟，大班幼儿的思维水平较小、中班幼儿也有提高，表现为虽然他们的思维还是以具体形象思维为主，但是却出现了抽象逻辑思维的初步萌芽。在认识事物方面，他们不仅能够感知事物的特点，而且能够进行初步的归纳和推理。

教育建议：在大班应有比较深入、持久的学习，而不是每半天就换一个学习内容。

五、家庭教育指导的具体实施

家庭科学教育的实施——怎样在家庭中开展科学教育

从小萌发幼儿科学兴趣，并帮助他在接触科学、学习科学的过程中形成科学态度，培养科学思维、探究精神与动手解决实际问题的能力是时代发展对幼儿科学教育提出的必然要求。父母是与幼儿亲密接触最多的人，是幼儿成长过程中的重要他人，是幼儿的第一任科学教育启蒙者，在幼儿科学教育中起着重要的作用。但是许多家庭中父母都把教育重点放在让幼儿阅读等方面，认为科学教育是幼儿园的事情，或者孩子长大以后的事，有的父母挺重视，却不知道如何下手。以下仅围绕如何引导幼儿观察、如何通过提问引领幼儿深入思考、如何指导幼儿进行记录、如何引导幼儿像科学家一样做科学四方面说说在家庭中如何开展科学教育。

一、引导进行有意义的观察，让幼儿接触科学、发现科学、认识科学

观察是科学的一个重要组成部分，是幼儿认识自然和社会最基本、最

主要的方法，有了敏锐的观察力，幼儿才能积极主动地感知周围世界，探索发现有趣现象，获取更多的信息。为让幼儿学习科学，家长要创造各种机会引导幼儿进行观察。

（一）家中的观察

根据家庭教育特点，引导幼儿进行随机的、偶然的观察，感受各种科学现象。如许多家庭都喜欢种植一些盆花，美化净化家庭环境，家长可以利用家庭中种植的植物引导幼儿进行相应的观察；夏天妈妈买的雪糕化成了水，冰箱里的水结成了冰也都是引导幼儿进行观察的好时机。此外为了给幼儿创造更好的观察环境，家长也可以有意识地养一些适合在家庭中生活的小动物等。

记住，无论在哪里观察，家长都最好首先给孩子准备一个放大镜，它能很好地帮助孩子进行细致的、用肉眼无法进行的观察。

实例：种植

对植物的观察可以让孩子理解动植物的起因、效果，以及变化。所以在家里弄些种子、花盆、水、土等，种一些容易在家中生长的植物是让孩子学习科学的好途径。在种植的过程中，孩子会逐渐对植物生长变化的全过程有初步的了解，而在此过程中为让孩子了解植物生长的条件，还需要创造条件让幼儿进行有针对性的观察。如为让幼儿了解水与植物生长的关系，你可以在一棵植物上掰下两个枝来，分别插在两个瓶子里，一个瓶子里放着水，另一个瓶子里没有水，如此让幼儿进行持续观察，看看哪个枝叶先枯萎；为帮孩子建立阳光影响植物生长的概念，可把同样的种子种在有阳光照射和没有阳光照射的地方，让幼儿在持续的观察中感受阳光对植物生长的作用；为让孩子了解养分与植物成长的关系，同样可以找两盆花进行观察，贴有标记的一盆经常进行施肥，而另一盆则没有，让幼儿观察哪盆花长得茂盛。

（二）社区周围的观察

社区中存在着许多供幼儿学习科学的机会，在带孩子散步的过程中别忘了有意识地引导孩子进行各种观察，如在与孩子一起行走的过程中你要适时停下来，根据季节情况，让孩子使用放大镜观察各种自然现象：天气变化、泥土、叶子、花、冰、雪、水坑、岩石、虫子等等，这是孩子走出家门认识世界的开始。

实例：小虫

观察小虫能提高孩子对自然世界的理解能力及分类鉴定能力。在散步的过程中，只要留心我们会在小区周围路的裂缝中、公园里、晚上的灯光下、各种角落里发现各种虫子，这都是供孩子观察的好地方。虫子在做着各种维持生存的活动，如我们总看见各种虫子在不停地寻找着食物。对于人类来说，它们可能是有益的，可能是有害的，也可能是既有益又有害的。在指导孩子进行观察时，指导重点在于让孩子了解各种虫子的习性以及与人类的关系。如幼儿在观察蚂蚁的过程中，可以引导幼儿观察蚂蚁长什么样，是怎么生活的，它整天在忙着干什么，当它找到食物的时候怎么办，是马上就吃了还是干别的事情，等等。

（三）特定地方的观察

动物园、博物馆、天文馆、农场、社区科学馆等都是幼儿进行观察、学习科学的好地方，但是需要注意的是，通常这样的地方可观察的事物太多，不要试图通过一次参观就让幼儿认识所有的东西，这对孩子来说太多了，要细水长流，多带孩子去，最好养成一种习惯。而且参观的时候要尽量找人不是特别多的时候，人多不利于孩子认真细致地观察。

二、进行多样提问，指引幼儿思考方向

幼儿自己的观察通常是很表面、浅显、无序甚至漫无目的的，需要成

人通过提问等方式给予有针对性的指导。适宜的、启发性的语言提问可以引领幼儿进行深入、有针对性的观察，使幼儿的观察更有价值，而不是在无意识的状态中走马观花，热热闹闹，思维随着观察的结束而终止。

（一）引导孩子全面观察的提问

观察事物的外部特征是认识事物的开始，但是有时候孩子的观察却往往不全面，此时，家长要通过提问进行引导。提问可以是针对事物外在特征的，可通过视觉看到的，如你观察到了什么？它长什么样？是什么颜色的？叶子是什么形状的？叶子的两侧都有什么？地上的叶子和树上的叶子有什么不同？花朵的每个花瓣颜色和大小都一样吗？虫子有几条腿？到了秋天它有什么变化？还可以是幼儿通过触摸、闻等感知到的，如它是软的还是硬的？光滑的还是粗糙的？干的还是湿的？闻起来怎样？形状是什么样的？它是活的吗，为什么？等等。

为了保持孩子的兴趣，拓展孩子的思维与知识，你可以对孩子进行匹配提问。因为在对相似事物的对比中，孩子的认识能更加深刻，所以为让孩子更好地认识事物，可在带孩子进行观察时给孩子提供两种相似但不同的事物，并通过提问引导孩子说出它们之间的相同点与不同之处。如提供相似的岩石或者形状相似的花等，而在带孩子在动物园观察时，要适时向孩子提问"狮子看上去像猫吗？它们哪里看着相似，哪里不同？""大猩猩长得和狒狒像吗？你怎么知道它是大猩猩还是狒狒？"如此在问题的引导下，在对相似动物大小、腿的形状、脚、耳朵、爪子、皮毛特征等的比较分析中，孩子对所观察对象的认识会更加全面，也更加深刻正确。

（二）引导孩子追根究底的提问

如当你和孩子去动物园玩的时候，你就可以根据幼儿的兴趣点和关注点与孩子玩猜"谜"游戏，指引幼儿思考现象背后的原因。例如你可以问这样的问题：

——小鸟为什么要长翅膀？（使小鸟飞的时候保持平衡）

——为什么长臂猿有这么长、这么强壮的手臂？（它们的长手臂帮助它们在树上爬）

——乌龟身上为什么会有硬硬的、像盔甲一样的壳？（坚硬的壳能保护它不受伤害）

——为什么有的蛇的颜色和地面颜色一样？（蛇的颜色和周围环境的颜色一致，就不容易被其他动物发现，从而起到保护自身的作用）

这样的问题透过现象表面，直指问题核心，对于幼儿形成科学思维不无裨益。

（三）引导孩子深入思考的系列提问

幼儿对事物的认识是由浅入深的，所以，伴随着一个问题的解决，适时向孩子提出更具挑战性的提问非常必要，它能指引幼儿进行持续的、系列的、指向核心概念的探究。如在幼儿发现人"声音"的存在后，家长可向幼儿提问："你还知道什么东西有声音？"鼓励幼儿充分感知声音的存在，并在此基础上鼓励幼儿思考"声音是怎么产生的？"引导幼儿思考声音产生的原因——物体的振动，而在幼儿掌握"振动产生声音"这一科学道理后，可继续挑战幼儿"你能制造能产生好听声音的玩具吗？"鼓励幼儿利用科学原理进行创造……三个逐步递进的挑战性问题，指导幼儿将对科学的探究形成一个有内在逻辑联系的渐进过程，引领幼儿将探究不断引向深入。

需要说明的是，幼儿是根据自身的已有经验形成对现象的解释的，所以面对你的提问，他们可能做出与科学解释不一致的回答，这个时候，请不要对孩子说："噢，你说的是错的"，这样不利于孩子探究兴趣与热情的维持，适宜的做法应该是表现出"无所谓"的态度，让孩子感觉犯错和不懂没关系，同时继续问孩子："你为什么这么说?"并与孩子一起通过查词典、查书籍寻找正确的解释。

三、指导进行多元的科学记录，帮助幼儿发现事物间的关系

进行全程的记录是进行科学研究过程中一个非常重要的环节，记录帮助我们记住我们的发现，什么现象发生了，什么现象没有发生，而且更重要的是通过记录科学研究的原始数据、科学探究的过程，我们能在前后记录的整理、对比和分析中，发现事物间的关系及现象背后存在的规律。所以，日常生活中，别忘了给孩子准备一个便签本，以方便孩子随时记录自己的发现，养成随时记录的好习惯。在记录本中，孩子不仅可以记录自己观察到的，还可以记录听到的、感觉到的、闻到的、尝到的等通过各种感觉途径获得的感受。如果孩子还不会写，你要帮着孩子进行记录，把孩子的言语记下来，或者也可以引导孩子自己通过绘画的方式把自己的发现记录下来。当然根据需要你也可以积极地利用各种现代化手段，如照相机、录像机等帮助孩子进行记录。此外还需注意的是，记录下来之后要鼓励孩子与他人，如同伴等进行分享，鼓励他们一起讨论他们的经历与发现，并在讨论、质疑、冲突、分享的过程中，在对自己最后的结论与最初想法及与同伴的认识相比较之中，提升自己的认识。

实例：种花

夏天是植物生长的季节，为让孩子感受植物一生的发展变化过程，你可与幼儿一起种一小盆花进行持续的观察，观察过程中把植物的重要发展变化，即播种—种子发芽—小苗苗长大—小苗上长出花骨朵儿—开花—凋谢—枯萎都用照相机记录下来有序地呈现给孩子，这有利于孩子直观、形象、完整地看到小花生长发展的整个历程。

四、引领幼儿像科学家一样做科学，亲历科学研究全过程

幼儿也是小小科学家，"让儿童像科学家一样做科学"是可行的，让幼儿亲身体验科学探究全过程不仅能让孩子自主建构科学概念，还能在此过程中培养科学思维、掌握科学方法。如沉浮实验是培养孩子像科学家一样进行科学研究的很好的载体，因为进行该实验能让孩子亲历提出问题—进行假设—实验验证—得出结论这样一个科学研究的全过程，在进行实验前，你要引导孩子立足自身经验进行假设与预测，并与孩子一起通过实验进行验证，看看结果是不是与假设一致。

实例：沉浮

通过沉浮实验让孩子了解物体的重量以及形状决定物体是沉还是浮，一般来说，重的东西会沉，轻的东西则会浮在水面上，而有时同样重量的物体，当形态变化时，如下面实验中的金属片，当它被团在一起时会沉，因为这时它的面积小，能支持它的水很少，而当它被伸展开时，会浮在水面上，因为这时候它接触水的面积大了，支持它的水多了。

进行该实验时，家长需要首先准备必需的材料，如一盆水，一块木头，一个塑料瓶盖，两片铝质金属片。实验开始，要求孩子一手拿大的木头块，一手拿小塑料瓶盖，并向孩子提问："这两个东西哪个重哪个轻？你认为木头会沉在水底还是浮在水面上？塑料瓶盖会沉还是浮？孩子根据自己的经验做出预测，之后小心地把木头块和塑料瓶盖分别放入水中，并仔细观察两种物品的沉浮现象，看结果是否验证了自己的预测。完成后把准备好的两片伸展的铝质金属片交给孩子，一块叠成船的形状放入水中，另一块则紧紧地团在一起放入水中，看看发生了什么？哪个沉入水中，哪个浮在水面？

需要说明的是，活动开始前，家长要与孩子一起讨论着设计一个记录

表，让孩子将自己的猜想与实验的结果都进行记录，并在实验后进行对比分析，得出结论。

综上，家庭中对幼儿进行的科学教育，并非仅仅停留于让幼儿懂得一个科学道理，而是要立足于科学的本质——探究，让幼儿在亲历中培养幼儿态度、能力、思维、方法等科学素养。而同时我们也深刻地体悟到，引导幼儿学习科学并不需要家长一定是科学家或者具有大学学历，与此相比更重要的是家长要有陪幼儿学习科学的耐心、保护幼儿探究天性的意愿，以及正确指导幼儿学习的方法。

家庭阅读教育的实施——怎样在家庭中开展阅读学习指导

早期阅读不同于一般意义上的成人阅读，而是指幼儿园、家庭通过对婴幼儿提供与视觉刺激有关的材料，让其接受有关材料的信息，在观察、思维、想象等基础上对材料内容进行初步理解和语言表达，发表自己的观点见解，倾听成人讲述的一种认知过程。早期阅读概念的范围很宽泛，对幼儿来说，一切与阅读有关的行为都可算阅读，包括如何正确地拿书、学习如何翻页、理解图书的指导或指示、模仿成人反复地翻页等，所以说早期阅读不仅仅是视觉的，也是听觉的、口语的，甚至是触觉的。

毫无疑问，阅读是一种非常重要的能力，它对于幼儿语言的发展、个性的发展等有着重要的作用。作为幼儿第一任教师的家长要对此高度重视，以支持幼儿发展起阅读能力，养成良好的阅读技能，体验阅读的乐趣。因为有研究显示：父母给予孩子读写支持的多少，将显著影响孩子的读写能力。而且家庭阅读指导虽然不系统，但幼儿在与父母共同阅读以及在家中随意乱涂乱画等活动中能够很好地培养阅读兴趣，提高对身边文字的感受能力。

阅读是一项技能，需要长期的培养，这种培养在幼儿很小的时候就可以开始,那家长如何对0—3岁幼儿进行有效的阅读指导呢?我们认为应根据幼儿年龄特点实施不同的指导策略。当然指导的核心目的在于萌发与激发幼儿的阅读兴趣,为其将来成为成功的自主阅读者奠定基础。

一、0—1岁幼儿家庭阅读指导

教婴儿与教大孩子阅读是非常不同的,婴儿的阅读始于学说话及与成人的交流。我们要针对幼儿阅读学习的特点进行有针对性的教育。一般来说,婴儿的书一般是用纸板做的板书,他们对于书,更多的是"玩",但即使如此,其对于幼儿阅读能力的发展具有重要意义,因为在玩的过程中,幼儿能逐步积累并具有翻页及寻找下一步的经验,并慢慢地在此基础上意识到页上画的东西并叫出它们的名字。

(一)多与幼儿交流

美国教育家杰姆·特来里斯指出:"听读是引诱孩子阅读的有声广告。"有对比研究亦表明:在生命的第一年听大量的谈论、听节奏、听故事的幼儿的阅读能力大大高于不听的。一言以蔽之,幼儿阅读能力的发展建立在其倾听能力的发展基础上,家长应该抓住生活中各种机会与幼儿进行交流,以为其将来良好的阅读奠定基础。如在给孩子喂饭、洗澡或换尿布的时候,家长都可以"喋喋不休"地对着幼儿说话,与他交流,因为当我们对一个婴儿说话的时候,我们不仅在教他语言技能,也让幼儿明白他是一个重要的可以交流的人。同时,当婴儿牙牙学语的时候以言语和微笑给予幼儿积极的反馈,好像你知道他在说什么,这对幼儿阅读能力的发展非常重要。

(二)给幼儿读一些生活方面的韵律诗或简单的儿歌

幼儿读写发展的一个重要部分就是具有预测及探求故事发展趋势与线索的能力,只有具备这种能力幼儿才真正具有继续阅读的动机,并体验到阅读的快乐,所以,让幼儿学会预测,具备"下一步"的思维能力非常重要。日常生活中联系幼儿生活经验教幼儿一些简单的关于一日生活发展方面的儿歌有利于培养幼儿这方面的能力,如"清晨起来笑嘻嘻,宝贝自己学穿衣,鞋带衣扣学着系,照照镜子好整齐"等,这样能使幼儿明白早上穿衣服起床、白天游戏、晚上脱衣服睡觉的一日生活发展线索,并初步建立"事物是一步一步发展"的经验。

(三) 为幼儿提供适宜材质的书

适合婴幼儿阅读的图书是为婴儿准备的、为了让他们具有独立的阅读经验而专门设计的。如硬纸板图书、粗体图书,简单的单词幼儿都非常感兴趣,这让他们感觉阅读是很愉快的。此外,也可以考虑为幼儿提供具有质地和声音的,能激发幼儿触、摸、挤压的书。如当前市场上存在的带着铃铛的布书等。幼儿坐在家长腿上,听着家长的声音,自己一个人玩弄着图书时,家长感到非常惬意,幼儿也感觉阅读是一件高兴的事。

二、1—2岁幼儿家庭阅读指导

幼儿对印刷语言的兴趣发展得非常快,虽然他们只有一岁多,但是你会发现他们已经注意到标志,并理解标志的作用在于告诉你去干什么,他们知道故事书中的文字与你读出来的是一个意思!所以在这个年龄段,我们特别需要注意保持幼儿对于阅读的兴趣,教会幼儿单个的字或词语并不重要,把阅读变成一件辛苦的事情会使他们失去阅读的念头与兴趣。在此阶段我们可以通过以下策略对幼儿阅读进行指导。

(一) 利用图书进行问题问答

这个年龄段的孩子开始问一系列的问题,比如谁?什么?为什么?在哪里?等等,这给成人利用书帮幼儿进行问答问题的机会。如当家长与幼儿一起读书的时候，可以抓住机会问幼儿一些帮助他实践所学到的新东西的问题（如：奶牛说什么?）；或者一些因果关系的问题（如：如果……将发生什么?），以发展其整理和组织能力。

（二）对一天中发生在幼儿身边的事情进行讨论

一日生活中存在很多对幼儿阅读进行指导的契机，成人可以通过提问或讨论帮助幼儿理解，如当家长一起逛公园的时候家长可以问"那个标志指示我们干什么?"家长可以与幼儿对此进行谈论，以逐渐使幼儿明白各种标志都是具有一定意义的；与幼儿一起看图书的时候，可以问幼儿："小兔在哪里住呢?"引导幼儿理解图画的意思。

（三）给予幼儿模仿成人书写的条件与机会

幼儿很喜欢模仿成人书写，家长要对此予以支持，并提供给幼儿使用蜡笔、尖笔和铅笔等在书上做标记的机会，如此既能使幼儿知道所写的字是具有一定意义、表达一定意思的，同时也可形成良好的阅读态度！

（四）在指导幼儿阅读的过程中我们还应特别注意以下几点

指导幼儿阅读的时候一定要用手指着图书，以使幼儿将口语所读与图书内容建立联系。

阅读时要适时地变换语调，以使幼儿感受情节的丰富、鲜活，激发幼儿的阅读兴趣。

让幼儿控制阅读的节奏。在阅读的过程中，当幼儿的手指非常快并想快速翻页的时候，不要着急，让幼儿控制阅读的节奏，而且要适可而止，不要强迫幼儿长时间阅读。

三、2—3岁幼儿家庭阅读指导

埃里克森指出，2—3岁是幼儿建立自信的关键时期。在阅读方面也是如此，家长要充分利用自身与幼儿所具有的特殊的亲密关系，帮幼儿建立阅读自信。具体来说本阶段阅读指导可从以下几方面展开。

1. 模仿是幼儿学习的重要方式，所有的幼儿都看成人在做什么并进行模仿，阅读也一样，如果他们看见你读报纸、杂志或书的时候，他们也很想和你一起读。家长要注意自身的榜样作用，并身体力行做一个喜欢阅读的人。如此对幼儿形成阅读的习惯非常重要。

2. 选择轻松、惬意的时间进行阅读，这样会让幼儿感觉阅读是一件非常自由轻松的事情，一般来说，睡觉前最合适，当然并不一定，如果这时候幼儿非常地困就选择其他时间。

3. 慎重对待幼儿的重复。在日常指导幼儿阅读的过程中，你可能会发现孩子一次一次地只选一本书，这种重复有它自身的价值。因为不久你就会发现幼儿能按着画册的指导给你讲这个故事，且学会辨别个别单词。

4. 尝试根据幼儿自身的经验与幼儿一起制作图书。日常生活中你会发现幼儿有时会画一幅画并告诉你在上面写什么或者自己动手做标记，家长要慎重地满足幼儿的要求，同时把握机会把幼儿的绘画行为发展为阅读行为。如可以把幼儿的作品收集起来，再加一些照片等制作成图片故事图书，图书并不一定需要很多页、并不一定装订起来，只要有几页就可以。这样的图书建立在幼儿的经验基础上，有利于其进行很好的讲述阅读，也有利于其阅读兴趣的培养。

5. 将玩具与图书结合起来提高幼儿的阅读热情。好动好玩是幼儿的天性，将玩具与图书有效结合是提高幼儿阅读兴趣的好方法，如在指导幼儿阅读故事《三只小熊》的时候可以为幼儿买三只小熊，让幼儿边阅读、边表演，如此既有趣，又可以提高幼儿对故事的理解。

在此过程中，家长还需注意：

第一，切记不要对着你的孩子说某书太难懂或太长了，如果他们喜欢，就让他去读。

第二，注意培养幼儿阅读的自信。从根本上看，自信非常重要，如果幼儿感到自己的阅读很成功并充满自信，那么他就愿意继续以更加复杂的语言去阅读，如果在此过程中产生了挫败感，他就会对阅读失去兴趣，并产生抵触心理。

四、3—6岁幼儿家庭阅读指导

1. 体验故事中角色的表情和动作

幼儿的学习是具体形象的，有时候图画书中角色的细致变化，幼儿不能观察到，也不容易理解，这时鼓励孩子模仿一下角色的面目表情，或是模仿一下角色或人物的肢体动作，在体验中猜想角色心理活动，体验人物的情绪情感变化，有助于孩子更好地理解故事内容，体验画面中看不到的更多内容。比如在爸爸带着宝贝阅读《我爸爸》故事的时候，可以引导宝贝边读故事边体验，模仿爸爸扮鬼脸、手叉腰什么都不怕等动作，当读到最后的时候一定要让孩子和自己的爸爸紧紧拥抱，感受父子之间爱的情感。

如果有条件，如果对故事非常了解，还可以根据情况反复表演故事内容，这样对故事内容会有更深的理解与感悟。

2. 提前告知图画书中常用的符号

图画书中常常有一些约定俗成的符号，比如连续的"ＺＺＺＺ……"表示睡觉后打呼，用"——"表示声音的延长，大大的或者许多个问号表示疑问等，提前告知宝贝这些符号的意思，下次遇到这样的符号，宝贝就能通过符号理解故事内容。

3. 不懂的页面学会用小纸条标记

孩子年龄小的时候，大人可以陪着宝贝阅读。但随着孩子年龄的增长，我们应逐步培养他们的自主阅读能力。所以当面对一本新书的时候最好先让孩子自己来读，尽可能地让孩子自己去理解，如果有感觉不好理解的页面，可以让孩子夹上小纸条，等看完整本书后再次阅读理解或者请家长帮助解读不理解的页面。

4. 教会宝贝完整了解绘本信息

这些信息包括封面、扉页、封底信息、目录信息、页码信息等，这些都能帮助孩子更好地理解绘本内容、把握整本书的结构，而且通过对封面等信息的讨论、猜测，能有效激发宝贝阅读的兴趣，也能激发宝贝带着问题去阅读，提高阅读的目的性、针对性。等把整个故事读完后，重新回到封面，验证自己的猜想，对照自己之前的想象，幼儿对故事会有更深的理解。

5. 用表格记录故事内容

表格的形象记录能帮助孩子更好地理解故事的发展与变化。比如《国王生病了》这本书，讲述了国王生病后一周的运动内容及运动方式，但是经过一星期后国王还是生病了，为什么会如此呢？国王真正运动了吗？伴随着阅读，家长可以引导孩子进行下列表格记录，通过记录不仅能更好地记忆、理解故事内容，还能帮助幼儿发现国王生病的秘密。记录的过程中，如果孩子不会写字，可以以绘画的方式记录，只要孩子自己能理解就可以。

根据故事的不同，所设计的表格也应该不同。无论设计成什么形式，表格记录的目的都只有一个，那就是帮助幼儿更直观地回忆、梳理故事内容，并从中发现故事背后的道理。

日期	运动内容	陪伴的人	谁在运动
星期一			
星期二			
星期三			
星期四			
星期五			
星期六			
星期日			

又如绘本《白羊村的美容院》讲述了白羊染发后给生活带来了很多不便，家长在引导孩子阅读完图书后，可以将白羊染的不同颜色及相应的不方便制作成表格，让孩子记录，如下表，在记录中孩子对图画书的理解更加深刻。

染的颜色	生活的不便	图画书中的页码

6. 确定好阅读的时间及地点

在合适的时间和地点开展阅读可收到事半功倍的效果，所以建议阅读的时间都基本是一日中相对安静的时间，午睡起来后、晚上睡觉前等都是不错的选择。除此之外，建议家长经常带孩子去社区图书馆、书店等地方看书，去了以后家长找一本自己想看的书进行阅读，给孩子树立一个好的榜样，之后要求孩子也找一本他自己喜欢的书看。家长和孩子不相互打扰，但相互影响，因为当孩子感觉到阅读对家长非常重要后，他会认为阅读对他也非常重要。所以千万别小瞧家长自身对孩子的影响作用。孩子很小的时候可以一星期去一次，随着孩子日渐长大，可逐步增加去图书馆的频率。

早期阅读教育是一种社会系统工程，而其中家长对孩子的自主阅读能力成长承担着很重要的职责。家长要对此高度重视，并在孩子成长的最初阶段给予幼儿有效的阅读指导，以为其成为具有独立阅读能力和终身学习能力的人奠定基础。

家庭入学准备的实施——怎样做好入园准备以缓解入园焦虑

第一部分：什么是分离焦虑？

分离焦虑是指幼儿因与亲人分离而引起的焦虑、不安，或不愉快的情绪反应，又称为离别焦虑。约翰·鲍尔比通过观察把幼儿的分离焦虑分为三个阶段：第一阶段为反抗阶段，具体表现为号啕大哭，又踢又闹；第二阶段为失望阶段，具体表现为仍然哭泣，断断续续，动作的吵闹减少，不理睬他人，表情迟钝；第三阶段为超脱阶段，具体表现为接受外人的照料，开始正常的活动，如吃东西、玩玩具，但是当见到母亲时又会出现悲伤的表情。孩子有轻微分离焦虑症，适度的哭闹是正常的，这是他们发泄心里不愉快情绪的一种方式。

第二部分：幼儿分离焦虑产生的原因

幼儿从家庭迈入幼儿园，环境有了巨大的改变，被称为"心理断乳期"，宝贝所以会焦虑，源于以下原因。

（一）环境因素

1. 生活规律和生活习惯的改变

幼儿园有相对固定的一日生活时间表，什么时候吃饭，什么时候盥洗，什么时候上课，什么时候起床，而幼儿在家中的生活规律并不一定与此相符。有的家庭中生活作息比较随意，一切以幼儿的意愿为中心；有的幼儿甚至有一些不良的生活规律和习惯，如晚上熬夜，早上睡懒觉等；有的幼儿则精力旺盛，没有睡午觉的习惯。据调查一些幼儿就是因为怕在幼儿园睡中午觉而不愿意来园。因此在入园之初，幼儿不习惯固定化的生活制度。此外幼儿园的饮食和饮水也和家中不同。一些幼儿在家中养成了挑食、偏食的不良饮食习惯，到幼儿园后不愿意进食一些食物。而有的幼儿则在家中从来不喝白开水，而在幼儿园提供的饮水都是白开水等。

2. 成人与幼儿的关系

幼儿入园之初，见到的教师和小伙伴是陌生的面孔，容易使幼儿感到不安全。由于幼儿园是集体教育，师生比例为 1∶15 或者 1∶20。也就是说一位成人负责照顾 15—20 名幼儿，这和幼儿在家中的环境有着天壤之别。幼儿不可能像在家里一样得到一对一甚至是几对一的无微不至的关怀和照顾。如许多幼儿在家中睡觉时要有大人陪伴和哄睡，而在幼儿园则需独自入睡，而在入园之初感觉失去了亲情和温暖。此外幼儿在幼儿园不可避免地会处于一种竞争的环境之中，如如何获得教师对自己的注意和关怀，如何占据自己喜欢的玩具等。因此一些幼儿在入园之初会感到不知所措。

3. 陌生的活动室环境

当幼儿初次踏入活动室时，活动室的环境对他来讲是完全陌生的和新鲜的。无论是桌椅的摆放还是盥洗室的设备等都与家中不同。这在使幼儿感到好奇和新鲜的同时，也会引起他的恐慌和不安。如有的幼儿在家中大便时是用坐式的尿盆或者抽水马桶，而幼儿园则是蹲式的，幼儿就感到不适应而引起心理上的压力。

4. 要求的提高

在幼儿园中教师要求幼儿具备一定的独立和自理能力，包括：自己吃饭、自己穿脱衣裤、自己上床睡觉、能控制大小便、自己游戏、遵守一定的规则等等。这些要求都可使幼儿感到是一种挑战和压力。

（二）家庭的因素

家长的教养方式是幼儿入园适应快慢的重要因素。实践证明，在平时不娇惯孩子，注重幼儿独立能力培养，鼓励孩子探索新环境和与新伙伴一起玩的家庭，其幼儿入园的适应期就较短，幼儿的情绪问题也较少。而那些娇宠溺爱、一切包办代替的家庭中的孩子则需要较长的适应期。甚至有一些孩子由于环境的巨大差异和转折而出现情绪和生理上的问题。如有的孩子因过分哭闹和情绪的不安，而出现夜惊、梦魇或者腹泻、生病等问题。

（三）自身个性与经验

研究证明在入园之前有与家长分离经验的幼儿比较容易适应幼儿园的生活。性格外向、活泼大胆的孩子则要比那些性格内向、安静胆小的孩子更容易适应幼儿园的生活。

第三部分：家长做好五方面入园准备缓解宝贝入园焦虑

对宝贝来说入园是一件巨大的事情，从家中几个人围着一个宝贝转到一个老师同时面对许多个孩子，从依恋家长到依恋教师、依恋同伴，从无拘无束的家庭生活到拥有规则与规律的集体生活……这种种变化都会对宝贝形成挑战，而家长更是揪心，宝贝那么小，他能适应幼儿园的生活吗？老师会喜欢我的宝贝吗？其实家长不必过于担心，预先防范，训练在前，准备在前，能有效帮助宝贝坚实地迈出人生的第一步，顺利完成入园过渡。那入园之前都需要准备些什么呢？主要包括幼儿心理准备、能力准备、交往准备、物质准备、家长自身准备五个方面。

（一）心理准备

宝贝心理准备可以分为以下几个步骤：

1. 让宝贝知道为什么要上幼儿园

很多宝贝在刚入园的前两天，由于对新环境好奇都不哭闹，但是当他们回过神之后，则开始焦虑，天天早上缠着妈妈反反复复说："我不上幼儿园。"为防止上述情形的出现，家长有必要未雨绸缪，培养宝贝"上幼儿园是很自然、每个宝贝都会做的事情"的意识，提前告诉孩子，爸爸妈妈要上班工作，宝贝也要上班，宝贝每天上班的地方就在幼儿园，而且上幼儿园是每个小朋友都必须要做的事情，就像爸爸妈妈一样，这件事情不可商量。日常家长可有意问问宝贝，小区的玩伴都在哪里上幼儿园？如果宝贝不知道，让宝贝主动问问大哥哥、大姐姐，而对于即将上幼儿园的宝贝，则引导宝贝与他们结为好朋友，约好入园的时候天天一起去上幼儿园，如此让宝贝逐渐把上幼儿园当作一件理所应当要做的事情。

2. 参观幼儿园，让宝贝知道幼儿园是个什么样的地方

对于绝大多数小宝贝而言，幼儿园是个陌生的地方，没有准备地突然把他们送进幼儿园，会让孩子"惊慌失措"，预先防范提前让宝贝知道幼儿园是个什么样的地方非常重要。家长要提前和宝贝讲，幼儿园里面有许多小朋友、有好玩的玩具、有老师。白天，爸爸妈妈上班，宝贝则在幼儿园吃饭、睡午觉，和小朋友玩，和老师学本领，晚上会把宝贝接回家。如果条件允许，家长可以提前带孩子实地去熟悉一下幼儿园环境，让宝贝对幼儿园有个大概印象，如果不方便进去，家长可多带宝贝到幼儿园周边走一走，看看幼儿园的外观，听听看看幼儿园里面孩子们游戏、活动的情形。当然了，有兴趣的话，家长还可以在宝贝入园前一周进行幼儿园生活流程演习，在家庭中提前预演幼儿园生活，全家按照幼儿园的作息开展相应的活动，模仿幼儿园的进餐、游戏、上课情景，给予幼儿充分的经验，当宝贝背上小书包的时候，一定会感觉很神气，并对上幼儿园充满憧憬。

此外，如果亲戚或邻居家的宝贝在上幼儿园，可让小哥哥或小姐姐给宝贝讲讲幼儿园里的事情，和宝贝一起玩玩幼儿园里老师教的游戏、儿歌等。同时家长也不妨提前找一些有关上幼儿园的图书，与孩子一起看看，分享一下绘本中角色的所见与所感，如《小阿力的大学校》这本书就不错，借助图书感受小阿力入园前的焦虑心理和入园后的高兴心情。看完图书后，家长可请宝贝也说说自己对上幼儿园的恐惧、害怕，还可以一起说说两周来在幼儿园里高兴的事情，让宝贝慢慢感受到，其实幼儿园一点都不可怕，幼儿园原来是许多小朋友一起快乐地游戏的地方；还有一本图书叫《魔法亲亲》，故事中的小浣熊很害怕上幼儿园，但是妈妈有效地帮助了他，让他时刻感受到妈妈的爱，增强了安全感。这些故事的提前铺垫都能帮助孩子放松对上幼儿园的紧张情绪。

3. 让宝贝了解上幼儿园的好处

虽然孩子不能很明白，但是家长多给孩子讲讲上幼儿园的好处，还是很有用的，比如幼儿园有很多很多的玩具，特别好玩，比家里的多多了；幼儿园有好多的小朋友，能认识很多的小朋友；幼儿园的饭也非常好吃，这些饭在家里都没有吃过；尤其幼儿园的老师像妈妈一样照顾小朋友，每天老师都会带着小朋友一起玩有趣的游戏，特别好玩。这样正向的鼓励、激励，能激发宝贝入园的愿望，并对幼儿园不再陌生。

4. 培养好的生活习惯，调整作息时间与幼儿园基本一致

幼儿园里生活非常规律，几点吃饭、几点户外活动、几点进午餐、几点午睡都非常固定，非常有序，因此为了宝贝快速适应幼儿园生活，家长应提前按照幼儿在幼儿园的作息生活，给孩子安排与幼儿园相应的作息时间，逐渐使宝贝在家的作息和幼儿园的一致。如应尽量让宝贝晚上9点左右上床，早上7点左右起床，8点左右吃早餐，中午11点半吃午餐，之后午休，两点半左右起床，这样能缩短幼儿园与家庭生活的距离，减少宝贝对幼儿园生活的陌生感与不适感。此外宝贝应该具有良好习惯，还包括喜欢喝白开水、不挑食、爱吃水果、不乱扔垃圾、不碰危险的东西等。

5. 让宝贝知道每天妈妈都会去接他，妈妈很爱他

多数情况下，宝贝入园焦虑，都是因为宝贝离不开妈妈，或者以为妈妈不要宝贝了。为减少宝贝入园后由于对妈妈的依恋而产生的焦虑，妈妈要主动引导和培养宝贝对他人产生信任和安全感，尤其要培养宝贝离开妈妈，依恋同伴，与同伴一起生活的习惯。刚开始可先在家里练习与妈妈"短时间"的分离，当宝贝在安静地玩时，妈妈不要像往常一样，马上陪在身旁，而是让宝贝自己待一会儿，逐渐习惯妈妈离开的感觉。如此日渐增加离开宝贝的次数与时间，使宝贝习惯没有妈妈的生活，而宝贝也在此过程中逐渐明白，妈妈始终是爱宝贝的，妈妈现在上班去了，但是妈妈总是会回来的。

6. 让宝贝知道老师像妈妈一样爱他，要信任老师

宝贝之所以焦虑，很重要的原因是他离开了依恋的家人，而与老师还没建立起依恋与信任关系，当孩子与教师之间建立关系后，宝贝的焦虑会缓解。很多幼儿园在孩子入园前都会安排老师上门家访或者幼儿园约谈，家长要抓住机会，让老师与宝贝好好认识、沟通，把宝贝的生活特需、性格特点、喜好特长等都告诉老师，方便教师特殊照顾。同时告诉宝贝，在幼儿园里，老师就是妈妈，老师爱宝贝、会保护宝贝，在幼儿园里有事情就找老师帮忙。

（二）能力准备

1. 教孩子独立吃饭

幼儿园是集体生活，一个老师要面对几十个宝贝，无法一一照顾到，所以入园前，家长一个最重要的任务就是培养宝贝简单的独立生活能力以及自己动手自理能力，这是适应幼儿园集体生活的重要基础。这些能力包括自己用勺吃饭、自己大小便、自己蹲坑（幼儿园提倡用蹲坑，这样卫生）；自己穿衣服或者配合大人穿脱衣服；自己睡小床、自己洗手、自己用水杯喝水等。现在起妈妈就要赶紧行动了，不要再像过去一样包办一切，什么事情都不让宝贝动手，而要放手让孩子做一切可能做的事情，在他做得确实不好时才帮助一下。千万别小看这些能力，孩子只有生活能力强才能更胜任脱离家庭照顾后的独立生活，更能在幼儿园里吃得饱、睡得好。

2. 训练孩子当感到不舒服时会说出或用手指出具体的部位，这一点非常重要，利于老师及时采取应对措施

从小孩子就用哭来表达自己一切的不满、不舒服、不开心，随着孩子语言能力的发展，孩子也逐渐具备了用语言来表达自己需求的能力。成人要注意引导孩子培养这方面的能力，平常孩子哪里不舒服，都启发鼓励孩子说出来，因为在家里，成人对孩子非常了解，也有足够的时间去猜孩子的意思，但是在幼儿园，老师眼里有几十个孩子，不可能对每一个孩子都观察那么细，孩子如果能表达出自己哪里不舒服，那非常有利于教师采取有针对性的措施。

3. 会穿脱简单的衣裤

3岁的孩子已经具备了穿脱简单衣服的能力，入园前让孩子学习穿脱简单衣服，配合成人穿脱复杂的衣服非常必要，春天、夏天天气热，孩子穿的衣服少，也不容易着凉，正是孩子学习穿脱衣服的好时候。有的孩子觉得学穿衣服非常没意思，不愿意配合家长一次次地学，建议家长采用儿歌配合游戏的形式开展相关训练，比如穿鞋，家长培养的时候可以说，"哎呀，地上有两只船，我们踩到船里去游泳，快来吧，快把小脚丫放到船里，我们划船去"，孩子脱鞋后乱扔，不把鞋摆整齐，家长可以说"两只鞋是好朋友，好朋友喜欢和好朋友在一起，乱扔鞋，鞋宝贝会不高兴的"，学习穿裤子的时候，家长可以说"宝贝快来伸腿，让脚丫从裤子这个山洞里钻进去，然后再钻出来"，这样游戏化的方式孩子很喜欢，效果也好。

4. 教孩子大声清楚地表达自己的意思

现在的社会，许多家庭过度包办，日常生活中许多事情，孩子连嘴也不用动，家长就都替孩子办了，导致孩子根本都没机会更不会去表达自己的需求。比如实践中我们发现很多刚入园的宝贝不会主动说出自己的要求，遇事只会哭，连上厕所也不懂得表示，常常在老师不知道的时候尿到裤子里、拉到床上；有的孩子由于不适应幼儿园，不会也不愿表达大小便，经常憋尿、憋大便，导致身体上火，整个生活节奏被打破。为了避免这种情形的出现，在日常生活中，有意识地教孩子做一些这方面的沟通："告诉妈妈，你想干什么？""你刚才玩什么呀，给爸爸讲讲好吗？"尤其家长一定要提前培养孩子大小便时主动和老师说的能力，孩子的任何事情都鼓励宝贝尽量通过语言表达出来，如要"嗯嗯""嘘嘘"或者是"喝水"，培养方式也很简单，家长即使已经猜到宝贝想要什么，想做什么，也故意装不懂，不去配合宝贝，"逼着"宝贝说出"要大便""要尿尿""我想喝水"这样的话来。

孩子掌握一些独立生活的本领后，会更顺利地适应幼儿园生活，增强自信心。

（三）交往准备

很多宝贝在家里活泼得很，也很爱说，但是到了陌生环境，遇上不熟的人就变成了沉默的小羔羊。如果宝贝有这种情况，家长就要有意培养了，日常碰到陌生人，妈妈要时刻提醒宝贝主动打招呼，还要鼓励宝贝经常与家人以外的大人和小朋友们接触，多交交朋友，拥有多个玩伴，更要创造机会培养锻炼宝贝在陌生人和集体面前说话的习惯和勇气。如果亲戚或邻居家的宝贝在上幼儿园，可让小哥哥或小姐姐给宝贝讲讲幼儿园里的事情，和宝贝一起玩玩幼儿园里老师教的游戏、儿歌等，宝贝心理有所准备，焦虑就不会那么强烈。不仅如此，妈妈还可有意识地带宝贝提前认识一些同一小区的、在同一班级的宝贝，让宝贝们结为好朋友，这样宝贝一进园便有熟悉的小伙伴，有能一起玩的朋友，情绪会好很多，而且看着别的宝贝天天来幼儿园，宝贝会逐渐明白上幼儿园是每个孩子都必须做的事情，慢慢地打消不去幼儿园的念头。当然如果有条件的话，建议家长提前带宝贝到正规的早教中心去体验体验，让宝贝积累一些与孩子们一起活动的经验，也能习惯家长短暂不在身边，这样孩子上幼儿园后往往会更好地适应。

(四) 物质准备

为了集体生活方便，妈妈最好为宝贝提前准备一些穿脱方便又不妨碍活动的衣服，如衣服裤子要吸汗、宽松，鞋底要软、轻便，方便宝贝跑跳活动。年龄较小的宝贝，家长可多准备几套衣裤，以备孩子不时之需，许多孩子在如厕，如尿尿、拉屎时会弄脏，在吃饭时或者喝水时会不小心洒上水，多准备几套，放在幼儿园的孩子衣橱中，老师们能随时给孩子更换。衣服上最好做个记号，方便宝贝、家长、老师辨认，如可用针在衣服边上缝个心形的图案或简单的小名。

为方便幼儿识记自己的物品，如毛巾、床铺、杯格，入园初许多幼儿园都会收取每个孩子的一寸彩色照片若干张，粘贴在相应位置，所以家长需要提前准备孩子个人照若干张。此外，入园初期，为了缓解孩子的分离焦虑，教师会精心布置温馨的娃娃家，将每个孩子的家庭照张贴在此，方便孩子在思念家人时观看，所以家长还要准备一张幼儿喜欢的与家长一起合影的大照片。必要的话准备一个宝贝喜欢的玩偶，带着宝贝喜欢的小玩偶上幼儿园能在一定程度上带给宝贝安全感与精神安慰，抱着玩偶宝贝睡觉也会更踏实。

幼儿园孩子还要午睡，对于午睡需用的被褥，要根据不同的幼儿园进行不同的准备，有的园统一准备被褥，这种情况下，家长就不用统一准备了；有的幼儿园统一准备被套，但被芯不准备，需要家庭准备；也有的幼儿园都由家长自己准备，入园前家长需要根据幼儿园的床铺尺寸做枕头、冬被、夏被、褥子、凉席等。

此外，有的幼儿园还会要求家长准备一双拖鞋，平常都放在幼儿园，孩子午睡的时候会用。

每天孩子都会在幼儿园午睡，所以，夏天您需要为孩子准备一个小背心，孩子睡觉的时候穿，不会晾着肚皮，而秋冬季，孩子穿着秋衣秋裤睡觉就可以，有一个小小的时期需要家长特别注意，那就是让孩子提前学习并习惯穿小内裤，不然在集体场合，孩子们都光着屁股，多不雅啊！

建议家长准备一个宽带双肩小书包，放入以下物品：

为孩子准备一个小书包，不要太大，也不要太小，放入孩子可能要换洗的衣物、家园联系本、需要在幼儿园进食的药物，也可能是孩子特别喜欢的一个玩具，刚入园，幼儿园是允许带的。有的孩子把自己在家中特别喜欢的布偶带到幼儿园，看到布偶，孩子的精神就有了寄托，睡觉时抱着睡踏实，不高兴时和布偶说说话，发泄发泄，孩子就不会那么焦虑了。当然并不是每个孩子都需要，多数孩子都不需要。

（五）家长自身准备

入园对孩子来说是一个巨大的挑战，许多孩子因此不爱上幼儿园，这很正常，适应毕竟需要时间。不同性格、不同的孩子入园适应时间都不同，一般来说，外向、活泼的孩子入园适应快，而内向、胆小的孩子适应相对慢一些，但是最终孩子们或早或晚都能适应幼儿园生活，因为这里有同伴，随着孩子慢慢长大，他会越离不开同伴。事实上，有的孩子不适应幼儿园生活恰恰是家长造成的，比如，家长包办过多，孩子生活能力弱，在集体生活中，孩子什么也赶不上趟，自然挫败；在送孩子的过程中，家长犹豫不决，孩子看出家长的心理，不断挑战家长，每到送孩子的时候，孩子就不断挑战家长，孩子自然适应不好，因为家长的犹豫给了孩子暗示，或许有一天就不用上幼儿园了等，即便孩子不想上幼儿园，家长也一定要坚持送，您越坚持孩子越少找借口，越能快速度过这段时间。

刚入园时，孩子适应不好，这很正常，您要耐心地多加开导，多鼓励孩子，勤与教师沟通，并把老师给您讲的宝贝在幼儿园一点一滴的进步讲给宝贝听，孩子在好奇之余会受到极大的激励的。

从幼儿园的角度来说，为了缓解幼儿的入园焦虑，都会出许多措施，比如松散式入园，即刚入园的前两周，孩子们都不马上执行正常作息时间，而是逐渐地增加，依次递增。比如前三天，每天在幼儿园待两个小时，也不进餐，后两天尝试吃午餐，第二周，前三天还是半日入园体验，后两天尝试吃早餐，尝试在幼儿园睡午觉，这样给孩子一个逐渐适应的过程，孩子适应起来就顺利很多，不会出现大哭大闹的情况。

其他注意事项：

第一：有的家长及孩子爱美，每天会给孩子，特别是小女孩，做许多装饰，建议不要这样，卡子锋利、不安全，可能伤着孩子，而且孩子在幼儿园午睡起来后要梳头，这么多的装饰，会给老师带来很大的工作量，浪费时间，影响整体工作，而且如果家长及孩子能接受，最好给女孩子梳短发，这样能方便孩子，方便教师。

第二：孩子喜欢小东西，不知道什么时候身上就会有些小石头、小玩意儿，平常要多查看一下孩子的口袋，以防出现安全事故。

特殊时期家庭教育的实施——疫情居家期间的家庭教育

突发的疫情给我们的生活按下"暂停键"，父母不能正常上班、幼儿不能正常来园，很多家庭呈现出父母居家办公，忙于工作，老人操持家务，忙于生活的状态。延期开学给幼儿的家庭教育和亲子关系带来了很多意想不到的挑战。比如"家人教育观念不一致""在家生活作息混乱""不知如何有效管理教育孩子""受疫情影响，孩子有恐慌情绪""卫生习惯不好"等问题，居家期间家长如何做好家庭教育呢？

一、家庭成员做到一致性管理

家长问题：疫情之间，家人居家生活，成人之间教育观念不一致，怎样协调？

教育对策：尊重差异，从不一致中找寻教育契机。

家庭教育最关键的是教育理念的一致性。疫情期间，家庭成员同在一个屋檐下，如果孩子一会儿面对严厉、专制的爸爸，一会儿面对放纵、迁就的妈妈，一会儿面对民主、信任的爷爷，家庭成员教育态度不一致，孩子在多变的环境中就无法按照一个要求做事。所以，"疫情"当前，家庭成员必须要尽可能地统一认识，统一行动，做到教育的相互互补，形成更大的教育合力。比如，在疫情严峻期，老人在家既操持家务，又看孩子，可能会忽略幼儿自我管理能力的培养，出现事事代办、样样替代孩子做的现象。对此，成人之间要理解，不要互相"指责、埋怨"，而是以自己的行动将之转化为感恩教育的契机，引导孩子感恩长辈的付出，并尝试自己为家人做力所能及的事，如为爸爸妈妈倒水、帮爷爷奶奶捶背等，看到孩子的成长，相信老人会越来越放心，越来越放手。

二、通过计划做好作息管理

家长困惑：孩子一日作息混乱，晚上不睡、早上不起，生活不规律怎么办？

教育对策：自制计划表，做好生活作息规划。

幼儿园有着科学规范的一日生活流程，孩子生活规律，作息合理。但是疫情期间，孩子居家，很多家长反馈，孩子作息不规律，"晚上不睡、早上不起"。虽然孩子还小，自我约束能力有限，但在家长的帮助下，也可以尝试通过做计划的方式进行自我管理。比如可以设计一张表格，引导孩子通过绘画的方式以时间为轴，规划出一日生活中的生活内容，并根据做的实际情况进行自我记录和家长的评价。表格左边写上时间，中间画上需要做的事情，右边留给孩子自己对一天的行为进行回顾，家长也可以在表上画出红花、点赞等标记给予孩子鼓励。做好之后把计划表张贴在家中醒目的位置，督促孩子形成规律的生活，引导幼儿进行自我管理。由于计划是孩子自己制订的，所以孩子更能理解并乐于遵守。这一措施获得很多家长支持，孩子们把自己制作的一日生活计划表和内容分享到班级群里，在表格的引领下学习自我管理。在此过程中家长的坚持引导非常关键，如果家长能督促幼儿长久地、日复一日地坚持，将计划落实到真正的行动上，那慢慢地幼儿就会养成良好的自主管理的习惯。

		一日活动安排举例	
时间	游戏项目	游戏内容	目标
8：30	亲亲故事会	阅读绘本、成语故事、接龙游戏、词语游戏、图文PPT操作	给幼儿提供倾听交谈的机会，丰富幼儿的语言表达能力
9：00	巧巧手	制作美食、绘画、剪纸、泥工（也可以用面）、撕纸粘贴	利用图画、手工制作等促进幼儿动手能力，表现自己的所见所想
10：00	音乐哆来咪	唱歌、欣赏、律动、音乐游戏、打击乐（可使用家庭中的锅碗瓢盆）	喜欢欣赏多种多样的音乐作品，用自己的方式表现和创造
10：30	劳动小能手	和家长一起做一些简单的家庭劳动	增强责任感，发展自我管理的能力，有为他人服务的意识
14：30	聪明屋	益智游戏、棋类游戏、扑克牌游戏、科学游戏等	通过直观感知、实际操作，学习发现问题、分析问题和解决问题，有主动探究的欲望
15：00	健身运动	室内运动游戏	通过平衡、协调、力量等运动游戏，促进幼儿身体健康
15：30	我有心里话	针对孩子的年龄特点，孩子说说自己想做的事情、自己和老师想做的游戏、自己的想法	尊重孩子的想法。鼓励孩子想说、敢说、喜欢说

三、在体验中学习自主管理

家长困惑： 居家的日子，孩子像"神兽"一样管不了，天天像要掀翻房顶，真是管不了啊。

教育对策： 有效引导，让"神兽"变"助手"。

居家的一段时间里，许多家长抱怨孩子像"神兽"一样无法管理，把家里搞得一团糟，真是管不了。其实孩子们拥有强烈的成长欲望和需求，他们渴望感受自我成长的快乐。作为家长，我们应该做的不是控制孩子，约束孩子，而是学会放手，把主权交给孩子，满足他们当"小大人"的意愿，体会管理自己乃至管理家长的乐趣。居家这些日子，给予幼儿"小鬼当家"的机会，根据孩子的能力给他一个固定的"任务"，如每天负责餐具的准备，或者每天提醒父母按时工作的"打卡"，等等。也可以让孩子学习当"妈妈"管理家庭，在管理过程中学习整理物品、给花浇水、扫地、布置环境、整理衣物和房间。服务自己、服务他人不仅能够增强孩子的自信和能力，而且能让他们感受到劳动和自理的快乐，学会通过自己的努力爱自己、爱他人。这样既满足孩子的需要，又提高孩子的自我管理能力，让难管的"神兽"变身家长有力的"助手"。

四、家园携手做好饮食管理

中班的杨洋妈妈和教师反馈："自从放假，几乎天天因为吃饭跟孩子上演一遍遍威逼利诱母子大战。每天费尽苦心地变着花样给做饭，谁知，看着还算漂亮的食物孩子吃两口就开始玩，我只好追着喂，把饭塞在孩子嘴里。孩子没办法就把食物含在嘴里，可就是不往下咽，我看着生气就发脾气，孩子委屈就哭，一哭饭都吐出来了，这一来所有的努力都前功尽弃，我是又着急、又生气、又心疼，真是都怕了这个神兽了。"

教育对策：

1. 寓教于食吃得开心

生活即教育，生活中蕴含着许多教育契机。为让孩子吃得开心，吃得有意义，家长可以让孩子参与到选择食物和制作食物中来，做饭前可以问问孩子你喜欢吃什么？有条件的尽可能满足。做饭开始，邀请宝宝动手一起参与到准备食材和适宜的制作过程中，包饺子、搅拌鸡蛋、择菜、做果盘等都是孩子可以尝试的。与此同时家长也可以引导孩子观察面、盐、淀粉、苏打粉等材料的不同，学习区别不同的蔬菜等，真是时时都是教育！付出自己劳动得到的食物孩子一定吃得非常开心！如果孩子喜欢，可以鼓励孩子用绘画、拍照等形式记录自己的劳动过程成果，跟同伴和家人一起分享，感受自我成长的快乐。

2. 强化锻炼吃得主动

孩子不好好吃饭还有可能是锻炼不够。孩子一整天宅在家，没有运动量，生活不规律，谁都吃不下饭。所以要尽可能地让孩子保持规律作息，尤其根据疫情情况做好居家和户外锻炼，锻炼到位孩子胃口自然就开了。运动过后，他很可能会说："妈妈我饿了，我们快一起做饭吧。"尊重孩子内心的需要、激发他们的兴趣、给他们参与的机会、保证好孩子的运动量，孩子再也不闹了，自然地从"神兽"变"助手"。

五、有张有弛做好情绪管理

家长困惑：疫情期间，孩子有了恐慌情绪怎么办？

教育对策：有效引导，变恐慌为"感恩"。

在疫情发生期间，面对每日飞跃式的确诊数据，成人都难免有恐慌心理。但是家长毕竟是成人，一定要注意自身言行对幼儿的影响，要避免带给孩子紧张、害怕的情绪，切忌"心情式育儿"，好的教育是表达情绪，而不是情绪化表达。面对新闻中的报道，我们可以和孩子一起看，和孩子一起共情，共同感受病人的悲伤，感受他们的悲痛；面对勇敢的解放军和医生这些平凡的英雄，要引导孩子一起感恩，给孩子力量，让孩子学习榜样，同时给孩子传播正能量，告诉孩子，有国家、有医生，还有很多军人在保护我们，我们一定能够战胜病毒，要学会在特殊时期抓住关键事件培育幼儿的家国情怀！

由于环境的陌生和长时间不和妈妈在一起，毛毛有过哭闹，然然也想让妈妈陪着自己。大家能够想到孩子一天闷闷不乐的样子，少了见到妈妈喜悦的笑脸而多了委屈的泪水。面对这种情况，妈妈不仅给孩子讲道理，还会把自己每天工作的内容、工作时的照片给孩子分享、交流，让孩子了解妈妈在做什么，为什么不能陪伴她，并进而理解妈妈抗疫工作的重要。就这样经过一段时间，孩子慢慢理解了妈妈，有一天孩子突然感慨："我也像妈妈一样，也有大大的爱！"感觉她们一下子长大了。

六、抓住机会做好卫生管理

家长困惑：疫情时期，个人卫生至关重要，可是孩子根本不好好洗手，别看孩子在幼儿园洗手洗得非常好，一回到家里洗手就不认真，老"糊弄"。

教育对策：

疫情当下，个人卫生成为一个非常重要的事情，戴口罩、打喷嚏捂好口鼻、外出一进家门首先认真洗手成为一种"强迫式"的自主要求，需要我们比往常更加地注重卫生。家长要抓住社会教育的大契机，引导幼儿认识洗手等个人卫生行为的必要性，并坚持引导幼儿形成良好的生活和卫生习惯，其间可以和孩子一起做一个包含所有家庭成员的卫生记录表，让孩子根据自己的观察对每个人的行为进行记录，给平淡的习惯养成增添趣味，不断进行正强化。还可以让幼儿将从幼儿园学的洗手儿歌在家里教给爸爸妈妈，一起坚持严格洗手，守护好自己的健康。习惯在坚持中形成，疫情期间良好的卫生习惯对幼儿一生的健康成长都有非常重要的作用。

（疫情期间家庭教育撰写人员：李凤莲）

第二部分
基于幼儿年龄特点的幼儿成长档案

1—2 岁成长档案

不爱穿袜子

宝贝一岁多了，特别不喜欢穿袜子，不喜欢穿鞋，夏天时我们能满足孩子的需求，可是冬天可不行啊，老脱袜子，脚冰凉，身体肯定受不了。但是就算我们再怎么说，再怎么哄，他依旧如故，只要一脱鞋，就脱袜子，走路时走着走着就甩鞋，脱袜子，还一定要把袜子远远地扔到地上。

为什么会这样？

他不喜欢被束缚。不光您的宝贝，几乎所有的宝贝都不喜欢穿袜子，甚至穿衣服，您没看到吗？每天晚上给他脱衣服的时候宝贝都是非常的快乐，如果不是从小就穿着袜子的话，宝贝是不会习惯的。我们突然给宝贝穿上袜子，宝贝肯定受不了袜子勒到自己小脚上的感觉。

他在用身体探索。如果宝贝之前一直习惯穿鞋穿袜子，但是突然开始不想穿了，那很可能是现在他长大了，懂得用不同方式来探索周围的世界了。比如，以前给宝贝喂着吃饭他很乖，不会抢勺子，但是随着自身本领的增强，现在他开始学着从成人手中抢过勺子自己吃饭了。他脱袜子，光着脚在地上跑，正是因为他发现原来用脚丫踩到地上凉丝丝的感觉很不错，以后您还会发现他会尝试用自己的小脚丫穿妈妈的大鞋走路、学着踮起脚尖来走路等。都是孩子在用身体进行不同方式的探索。而且您会发现，成人越是阻拦，他越觉得好玩。

也可能是袜子不舒服。有的宝贝不喜欢袜子可能是袜子不舒服造成的，如果袜子太小或者里面有线头、或者袜子质地不好，都可能刺激宝贝娇嫩的肌肤，导致小脚不舒服，所以宝贝就本能地反抗，脱掉袜子。

怎么办？

给宝贝准备合适舒服的袜子。虽然是冬天，但如果家里温度还可以，暖气烧得不错，那他不想穿就不穿，给他光脚穿一双比较厚的鞋也可以。如果非穿不行，那最好先确认一下袜子的合适度和舒适度，宽松点的、纯棉柔软的、平整的袜子宝贝会感觉更舒服，如果有线头或者硬结的地方都给宝贝整理好。

带着宝贝买他喜欢花色的袜子。妈妈可以带着宝贝到超市让宝贝当主人，买自己喜欢的袜子，如宝贝特别喜欢维尼熊，妈妈可以给宝贝买带有维尼熊图案的袜子，宝贝喜欢红色的喜羊羊，妈妈就给宝贝买双喜羊羊的袜子，买的时候妈妈可对宝贝说，喜羊羊袜子真好看，咱们天天都穿到脚丫上，好不好？宝贝一定会痛快地答应。

"条件吸引"。如果宝贝怎么说就是不穿袜子，您不妨使个小心眼，以宝贝喜欢做的事情为条件"要挟"宝贝穿上袜子，比如宝贝特别喜欢到外面玩或者喜欢到外面玩雪，妈妈就可以提出条件"穿上袜子才能出去玩"，一般而言，宝贝都会为了玩同意把袜子穿上。

转移注意。对于一岁多的宝贝来说，直接的讲道理可能效果不是很好，因为他太小了，很多道理他还不能理解，那只能给予孩子更多的关注，一看他有要脱鞋脱袜子的举动，赶紧转移宝贝的注意，带他干其他特别喜欢做的事情，这样宝贝会暂时忘记脱袜子的事情，这样做，虽然一时半会儿不能从源头上解决问题，但却可以马上见效。

要持之以恒。习惯成自然，宝贝穿袜子也不是一个马上就可以解决的问题，有的宝贝可能引导引导就好了，也有的宝贝则需要长时间的培养，毕竟这是一个习惯的培养问题，一般来说都需要长期培养，一点一点引导，逐步让孩子习惯，您要做好长期战斗的准备。等孩子大了，更懂事了，会玩其他更加有趣的事情了，也知道袜子是每个人每天都需要穿的了，他也就不会再将注意力放在袜子上了。

老闹着出门

一大早就哼哼着要去外面，一到外面就很乖，一到家就指着门哭，闹着要出去。

> **您的苦恼：**
> 孩子喜欢外出，整天叫着，"外外，外外"，一到楼道里就开始乐，一回家就开始哭闹，怎么哄也不行。跟他说不能总在外面他也不懂，就哭着要出去。唉，有没有解决问题的好办法啊？

孩子本性如此

对新鲜的事物有浓厚的兴趣是小孩子的共同特点，初次接触外面世界的多数孩子都喜欢走出家门去探索新奇的事或物，这是由孩子的本性决定的。

怎么办？

满足宝贝本性需求。满足宝贝需要多带宝贝出门，能让孩子在广阔的天地尽情地玩耍，能增强宝贝的体质，发展宝贝的个性，还能扩大宝贝的眼界，丰富宝贝的认识。父母平时要多带宝贝到公园玩，让他与别的孩子一起游戏，增进宝贝之间的交往。还可带宝贝到街上散步，观察认识城市建筑物、路上行人和交通工具等，也可以利用休息日或节假日到郊外观赏大自然，使宝贝接受外界刺激。这样宝贝能逐渐地认识社会、认识大自然。

转移注意力。如果因外面下雨、天冷等原因孩子不能外出，您不妨尝试找个别的新奇事物来转移孩子的注意力。如妈妈可出示宝贝喜欢的积木，并与宝贝一起在床上搭高高，享受亲子游戏的快乐。

换种方式满足。如可把孩子抱到阳台上，一起看看外面，给宝贝讲讲外面的事物。

父母总让宝贝在家待着

在一个永恒不变的地方太久，连大人都会觉得没有新鲜感，父母长时间不带宝贝出去，宝贝在家里憋的时间过长，自然会闹着出去。

怎么办？

多带孩子出去。户外活动对宝贝的认知能力、体格锻炼、社会性发展都是有好处的，是孩子成长的必需，所以一定要改变不带宝贝出门的做法，创造条件让宝贝适当地走出房门。如果爸爸妈妈不习惯外出，那一定要改变；如果宝贝由老人抚养下楼不方便，就尽量创造条件满足宝贝，如可雇个年轻点的保姆等。当然带宝贝出门要注意以下方面：

· 就时间而言，一年以春、秋两季最适合，因春、秋是暖季，一天之中早上及黄昏时为最佳，因为这两个时段阳光不太强烈，且气温适中。冬天出去要做好保暖，并适当控制时间。

· 就地点来说，家庭周围的小区、公园、游戏场最为合适，因为这里空气流通、新鲜，周围环境也色彩丰富。最好不要去密封式的公共场所。

他玩"野"了

什么事情都是过犹不及，不让宝贝外出和让宝贝总在外面玩都不行，父母带着宝贝总在外面玩，户外活动时间太长，宝贝容易玩"野"而不愿回家，一回到家就感觉像被关进了笼子，浑身不自在。

怎么办？

合理地安排宝贝的一日生活，吃饭、睡觉、户外活动、家庭游戏皆顾，动静交替，室内外相结合。每天可适当地根据具体情况分两次在一日气温比较高的上午十点和下午两点带宝贝出去玩。宝贝一旦生活有规律了，就会逐渐养成习惯，知道什么时候干什么事。

他觉得家里生活太枯燥

家里生活单调、枯燥，宝贝在家感到无聊、寂寞，就会闹着要出去。

怎么办？

给宝贝创造一个丰富的活动天地，充实宝贝的生活。如可在家中辟出一角作为宝贝的游戏天地。爸爸妈妈可以为宝贝买一些他喜爱的玩具、色彩鲜艳的图书以及爱听爱唱的歌曲磁带等放入其中，也可把废旧物品，如牙膏盒、酸奶盒、海绵等充实到这里，让宝贝自由地摆弄。

在玩的过程中，父母最好全程陪伴，并多多和宝贝交流，虽然宝贝不会说话，爸爸妈妈也要不断地和宝贝说，宝贝是能听懂的。如爸爸妈妈可以给他讲故事，和他一起看图书、听歌曲，一起游戏等。还可以请小区里的宝贝到家里来玩。这样，宝贝就不会感到枯燥，愿意待在家里了。

> **妈妈的话：**
>
> "宝贝特爱外出，即使下雨天也哭着要出去，我把宝贝抱到阳台上，让他透过窗户看外面的公共汽车吧，没想到他特别高兴，看着马路上的车开过，高兴得手舞足蹈。以后有特殊情况不能出去的时候，我就把宝贝带到阳台上，让他透过窗户看看外面。"
>
> 妈妈李华　儿子一岁两个月

翻箱又倒柜

自从宝贝学会走路以后，就迷上了翻箱倒柜行动，凡是他能打开的任何橱柜、抽屉、冰箱门、背包等等，他都会将里面的东西翻个底朝天才肯罢休，也不知道小家伙在找什么，每次他都把里面的东西扔得到处都是，跟在后面收拾都收拾不来，他怎么了，为什么要这样？

为什么要捣乱

他在探索。学会走路前，孩子多在妈妈的怀抱和床上活动，到哪里都受限制，1岁以后，随着自身活动能力的增强，特别是会走路，能自己四处溜达以后，宝贝的活动范围大大增加，可以自主地大展手脚进行探索了。家里的一切包括整个世界上的一切对孩子来说都是新鲜的。毫无目标地翻箱倒柜、开柜门、关柜门，把柜子里的东西拿出拿进，这些在成人看来毫无意义的行为对宝贝来说都是一次全新的体验，因为他们还不懂得如何去使用这些东西，不懂得这些东西的具体使用方法，所以，他们所能做的只是拿进拿出，即便如此，他们也都是第一次尝试着用自己的双手去探索这个世界。而且不久以后，您会发现宝贝不仅喜欢开柜门了，他也开始逐渐地将注意力放在研究柜中物品的使用上来。

您看，孩子貌似在做不可思议的无意义事件，但是，站在孩子的角度一看孩子原来是在探索世界，是在学习，这可是一件让人高兴的事情。仔细打听一下，您会发现原来许多宝贝都有这样的"毛病"。

妈妈如何应对

积极肯定，给予空间。翻箱倒柜表明宝贝有能力开始探索世界了，这可是可喜可贺的事情，所以不要惆怅，宝贝弄乱了，整理一下就好了，切不可因为嫌麻烦扼杀了宝贝探究的热情，不能总对伸出双手准备着的孩子说："这个不能动，那个不能动"，在一次次的限制中，宝贝也许成为一个乖宝贝，但是主动尝试、探索的精神却在无形中被扼杀。我们的原则是在安全的界限内尽可能满足宝贝的探索需求。

适时引导，丰富经验。不同时期宝贝翻箱倒柜的表现也是不一样的，刚开始，他可能只对开柜门感兴趣，并会一次一次反复地打开柜门、合上柜门。慢慢地，他不再玩柜门了，而是开始对柜子里面的东西感兴趣，当宝贝翻到让他很好奇的东西，并用疑惑的目光看着成人，好像在说妈妈这是什么？干什么用的？这个时候妈妈可以适时介入，告诉宝贝这是什么，是干什么用的，也可以演示给宝贝看应该如何操作，慢慢地宝贝就会认识很多的事物了。如当宝贝翻出妈妈的衣服时，妈妈可以告诉宝贝："这是妈妈的衣服，红色的，妈妈穿上。"翻出了手电，可以把手电弄亮，四处照照，让宝贝找找亮光，还可以和他玩玩在墙上找手影的游戏，这样能给宝贝积累许多生活经验。

提出条件，养成习惯。刚开始，宝贝还小，宝贝一翻箱倒柜后，要辛苦地把东西收拾整齐，慢慢地，随着宝贝年龄的增长，宝贝能听懂妈妈的一些话了，妈妈就可以引导了，如宝贝玩后，妈妈可以问宝贝："咱们把它放哪里？"或者"它的家在哪里？"引导宝贝将之放回原处。如果宝贝总是只顾玩，玩后不管，妈妈不妨在玩前就提条件："玩以后，还把东西放回去，这样明天还玩，要不妈妈就不给玩了。"培养宝贝形成一种玩后放回原处的意识和习惯。

温馨提示：

家里的东西有的可以翻，但有的却确实不能动，比如电器上的按钮，家里的药品箱等，这些东西家长一定要提前放到宝贝不能触及的地方，省得到时候宝贝要玩，您又阻止，大家都不开心。

柜子角上有尖角的，要贴上防撞角，做好保护措施，防止碰着孩子的头，夹着孩子的手脚，宝贝没有危险和安全等是非观念，妈妈一定要保护好孩子的安全，以防发生意外。

2—3 岁成长档案

不爱玩玩具

给孩子买了许多的玩具放在家里，但是孩子都只是三分钟热度，新鲜劲一过就把它打入冷宫，好像并不很爱玩，这是为什么？

爱玩是孩子的天性，爱玩玩具这是肯定的，孩子"不爱玩玩具"现象的出现可能是基于以下几方面原因。

对孩子而言，家中的一切都是玩具

许多玩具，家长看着非常好玩，孩子不喜欢玩觉得非常不可思议，但是对于孩子来说，这个世界上的一切对他来说都是新鲜的，都是玩具。开柜门、翻抽屉，将柜子里的东西一件件扔出来、学着大人的样子拿笤帚扫地，拖着墩布满地跑，都是宝贝非常喜欢做的事情，都是宝贝钟情的玩具。所以，不要以为只有买来的玩具是玩具，就应该整天都玩，其他在成人看来无聊的事情在宝贝的经历中都是非常新鲜、非常有趣的，世界上的一切对宝贝来说都是新生事物，都是"玩具"。

怎么办？

改变认识，不要以为玩买来的玩具了宝贝才是玩，宝贝的一日生活都是玩，将卫生纸撕成一条一条的，把床单披在头上，将大人的鞋穿在自己的脚上都是在玩，而卫生纸、床单、鞋这些物品在宝贝看来一样是玩具，不要将眼光光盯在自己买的那几件玩具上。

孩子的注意力还不持久

精心为宝贝买的玩具，宝贝却玩几分钟就丢弃一旁确实让人伤心，但是这都是正常的，宝贝持续做一件事情的关注力还很弱，非常容易受到眼前其他物品的影响，看到别的东西宝贝很容易就将玩具丢弃一旁。

怎么办？

宝贝被其他事物吸引很正常，不要以为这是宝贝不喜欢您买的玩具，这种情况下，您完全可以将玩具暂时收起来，过段时间再拿出来，慢慢地等宝贝熟悉后，他就会逐渐喜欢上这个玩具。或者您在给宝贝提供玩具的时候最好注意一下周围环境，尽量让无关刺激少一些，比如宝贝在一边玩的时候，您切不可打开电视，因为一打开宝贝肯定马上将玩具扔在一边。

玩具太多了宝贝不知道玩哪个

现在很多家庭有经济条件，隔三岔五就给宝贝买玩具，再加上亲戚朋友送的，家里玩具几大筐，看着这么多的玩具，宝贝还真就不知道该玩哪个，拿了这个扔那个，导致玩玩具变成了"换玩具"或者"扔玩具"，哪个也没耐心地玩。

怎么办？

将大部分玩具都放起来，每天只给宝贝提供2—3种，让宝贝不再把注意力放在挑玩具上，而是放在如何玩上。其余的玩具根据宝贝的情况陆续轮流提供，这样既让宝贝感觉玩具总有新鲜，而每次还能有机会仔细研究每种玩具的玩法。

玩具太难了宝贝不会玩

2岁左右的孩子手眼协调能力、双手配合能力等都有限，所以他们会玩的玩具也比较少，这个时候，您给他们拿重金购买双手操控的遥控车、电动玩具，或者复杂的魔方、百变魔尺等只会把孩子吓跑。

怎么办？

给孩子买玩具的时候注意一定要买适合他们年龄段的，两三岁的孩子最好买些大积木、套圈、小动物、可摆弄的发声玩具、不同质地的球给他们玩。那些适合五六岁孩子玩的复杂玩具，如果您买了最好先收起来，等时间到了，孩子各方面都准备好了再玩。

玩具不合宝贝胃口

如果经过适当的引导，孩子还是提不起劲儿，那么玩具可能就真是不合孩子的胃口。

怎么办？

如果玩具实在不是孩子喜欢的，那就把这些玩具送人，下次再买玩具的时候一定考虑孩子的兴趣爱好，如果可能的话让宝贝自己来挑选玩具，这样保证玩具是孩子喜欢玩的。

温馨提示：

随着家庭经济水平的提高，孩子的玩具也越来越多，越来越贵，许多父母都给孩子买了高档的遥控玩具、电动玩具等，但其实有些貌似很贵很精美的玩具宝贝并不是很爱玩，因为这些玩具给予孩子动手以及动脑的机会很少，这些玩具"只适合远观而不适合亵玩也"，事实上，孩子们更喜欢能给予宝贝更多操作以及变化的玩具，如拼接类的插片、积木、橡胶泥等，这些玩具给予孩子充分的动手机会，每天玩但每天都有变化，所以孩子们都非常喜欢。

自己打自己

在生气时或自己的愿望得不到满足时，孩子常会出现用手打头、抓头发、扯耳朵、用头撞桌子等自虐行为。

> **您的忧虑：**
>
> 孩子指着墙上的电线插头要玩，我不让，他气不过，就打了自己一巴掌，这种现象在1岁多就出现了，现在2岁了还没消失，之前想了很多办法纠正，效果都不好，宝贝为什么会有这样的行为？我该怎么办？

发泄不满情绪

3岁内的宝贝语言表达能力欠佳，无法准确地描述自己的情绪，致使某些意愿无法得到满足，这种情况下他会通过"自虐"的方式来发泄不满情绪，释放压力，让自己变得比较平静，同时引起大人注意，这种现象比较普遍，在许多孩子身上都存在。随着幼儿语言表达能力的增强，4岁以后会自行消失。

怎么办？

倾听拥抱。轻轻拥抱和抚摸情绪激动的宝贝，鼓励宝贝用恰当的方式表达自己的情绪，耐心询问孩子到底想要做什么，及时疏导宝贝的情绪，让宝贝尽快安静下来，您的理解和拥抱对宝贝来说是纠正宝贝最有效的良药。

敏感关注。宝贝语言表达能力弱，但这并不意味着孩子是不可理解的，用心而敏感的父母能有效地解读宝贝一举一动中包含的意愿，所以您需要做的是花更多的时间在孩子身上，仔细揣摩理解宝贝的意图，真正与孩子实现"心有灵犀"般的"无语言交流"。

多种方式化解。孩子生气时，家长不用惊慌，也不可责罚、怒斥孩子，更不可以任性对任性，诉诸"武力"，而应积极地采取多种对策：

· **转移注意力**。如当宝贝要自虐时，赶紧抱着宝贝说："我们看看外面飞的那是什么呀？""让我们看看动画片开了没？"这种方法一般都很奏效。

· **合理宣泄**。不要让宝贝打自己，而让他打被子等柔软的物品发泄情绪，如此既满足了孩子发泄的需要，又避免了危险发生。

· **鼓励孩子用简短的语言表达自己的感受和需求**。随着孩子年龄的增长，孩子语言表达能力逐步增强，所以平时要注意多与孩子交流，培养孩子通过语言表达意愿的习惯，让宝贝学会用语言表达自己的情绪。您还可以多给宝贝提供健康的社交范围，让宝贝多与同龄人交流交往，逐渐掌握与人沟通的基本技巧。

模仿成人行为

孩子的行为令您非常生气，您不由得伸出手想打孩子以杜绝类似行为，然而您刚抬手，就只见孩子自己打了自己一巴掌。并逐步形成了只要您一生气，孩子就自己打自己的习惯。孩子的自虐行为来源于对成人行为的模仿。

怎么办？

高度重视自身行为对宝贝的影响作用，严格自律，无论在什么情况下都要控制自己的情绪与行为，拒绝对宝贝施加"武力"，家里成人间要相互监督与反思，杜绝"武力"行为，不给宝贝模仿的机会。

要挟他人

许多家庭对待孩子的态度都是百依百顺，时间一长无形中就养成了孩子几乎是说一不二的习惯，假如对他提出的要求（问题）有一些回答的不满意，他就会用此等方式来泄愤或是让你们重视他，他知道您很心疼他，他虐待自己您就一定会妥协，并满足他的任何需求。

怎么办？

坚决改变唯宝贝要求是"瞻"的做法，如宝贝的要求合理，就适当满足，而如果宝贝的要求不合理，您要学会温柔地拒绝，指出不满足的原因，而不是宝贝一出现自虐行为就千方百计满足他的意愿，纵容宝贝的坏习惯。如外面天气很冷，但是宝贝却坚持去外面玩，这时就必须拒绝。必要时家长可"暂时回避"，留给他一个安全的空间，让他自己反省和发泄，如此让宝贝知道，这种自虐行为并无法如愿使他得到想要的结果。当宝贝平静下来的时候再给他讲道理。

脾气暴躁

脾气急、耐心差的宝贝容易在遇到挫折的时候发脾气并自虐发泄。

怎么办？

体验成功、培养自信。脾气急的宝贝出现自虐行为，通常是他遇到问题，有"挫败感"，特别是产生自卑的时候，此时应该积极协助宝贝完成他无法完成的事情，让他体验到成功的喜悦。与此同时，降低要求，不给宝贝过多的压力，给孩子更多体验成功的机会，以加强孩子的自信心。

适当鼓励、磨炼耐心。当宝贝"气急败坏"的时候，轻声告诉宝贝不要着急，并通过提示性引导、示范等让宝贝尝试着再来一次，如宝贝不会搭积木时，可先示范给他看，再让他自己做一次，如果有一些进步就及时肯定，如此让宝贝在鼓励与一点一滴的进步中提高技能、磨炼耐心。同时也让宝贝在此过程中领会到，只要耐心地、一次一次地尝试就一定能取得成功。

沉默天使

孩子会说话，但却很少开口说话，亦很少直接开口回答问题，即使交流也习惯于用一些身体动作来表达。

> **您的苦恼：**
>
> 孩子都2岁了，在我的反复引导下，能比较流利地说一些话，但是日常生活中却很少主动地与人交流，而即使要与人交流他也不开口叫，而是通过拉或拍等动作来引起他人的注意。孩子这是怎么了？是不会说？不愿说？不敢说？还是？

他语言表达能力发展慢

幼儿语言发展速度不同,有的快,有的慢,他不通过语言进行交流很可能是自己还没有做好说的准备。

怎么办?

孩子2岁了还不习惯使用语言与您交流,您可能非常着急,但是请保持冷静,每个孩子的发展都有自己的个体差异,您的孩子这样也可能是很正常的。在理性看待幼儿说话问题的同时您可以通过多种方法帮助、引导幼儿发展语言。

· 使用简单的语言谈论你日常做的事情,如:妈妈在读书,爸爸在洗东西。

· 对幼儿努力想说话时发出的任何声音都做出反馈。

· 帮助幼儿学习认识事物,但是不要让幼儿重复说,重复易带给幼儿压力,也易使他对说话产生反感与厌倦情绪。

· 要主动地告诉孩子这是什么,那是什么,而不要被动地等幼儿来问。

他性格内向不爱说

性格内向、胆怯、喜欢安静的孩子一向少言寡语,不愿意表达自己的意愿和想法。

怎么办?

内向的孩子更喜欢思考,对这样的孩子你要在给予他们思考时间的同时积极为其创造与人交流的机会。如经常带孩子与同龄幼儿接触,让孩子在交往交流中增长见识，锻炼语言能力。在广阔而平等的同伴交往中孩子会逐渐改变沉默的性格，变得自信、开朗，勇于表达、乐于交流。

他不敢说

家庭气氛过于沉重和压抑，对孩子过于严厉，经常指责和限制孩子，都容易挫伤孩子说话的积极性。在有压力的紧张的气氛中，孩子"不敢高声语"，只好选择"沉默"，并养成不开口的习惯。

怎么办？

改变不良的家庭教养方式，营造一个民主、宽松、自由的家庭环境，幼儿可在其间尽情倾诉，随意表达，没有任何顾虑。而且对于幼儿不说话的问题，家长一定要多正面引导、积极强化，少或不要指责与呵斥。

他缺乏交流经验

一定的生活经验是促进孩子语言发展的基础。有广阔的生活空间，有丰富的生活经验，孩子才知道在不同的场合、对不同事情应该说什么，怎么说。

怎么办？

积极拓展孩子的生活空间，丰富幼儿交往经验是行之有效的办法，如您可带他去超市、公园、商场等地方，引导他们观察这些地方的人们是怎样用语言交流的，丰富他们对社会的认识。同时，鼓励幼儿玩开茶吧、玩娃娃家等装扮游戏，您要积极参与到游戏中来，与幼儿一起围绕游戏内容进行自然的谈论，如："她渴了，我们给她喂点东西吧"等。

这样能够帮助孩子了解不同场合的语言表述方法，还能激发幼儿表达的愿望与兴趣。

需要注意的是，电视和录像虽然可以丰富幼儿的知识经验，但是并不促进幼儿交流，所以您需要适时关了电视，坐下来与幼儿一起就所看到的电视内容进行讨论，以为幼儿创造交流的机会，并避免幼儿因长时间看电视所造成的习惯性不说话。

他觉得没有说的必要

如今的孩子都是在过分保护的条件下成长起来的。在家人精心的呵护下，孩子一切都被照顾得很好，他们没有需要、没有选择，也就根本没有与他人交流的动机，而即使偶尔有需要时，孩子也懒得用语言表达，而是用手去指点。

怎么办？

您可以通过以下方法为幼儿创造说的需要：

不满足需要。不要把一切都给幼儿准备得很好，这样有利于激发他通过语言向您提出要求。

给予选择。给予幼儿选择的机会，这样他就能够努力告诉您他想要什么。

打破常规。打破常规，幼儿就会有谈论和询问的愿望。如您可以在吃饭时不给他勺子，这样他就会努力告诉您他需要勺子。

> **妈妈的话：**
>
> "吃饭了，我没有像往常一样把小勺子放在儿子的碗里，而是故意放了一双筷子，儿子抬起头疑惑地看着我，"嗯"了一声，并拍了我一下，我装作没看见的样子，继续埋头吃饭，儿子没办法了，只能向我说道，"妈妈，勺子"，我抬头问"什么"，儿子又说了一遍，于是我急忙给儿子拿来勺子。
>
> 妈妈丽娅　儿子两岁半

病好变坏

病好后，乖宝贝变成了"小魔鬼"

生病的小家伙的病好了，但性情却大变，原来那个"乖宝贝"突然变得娇气起来，整天黏在妈妈身上不下来，碰到别人也不叫了，以前自己能做的事情也不做了。而最让人头疼的是，以前通情达理的宝贝在病好后脾气暴长，变得蛮横无礼，日常想要什么，要做什么，必须顺她的意，不然就大哭大闹，怎么哄也没用，不达目的绝不罢休，简直像个"小魔鬼"。

生病的时候，您太迁就她了

孩子生病，您看在眼里，痛在心上，为了让孩子尽早康复，您放松了对孩子的行为约束，对孩子百依百顺，但就是这种"好意"的宽容与一味的让步，让孩子的坏脾气一点点地滋长起来。病好后，习惯了想要什么就要什么、想干什么就干什么的宝贝，自然会感觉与有约束的正常生活格格不入，并因此大发脾气。

关爱需要策略与智慧

对生病宝贝的关爱，并不意味着无条件地满足孩子的要求。合理的要求，您可以适当满足；而对于不合理要求，则要有策略地进行解决。

替代补偿。考虑到孩子身体此时正遭受着疾病，在孩子提出不合理的要求后可考虑通过替代的方式进行补偿。比如，当生病的宝贝一分钟也不想离开您，始终想黏在您怀里的时候，可尽量满足宝贝有人照顾的要求，但可耐心地和孩子商量，找别人替代照料。如"妈妈要去买菜，给宝贝做好吃的，让爸爸抱一会儿，好吗？"

延迟满足。当孩子提出不合理的要求后，暂不满足，但向宝贝保证等病好了一定满足他。如当宝贝打着吊瓶却还想去外面玩的时候，向宝贝许诺，等病好了，一定天天陪宝贝去公园玩。

鼓励激励。宝贝生病很痛苦，忍受病痛需要一定的毅力，此时您不妨为宝贝讲讲宝贝喜欢的英雄故事，或者与宝贝一起看看奥特曼勇敢战胜困难的动画片，鼓励宝贝像英雄一样勇敢地吃药、打针，战胜疾病。如果宝贝表现出好行为，如不怕苦，把药吃了，打针不哭等，都应不失时机地给予表扬，及时加以强化。

给予充足的心理关爱。关爱并不意味着孩子想要什么给什么，想怎样就怎样这么简单，事实上，对生病的宝贝来说，您对宝贝的心理关爱更重要，您多亲亲孩子，抱抱孩子，或者根据病情与宝贝一起进行一些愉悦身心的游戏，都能让孩子的病期生活变得丰富，让宝贝倍觉安心。

改变需要时间与坚持

逐渐过渡。宝贝的蛮不讲理，使你非常生气，但您一定要冷静，要克制自己，不要被宝贝的行为牵着走，不要迫不及待地与刚刚病愈后的孩子"短兵相接"，让孩子缓一缓，给宝贝一段过渡的时间更利于宝贝接受，所以刚开始对孩子的要求可尽量满足，以后逐渐过渡到部分听孩子的，直到最后全部拒绝，恢复到病前状态。

坚持培养。事实上宝贝病后脾气大的情况有的宝贝表现得严重一些、时间长一些，有的宝贝则表现得轻一些、时间短一些，但总的来说是暂时的，您不要太紧张，多数宝贝过一段时间会好的。只要一家人教育方向一致，并持之以恒地坚持，孩子的坏脾气和任性行为都可以慢慢修正。

几点建议：

暂时转移。如果宝贝闹得很厉害，您可以先把孩子抱离哭闹的现场，让宝贝换个环境安静下来，然后再在合适的时候和宝贝讲道理，告诉宝贝什么能做，什么不能做，并讲出原因。

提前防范。观察宝贝在什么情况下、因为什么事情最容易发脾气，并有意地予以提前防范。如宝贝就想黏着您，不下地走，您可和宝贝提前商量，如果想和妈妈一起上街，就一定要自己走，因为妈妈要拿其他东西，这样做好铺垫，宝贝事先有承诺，情况就会好很多。

也有例外

一场病生下来，宝贝的反应是不同的，有的宝贝则退缩了，变得难缠了，但有的却似乎突然之间懂事了，成长了，见了医生也不那么怕了，吃药也变得更容易了。

破坏大王

和他一起搭积木,他还没等堆好就把积木踢倒;给他看图画书,他不看,反而把书撕得一片一片;给他玩小汽车,他把它扔到地上,还高兴地哈哈大笑。

> **您的困惑:**
> 孩子简直就是个破坏王,什么玩具都不好好玩,就爱破坏,什么东西到他手里立刻变成废品,真不知道孩子的心里是怎么想的。

为什么?

他太好动。有的孩子天生特别爱动,好像有使不完的劲,拿到什么东西都是东摸西碰,停不下来,不能安静地玩。

怎么办?

通过别的方式发泄精力。对于天生精力旺盛的幼儿,让他们多进行一些户外的活动,多跑跑、多跳跳,来消耗他们过剩的体力。在家里可以提供一些废旧的玩具让他们敲敲打打,并尽量划出不允许孩子随便出入的范围,这样可以减少孩子闯祸的可能性。

为什么?

他在感受自己的能力。2岁左右的幼儿,主体意识萌芽,他"无意"

地反复某一破坏行为只是在感受自己的能力，并非有意，如当宝贝发现自己手中的东西掉地上发出响声后，会觉得很好玩，并一次次重复这一行为；撕纸能让宝贝感觉到自己"撕"的动作对"纸"产生的结果。

怎么办？

找替代品。如当宝贝往地上扔玩具小车的时候，妈妈可以拿皮球或者乒乓球给宝贝扔；撕图书的时候，找废旧报纸给他撕，还可引导宝贝撕出不同形状，如长条、圆形等，引导宝贝在玩中获得发展。

为什么？

他在探究。孩子有着天生的强烈的探究心理，对于自己遇到的东西，总想摸摸、看看、闻闻、尝尝，弄个明白，偶尔会通过摔一下的方法，来看看它会产生什么样的反应。

怎么办？

把易碎不安全的东西收藏好，给宝贝提供一些安全的耐摔的玩具，如组合式的玩具、插具类玩具、拼搭类玩具等，鼓励孩子尝试组合不同的造型，好好探究。同时随着宝贝的成长逐渐引导孩子建立什么东西可以碰，什么东西不可以碰的概念，可直接告诉宝贝，小皮球、大水桶可以玩、报纸可以撕，但妈妈买的图书不能撕，电视、电脑不能随便玩，随便摔等，不然会有大麻烦，再不能玩了。

为什么？

他通过破坏表达发泄自己的不满。如宝贝会因为您批评了他或者对他过于严厉而故意扔玩具表示对父母的不满，当然在感觉孤单的时候，宝贝也会通过这种方式引起他人的注意。

怎么办？

2岁的孩子已经具备一定的交流能力了，爸爸妈妈不妨和孩子谈一谈，了解他最近有些什么烦恼，或是他有什么需要。日常也要多留心宝贝最近的心理动向，及时满足孩子被关注、被尊重的心理。但是如果孩子是通过故意破坏要挟成人，以达到个人目的，就要严厉批评，必要时让孩子尝到破坏的滋味。如摔坏了小车，就短期内不给孩子买新玩具，孩子受到一定的惩罚后，会留下深刻印象，就不敢再由着性子破坏了。

妈妈的话：

"看着大人按键打电话，孩子也非要打，不停地按键不说，还用手抠电话上的键盘，真没办法。为防止宝贝弄坏电话，我把电话放在孩子够不到的地方，并给他买了个玩具电话，玩具很好玩，宝贝按的时候会发出好听的数字声音，这样宝贝不仅学会了打电话，还在游戏中学会了认数。"

妈妈林寒　宝贝两岁一个月

吃手成瘾

一日生活中不时会看到孩子把手放嘴里咀嚼着，白天吃，晚上睡觉时也吃，哎！简直吃手成瘾。

> **您的苦恼：**
>
> 孩子小时候就吃手，但以为那是正常现象，就没多管，以为过段时间自然就好了，现在孩子都快三岁了，吃手频率却是有增无减，想了很多办法都不奏效，如此既不卫生，更影响孩子牙齿生长，可怎么办？

这很正常

吸吮是孩子的本能，我们可以看到多数孩子都会在几个月开始吃手，甚至吃脚，如此能满足幼儿身体愉悦、稳定情绪两方面的需要，有的孩子在1岁左右就消失了，有的要持续到两三岁。

怎么办？

不必过分担心，一般来说，在这个阶段的吃手行为，还不至于对宝贝日后的齿形造成太大的影响，您需要做好幼儿的手指卫生工作，以免病从手入，影响孩子身体健康。

缺少微量元素

孩子体内缺少微量元素如锌、铁等，会引起异食癖，进而诱发吃手现象。

怎么办？

如果孩子吃手现象很严重，甚至把手咬伤，您有必要带孩子到医院做微量元素检查，若是因缺少锌等微量元素而引起孩子吮手指，就要及时根据医生指导给予相应的、有针对性的补充。

心里不安

您让宝贝一个人在小床上睡觉，但是一个人好害怕呀，外面黑乎乎的，妈妈也不在身边，于是宝贝把手放进嘴里以缓解心理的焦虑与不安。

怎么办？

·给孩子一个安全的、充满爱的环境。宝贝不安多因缺乏安全感，而其安全感主要来源于父母。所以您一定要给予宝贝足够的关爱和体贴，对孩子付出足够的爱。如在宝贝睡觉前您可温情地拉着他的双手，或者让他搂着您的脖子，给他讲爱听的故事，唱舒缓好听的歌，直到宝贝入睡再离开。平常您也不要因为工作忙而完全让保姆带孩子，要留出与孩子一起游戏、一起身体接触的时间。

·鼓励幼儿将心中的不安说出来。2岁多的宝贝已具备了初步的语言表达能力，所以您可引导幼儿将心中的不安与恐惧说出来，说出来了您就可有针对性地通过正面引导、积极鼓励等策略予以解决了。

有点无聊

您抱着孩子在和您的同事聊天，孩子手中没有玩具可玩，也听不懂你们谈话的内容，就把手塞嘴里吧唧吧唧地吃起来，聊以自慰。

怎么办？

让孩子有事可做，转移注意。以玩具、图画等孩子喜爱的东西吸引其注意，使孩子的双手没有空闲，没有时间去考虑吸手指。如在您和同事聊天的时候不要忘记给宝贝准备他喜欢的、能占用双手的玩具，并不时地与宝贝进行交流，以表示您对他的关注。

日常生活中您应带宝贝走出家门，多参加游戏活动，多接触小朋友，以使孩子的生活丰富多彩。孩子有得玩，有得听，有得看，有人交往，就不会孤独，自然也就不会想到吃手喽。

需要注意的是，孩子任何看似微小的问题都不是立马能解决的，您需要耐心持久地坚持做好孩子的工作，做好打"旷日持久战"的准备。

> **妈妈的话：**
>
> "一直以来，因我工作忙，宝贝都由奶奶照顾，奶奶腿脚不便所以很少带孩子下楼与小区里的孩子玩，这样孩子只能整天一个人玩玩具，玩烦了就一个人吃手。后来我找了个年轻的保姆，并特意嘱咐她每天都要带孩子下楼与同伴接触，几个月下来孩子精神状态好了很多，话多了，吃手频率也明显降低。"
>
> 妈妈曼妮　孩子两岁十个月

迷恋手机

家里那么多的玩具，他都不爱玩，偏偏对你的手机情有独钟。要是不让玩，他就"啊、啊"地叫。

> **您的担心：**
>
> 宝贝对手机几乎到了着魔的地步，只要看到你的手机，他就抓在手里不放。你不仅担心手机的辐射会影响宝贝的健康，而且他经常瞎按，把号码拨出去，你不得不因此跟别人道歉。

手机为什么这样吸引他？

宝贝喜欢操作性强、富于变化、新奇的东西，手机上面有许多按键，易于操作，宝贝可以随意而简单地进行拨弄。不仅如此，按的过程中，不同的手机都会配合按键动作出现动听的声音、绚丽的屏幕、变化的内容、甚至各种美轮美奂的画面等，所以宝贝会非常喜欢。

2岁左右的宝贝活动范围小，一日生活中大部分时间都在家中度过，如果家中活动空间小，玩具内容单调，宝贝就很容易将注意力放在家人随意放置在床上的手机上。

现代社会，手机成为成人一日生活中最重要的、使用频率极高的工具，而且往往是人手一部，甚至好多部，爸爸和妈妈整天与手机打交道，爱模仿的宝贝自然会在爸爸妈妈打电话、发短信的时候凑到旁边看个究竟，甚至想像妈妈一样体验一下打电话的感觉喽！

将他的兴趣从手机上移开

2岁是宝贝身体、语言发展的关键时期，妈妈要注意在宝贝语言发展上下功夫，平常要尽可能地多陪宝贝聊聊天，讲讲故事，结合故事内容做做游戏，如此不仅能抓住关键期促进宝贝语言发展，还让宝贝有事可做，把注意力从手机上逐渐移开，避免了手机成为宝贝"保姆"的可能性。

有意丰富家庭玩具，给孩子提供一些操作性强的、富于变化的玩具，如面泥、培乐多彩泥、变形金刚、组合玩具等，让宝贝充分操作探索。同时积极拓宽活动空间，在天气条件允许的情况下，多带宝贝走出家门进行户外活动，引导宝贝广泛接触体验水、土、沙子等玩法多样的材料。同时在此过程中积极鼓励宝贝学习体会与其他小朋友一起游戏的快乐，尝试交朋友，这样能把宝贝对手机的兴趣适当地转移，使孩子产生出对更多人与物的兴趣点。

如果有条件的话，家长可找一些替代品，如带有按键的游戏机或者成人不用的手机、已坏掉的手机等，让孩子随意玩，满足孩子对手机的好奇心和对按键操作的欲望。此外现在市场上已经应宝贝的需求出现了很多惟妙惟肖的玩具手机，既没有辐射、也相对比较便宜，家长不妨买一个来供宝贝"过瘾"。

2岁或2岁半以后，妈妈可以允许宝贝适当接触接触手机，如可让宝贝学着按数字拨电话给爸爸，在手机中听听爸爸的声音。千万不要因为害怕宝贝损坏机器而严禁宝贝接触手机，过于严厉的禁止有可能使宝贝对手机产生一种敬而远之的心理，不愿再接近。当然每次都要和宝贝约定好，不能玩太长时间。

N个好主意：

·大人应尽量避免在家总使用手机，更要注意不随意把手机乱放，把手机放在随身的兜里或者包里比较好，这样能在一定程度上降低宝贝注意到手机的概率。

·利用宝贝喜欢反复重复按键以及喜欢给爸爸、奶奶等拨电话的愿望，寓教于生活，引导宝贝很自然地认识键盘上的数字，识记电话号码，发展数字能力。

·在宝贝平静的时候，用浅显易懂的语言给孩子讲一些有关手机的知识，如手机容易坏，宝贝拿不好，一不小心掉到地上就会坏了，以后就再也不能玩了，也不能和爸爸说话了。还可以顺便告诉宝贝不能玩的原因，如可以以宝贝能理解的方式告诉宝贝手机有一种"光"，总拿着玩的话，宝贝就会生病等。

不爱读书

给他看书，他却把书丢到一边，或者只是当作玩具玩，把书弄得一团糟。

> **您的困惑：**
> 阅读能力应从小培养，但是，宝贝2岁多了都不喜欢阅读，一天到晚都只忙着玩，为什么会这样，有什么办法可以使宝贝爱上读书？

缺乏阅读环境

在一个父母从不读书的家庭中，孩子很难知道阅读为何物，更无法体会到读书的乐趣，因此也就无从"爱上阅读"。

怎么办？

以自身爱好阅读的行为影响孩子。 家长养成经常看书、读报的习惯，在自己看的过程中要求孩子也找一本自己喜欢的书看。这种习惯、这种行为能让孩子感觉到阅读对家长非常重要，从而也会逐渐认识到阅读在自己生活中的重要作用。

从孩子出生伊始，就养成每天对着孩子大声阅读的习惯。 所有的孩子都喜欢别人对着他阅读，即使是很小的婴儿。也许当孩子很小的时候不能理解家长所读的内容，但是对孩子阅读能给予孩子学习语言以及享受家长声音快乐的机会。刚开始，一次读几分钟就可以，一天读几次，随着孩子年龄的增长，逐渐延长阅读时间。阅读的时间最好是安静的时间，如上床睡觉前就是个不错的机会，这个时候孩子停止了游戏，也没有入睡，是进行阅读的颇佳时机。读的时候可让孩子坐在腿上或者靠在家长身上，这样会让孩子感觉非常亲近和安全。当然当孩子长大后，他也可能会四处溜达着听。在读的过程中家长要密切关注孩子的反应，如果他感觉累了或烦了，就马上停止，要始终让孩子感觉到阅读时间是一段不同于睡觉和游戏的非常安静、非常惬意的时间。

有机会常带孩子去图书馆。图书馆有非常多的书供孩子选择，也是阅读的好环境。所以，如果有条件，就多带孩子去图书馆转转，当孩子很小的时候可以一星期去一次，随着孩子日渐长大，可逐步增加去图书馆的频率。

他不喜欢你给他看的书

0—3岁宝贝的心理活动带有明显的直觉行动性，他的思维都需要与事物直接接触而发生。具体、直观、可操作、内容能吸引宝贝，建立在宝贝生活经验基础上的"书"更能引起宝贝摆弄的兴趣。如果你给宝贝看一些有文字的、成人化的书，或者宝贝不感兴趣、不能理解的书，宝贝当然会把它丢在一旁。

怎么办?

·2岁多的宝贝，父母可以选择一些主体物较大，形式多样（硬卡纸的、塑膜的、卡片式的、挂图以及布书都可以），形象可爱逼真，内容节奏感强、重复性多的图书。这些书最好画面清晰，色彩艳丽，主题突出，形象鲜明、逼真，而且内容必须与孩子熟悉的生活经验有关。

·给孩子读"可预测的"书。"可预测的"书意思是指某单词或者行为在书中多次重复出现的书。这样的书能帮助孩子预测下一步将要发生什么，从而吸引着孩子阅读兴趣。当孩子跟着你的讲述说出重复的词语或短语，如数词、象声词、物体名称、日常动作等时，孩子会非常高兴，感觉阅读是个非常愉快的过程，并逐渐养成主动阅读的习惯。

他不会看

由于不懂文字，孩子不可能一下子就把书看懂，翻来翻去看不懂，没意思了，就把书扔在一边，玩别的去了，或撕书玩。

怎么办？

宝贝阅读需要家长的指导，有效的指导是宝贝顺利阅读的关键。家长要拿出一定时间和孩子坐在一起阅读图书，一边讲一边看，适当地提些问题，从学翻页面开始，直到逐步让孩子学会自己独立地看和讲。孩子能看懂画面了，切身体会到看书的乐趣，就会对书产生感情，逐渐培养阅读图书的兴趣。在阅读的过程中家长可通过以下几方面对孩子进行引导：

有热情、有感情地给孩子讲述。宝贝对图书的喜爱程度深受成人的影响。在阅读的过程中要根据情节和角色特征进行有感情的阅读，这种感情可表现在声音节奏变化、面部表情、手势等方面，这样有利于调动情绪，感染孩子。

通过提问引导孩子。在引导孩子阅读的过程中，家长可通过提问与宝贝一起讨论图书中的内容、预测故事的情节，或者联系孩子的生活指出图书中的事物与物品等，如家长可指着图书说"宝贝，看大老虎，还记得我们在动物园看的大老虎吗？""你猜小兔子会碰到谁呢？"如此吸引孩子注意，密切亲子关系，还培养孩子交流、认知等方面的能力。

活泼阅读。宝贝喜欢动，而阅读是比较静的活动，如果动静结合，让宝贝在阅读的基础上进行相应的表演或游戏，可大大提高孩子阅读的兴趣，如当宝贝读了《三只小熊》后，可为宝贝准备三只小熊做道具，让宝贝开展相应的游戏。

> **妈妈的话：**
>
> "以前我总是让宝贝停止手头的游戏多看书，宝贝很不高兴，总会把书丢一旁，着急地玩他的游戏。现在我调整了策略，把阅读改在中午和晚上睡觉之前进行，这个时间宝贝不着急游戏了，心踏下来了，所以能够认真地听我讲故事，和我一起翻图书，有很多次，读书读得我都很困了，宝贝却依然有精神地问我，'妈妈，然后呢？'"
>
> 妈妈安妮　宝贝酷酷

看电视着迷

一起床或者一进家门，孩子就要打开电视，而当他看电视的时候，能安静而投入地坐很长时间，各种动画片甚至广告都喜欢看，真是个小电视迷。

> **您的烦恼：**
>
> 不知从什么时候开始，我发现家里的电视只要开着，肯定被孩子锁定到少儿频道。看着电视孩子会非常安静，做什么事情都好商量，但如果不让他看电视，他就会哭闹，甚至以不吃饭相威胁，孩子这么小就这么爱看电视，眼睛如何受得了，以后可怎么办？

孩子喜欢看电视

电视富有动感的音乐、特别的声音、强烈的色彩、不断变换的画面，以及符合其认知特点的内容，强烈地吸引着孩子。许多孩子从小就特别喜欢看电视，这是很正常的现象。

怎么办？

好的电视节目有利于孩子了解新的世界，增长见识，学习各种良好的社交和学习技巧，促进孩子各方面的发展，孩子喜欢看可以让他适当地看，关键是家长要做好对孩子的指导。具体可参照以下几点：

1. 根据孩子的年龄特点选择适宜他观看的电视节目。

2. 给孩子观看的电视节目应该符合幼儿的兴趣、能教给孩子一些东西、能鼓励孩子倾听和质疑、能帮助他学习更多的知识、使他自我感觉良好也有利于他顺应接受新观念和新事物。

3. 和孩子一起看电视，以随时回答孩子提出的问题，并与他一起讨论所观看的内容。在此过程中，要特别注意孩子的反应，这样有利于给予孩子有针对性的指导，帮助孩子理解他所看的内容。

4. 根据所看电视的内容与开展相关的游戏活动。如鼓励孩子扮演他喜欢的电视中的一个角色进行表演。

5. 全家一起谈论电视节目或者开展与电视节目相关的活动和游戏，这样能帮助孩子拓展经验，丰富知识。

6. 随着孩子年龄的增长，可帮助孩子通过绘画或者从报纸等杂志上剪与电视相关的资料，制作成册，拓展孩子学习内容。

没养成良好的看电视习惯

好的电视节目对孩子发展有益处，但是，无节制的、不良的看电视习惯却容易导致孩子养成随时想看随时看、想看多久就看多久、想看什么就看什么、看完一个还浏览搜索下一个，沉迷溺爱电视的行为。

怎么办？

1. 孩子每天看电视的时间不应超过 2 小时，作为父母，应对孩子每天、每周观看的电视时间与节目进行记录，通过记录对孩子每天看电视节目的时间进行控制，坚决把时间控制在 2 小时内。

2. 在给孩子找到适宜的节目后，帮助孩子决定看哪个，当节目快开始时打开电视，而当节目结束后马上把电视关掉，以防孩子养成看完一个再看一个的不良习惯。

家长把电视当作照看幼儿的保姆

婴幼儿从出生到走进幼儿园之前的两三年中，活动范围仅限于"家"，自然无法避免与电视的高频率接触，在某些家庭中父母会为幼儿经常能"陪"他们看电视感到高兴；又或者由于一些原因，有些父母有时拿电视充当看管孩子的"保姆"。在这种状态下，孩子逐渐养成了沉溺电视、依赖电视的习惯。

怎么办？

帮孩子平衡好电视和其他娱乐活动的关系，切不可把电视当作一个照看孩子的工具。如您可为孩子制定个一日生活安排表，包括每天的吃饭时间、游戏时间、户外活动时间、睡觉时间、看电视时间等，兼顾幼儿的各种活动，保证幼儿健康、科学、合理的生活安排。在此过程中，家长自身也要身体力行，克制自身，多带孩子出去活动，不把在家时间都用在看电视上，为幼儿做出榜样。

> **妈妈的话：**
>
> "我好静，所以总抱着孩子在家看电视，久而久之孩子小小年纪养成了爱看电视的习惯，发现这一问题后，我决定改变生活方式，经常带孩子进行户外活动。一段时间后我发现，与看电视相比，孩子更喜欢在户外与孩子们一起玩耍，更喜欢逛公园，现在起床后，他不叫嚷着看电视了，而是拉着我往外走，要我和他一起坐公共汽车去。"
>
> 妈妈艾米　儿子两岁半

着迷现代电器

身边有很多玩具都不爱玩，偏偏对电话机、电脑和手机情有独钟，看到它们就兴奋得不得了，像着了迷似的，不让玩就啊啊大叫。

> **您的困惑：**
>
> 从几个月起，宝贝就喜欢上了电脑和手机，按电脑键盘、电视遥控器、按手机、按家里的电话似乎是他最喜欢做的事情。现在，电脑键盘的键，一个个被他抠了出来，才半年的手机也将近报废，真是心疼啊！孩子为什么会喜欢这些东西，我该怎么办？

为什么？

宝贝喜欢操作性强、富于变化、新奇的玩具，电脑键盘、手机、座机电话、电视遥控器甚至一些游戏机具有一定的操作性，只要简单地在键盘上进行手指按键动作，电视、电脑、手机等就会配合出现动听的声音、绚丽的屏幕、变化的内容、各种美轮美奂的画面等，所以他们会非常喜欢。

怎么办？

2岁或2岁半以后，妈妈可以允许宝贝来试一试，如让宝贝学着拨电话给爸爸，和妈妈一起摸摸鼠标，点点键盘，看看网页上漂亮的图像等。不要因为害怕损坏电器而严禁宝贝接触，以防宝贝对电脑、手机等产生一种敬而远之的心理，不愿再接近。当然每次都要和宝贝约定好，不能玩太长时间。如果有条件的话，家长可找一些破旧的遥控器或电脑键盘和孩子拆着玩，满足孩子的好奇心和操作的欲望。现在市场上也卖很多玩具手机、玩具键盘等，方便的话也可买来供宝贝"过瘾"。

为什么？

2岁左右的宝贝活动范围小，一日生活中大部分时间都待在家中，活动空间小，玩具内容单调，就很容易将注意力放在电脑、电视以及随意在床上放置的手机、电视遥控器上。

怎么办？

有意丰富家庭玩具，给孩子提供一些操作性强的、富于变化的玩具，如面泥、培乐多彩泥、变形金刚、组合玩具等，让宝贝充分操作探索。同时积极拓宽活动空间，在天气条件允许的情况下，带宝贝走出家门多到外面活动、游戏，引导宝贝接触体验水、土、沙子等玩法多样的材料，并鼓励宝贝学习体会与其他小朋友一起游戏的快乐。这样能把宝贝对遥控器、电器产品的兴趣适当地转移，使孩子产生出更多的兴趣点。

为什么？

现代社会，电脑、电视、电话机等成为成人一日生活中最重要的工具，爸爸和妈妈整天与键盘、遥控器、电话机打交道，爱模仿的宝贝自然会在爸爸妈妈摆弄这些东西的时候凑到旁边喽！

怎么办？

·大人应尽量避免在家总开电脑、电视，也不要随意把手机随处乱放，更不要当着孩子的面玩电脑游戏等。如有必要，把电视电脑等搬离宝贝常待的房间，即使因工作要开电脑也尽量选择宝贝睡觉、去户外游戏的时间进行，降低宝贝的注意概率。

·2岁是宝贝身体、语言发展的关键时期，妈妈要多陪宝贝聊聊天，讲讲故事，做做游戏，尽量地把他的注意力从电脑转开来。千万不要为了自己轻松，让电视、手机、电脑充当宝贝的"保姆"。

·在宝贝平静的时候，用浅显易懂的语言给孩子讲一些有关遥控器、电器的知识，顺便告诉宝贝不能玩的原因，如果总玩的话，它们就会坏，爸爸妈妈也不能修好，以后就不能玩了，等等。

> **妈妈的话：**
>
> "以前孩子由奶奶带，晚上很早睡觉，但现在看到爸爸开着电脑工作就不睡觉，眼睛总盯着电脑，有时还会扑上去拍拍键盘，后来我们把电脑搬到了另一个房间，也尽量不在宝贝醒着的时候开电脑了，慢慢地宝贝的生活逐渐规律。
>
> 妈妈安妮　宝贝蓉蓉

温馨提示：为了保证宝贝安全，爸爸妈妈一定要注意做好各项防电任务：确保地线的畅通性，保持地板的干燥，把插座和转换器更换成带防触电门式的，把暴露在外面的电线尽可能移至家具背后，加固电脑插件、充电器收好……

吃雪糕大王

有时候吃一根雪糕感觉特别好，或没有原因地就是想吃一根，这个想法为人父母的成人也会有。但经常吃，吃多或者吃急了会影响食欲，特别是对仍在快速成长的宝贝。所以我们今天要给雪糕大王开处方。

给雪糕大王开处方

方法 1. 吃雪糕前先喝水

无论是外出玩，还是在小区院子里，记得给宝贝带上充足的凉白开水，这样可以避免宝贝是因为渴而去找雪糕吃。如果宝贝喝烦了白开水，偶尔可以试着少放些有滋味的苹果水、梨水、果汁水等，宝贝不渴了，就会降低要求吃雪糕的概率。

方法 2. 小口多次吃

终于得到一次机会，宝贝会不加控制地大口吃，这样可不行。妈妈可以教宝贝咬一小口含在嘴里，感受雪糕慢慢在嘴里化成水的感觉，就像变魔术一样。这样差不多吃了大约三分之一的时候，可以和宝贝商量，让雪糕先藏到冰箱里，要不剩下的会跑走了，宝贝也吃不到。这样既可以多次满足宝贝，实际吃到宝贝肚子里的量也不多。

方法 3. 自制新式雪糕

将各种新鲜水果切成小丁状放在原味酸奶里，再用一个小的透明玻璃类的器皿装上，在盖口处系个漂亮点的丝带。又或者买了雪糕模具，自己用白开水兑点蜂蜜，加点奶，放到雪糕模具里冻着。当宝贝想吃雪糕的时候，不妨和他一起先尝尝这样的自制雪糕。这是一种"蒙混过关"的尝试，但没准你家宝贝从此就喜欢上了这样的新式雪糕呢。

方法 4. 甜蜜的约定

当宝贝 3 岁后，对外界的新鲜事物就更加上心了，聪明的妈妈可以用上这一点，和宝贝做约定。例如，两周只能吃一次雪糕，每一次吃掉雪糕的一半。如果宝贝做到了，妈妈就带宝贝去一次他特别喜欢还没玩够的动物园。可依据自己宝贝的喜好，和宝贝做相应的约定。

方法 5. 谆谆医嘱

宝贝不会很理智地明白吃雪糕对身体的种种不好，但妈妈可以尝试用宝贝理解的模式来讲解。比如当有家人肚子疼时，说说吃多凉食物会让肚子特别疼；还可以找些适龄小宝贝阅读的图画书，让宝贝了解哪里是肚子，顺便说一下肚子不舒服会因为哪些原因，例如雪糕吃多了就会让肚子不舒服。

小提示：做出榜样

宝贝最初接触冷饮多数是看到父母或别的小朋友吃，所以父母的态度和行为非常重要。不让宝贝吃，首先要做到以身作则，家里冰箱也不存放。慢慢地，宝贝就会习惯没有雪糕的日子。

翠成幼儿园　王晓凤

3—5 岁成长档案

直面公共场合的哭闹宝贝

孩子在公共场合哭闹，让家长很为难，往往对孩子管不好管，不管又不行。孩子为什么会这样，作为家长又该怎么办呢？

> 您带孩子去公园玩，孩子高兴极了，一直玩了很长时间，回来的路上，他情绪开始低落，哼哼唧唧地不好好走路，让您抱他，您认为孩子大了，应该自己走，他不干，大哭大闹起来。

为什么会这样？

孩子年龄尚小，自我意识虽有发展，但只处于萌芽状态，再加上不能恰当地表达自己的需要，不会控制自己的情绪，不能很好地认识到自己行为的对和错，所以会不分场合不分时间通过大哭大闹来表现自己的不满与不舒服。如上例中的孩子之所以哭闹很可能是因为他累了，但是他自己不能对自己有清醒的认知，更无法通过恰当的语言表达出来，所以只好通过哭闹来发泄。

怎么办？

合理满足需求。哭闹是孩子表示生理不适的重要讯号，所以当孩子没来由地开始哭闹时，您应该尽可能地弄清楚孩子哭闹的原因，是累了？饿了？或是困了？再配以耐心的询问，以了解孩子需求，如果孩子的要求是合理的，就应尽量满足。

尊重孩子，正面引导。虽然孩子还小，虽然孩子很情绪化，但是您也一定要耐心地跟他讲道理，正面引导，而不能采用惩罚的策略。如面对孩子的哭闹，您切不可说"再闹回去别想吃饭了"这样的话。

教孩子通过语言表达自己的想法，并在此过程中培养幼儿初步的是非观。三四岁的孩子具备了与人交往的基本技能，所以当孩子哭闹时你可冷静地跟他说："请你告诉妈妈你到底怎么了？"当孩子说出他的要求时，您要及时表扬他，并耐心告诉孩子您的做法，无论满足或不满足孩子，都要说明你的理由，这有利于孩子是非观念的培养。刚开始，孩子可能不适应，时不时地还会发脾气，但是随着孩子年龄的增长，认知能力的提高，他会慢慢地摆脱不良情绪的影响，成为讲道理的好孩子。

您带着孩子在超市买东西，孩子想吃巧克力，您说吃太多甜食对牙不好，下次再买，没想到平时在家很懂事、很听话、很少哭闹的孩子非要不可，还放声大哭起来。

为什么会这样？

许多家长在家对孩子教育严格，但是却不愿意在公共场合教育或纠正孩子的缺点，经常向孩子妥协，因为他们怕孩子哭闹，引得旁人围观，自己丢面子。但这一来，孩子尝到了第一次"甜头"，就会有第二次，并渐渐知道了公共场合是个"可以放肆的场所"，在那儿可以为所欲为，把"公共场所"当作要挟家长的地方。

怎么办？

正面拒绝。如果家长发现孩子是借机要挟家长，满足自己的不合理要求，就一定要坚持自己的立场，不向孩子妥协。妥协只会强化孩子的行为，使孩子今后在公共场合哭闹的现象更频繁更严重。

预先防范。为减少尴尬场面的出现，未雨绸缪，防患于未然，事先做好准备是非常必要的。如当带孩子去商店时，先要告诉孩子"我们今天不去买玩具"。并且每次都坚持说到做到，绝不迁就，那么孩子就会慢慢懂得"不合理的要求，哭闹也没有用"。让孩子认识到哭闹不能解决问题是非常必要的，它可以大大减少孩子哭闹的次数。您不妨照此办法试一试。

体验后果。在一次不愉快的经历之后，父母再次外出时故意将孩子留在家里，不带他一起去，当他坚决要求要跟您一起去的时候，告诉他为什么不带他，即上次去的时候在外面大吵大闹，不听话。这样孩子就会记住这个教训了。如果孩子答应不吵闹并且真的做到了，及时给予孩子鼓励，这样孩子以后哭闹的可能性就会更小。

为从根源上解决问题，您尤其需要做到以下两点：

家里家外教育原则一致。无论在家里还是在外面，都坚持原则，不给孩子钻空子的机会，这样孩子就不会形成在公共场合以哭闹要挟家长的习惯。但是说着容易做着难，在公共场合，您担心别人的眼光，担心别人笑话，担心别人看自己的孩子放肆的样子，更担心因孩子的行为阻碍了或打扰了别人，所以不敢也不愿和孩子认真解决问题。其实您不必担心，在这样的情景下，您完全可以先把孩子带到一个相对安静的地方，然后再跟他仔细理论。

家人之间态度一致。在注意家里家外教育原则一致的同时，还要注重家人之间教育原则的一致性，家人之间态度不一致，孩子也容易钻空子。如当您一个人带孩子外出时，孩子不会随意哭闹，但是当您和孩子的奶奶一起带孩子上街的时候，孩子却会哭闹，因为他发现，奶奶总会满足他的要求，天塌下来也有奶奶顶着。家人之间保持立场一致，这也是非常重要的哦。

为快速、有效地解决问题，您还可以根据实际情况尝试以下方法：

转移注意。在孩子哭闹的时候，您还可以采取转移注意力的方法让孩子很快地停止哭闹。如当孩子哭的时候，您不妨说："你喜欢看的动画片好像快要开始了，咱们回家看开始了没有？"用孩子感兴趣的事情转移孩子的关注点。

走开。当孩子哭闹不止时，不理他，走开常常是解决这个问题的好办法。如当孩子正哭闹时，您可装作不理他的样子往人少的地方走，这个时候孩子通常会边哭边跟在您身后，因为您的离开使他感到恐惧。当走到人少的地方，您可以停下来，安慰他，告诉他您爱他，但是巧克力还是不能买，因为家里有，而且吃太多对牙不好。

冷处理。无论您怎么和孩子讲道理，孩子就是不罢休，那么建议您可以暂时地使用一下"冷处理"的方式。如您可以说："既然你不听妈妈说，那么你就哭吧，等你哭完了妈妈再来和你讲道理。"这样让孩子得到了发泄，也明白一个道理：哭是解决不了问题的。

宝贝慢悠悠

穿衣服要一个小时，吃一顿饭要两个小时，做事情磨磨蹭蹭是他生活真实的写照。

> **您的忧虑：**
> 孩子爱磨蹭，做事慢悠悠，生活总比别人慢半拍，跟不上正常生活节奏，这样下去如何适应学校的集体生活，如何适应快节奏的未来社会？

他没有时间概念

要赶时间坐火车去外地的姥姥家了，您在着急地收拾行李，并催促孩子快点穿衣服，火车还有半个小时就开了，但是孩子还是在玩，他想的只是眼前的事情，他不知道半个小时到底是多长的时间，因为一般来说孩子5岁左右才开始具备初步的时间概念。

怎么办？

为了让孩子有时间意识，您可以教孩子认识钟表，以培养幼儿初步的时间意识，如让孩子看着钟表，告诉他当指针到6的时候，必须穿好衣服，当指针到8的时候，必须要准备好出门，如此孩子"心中有数"，渐渐就会养成快速完成事情的习惯。

他天生慢性子

您的孩子不论在什么情形下、遇到什么事情都动作很慢，您使用了多种方法进行激励、刺激，他依然故我、慢条斯理，好像没什么事情似的。他属于相对安静而缓慢型的气质，多由先天因素决定。

怎么办？

好孩子是夸出来的！家长要接受孩子的性格，坚持给予孩子帮助与鼓励，对他的每一点进步予以最大的表扬，以激发幼儿做事加快速度。同时不直接催促孩子，而是在日常生活中有意引导孩子与性急的同伴一起游戏，让他在潜移默化中受到同伴的影响与熏陶。

他不喜欢干这件事

孩子吃饭总是很慢，但是每当吃的是他爱吃的什锦炒饭时，他却能主动而快速地吃完；您要送孩子去幼儿园，但他一会儿想上厕所，一会儿又说还想喝点水，磨磨蹭蹭地总出不了家门，但是当您说到要带他去动物园的时候，他能快速地拉您出门。总之，他磨蹭的根源在于他不喜欢、不愿意去做，但又不得不做。

怎么办？

孩子不喜欢做而磨蹭可分两种情况对待，有些事情如上各种兴趣班等，孩子不喜欢就不要强迫他去做，有些事情如吃饭、上幼儿园等，则可以通过体验后果的方式让孩子切身感受磨蹭的后果，从而主动地加快速度。如当孩子慢腾腾地磨蹭着不愿意上幼儿园时，您不必强硬地催促孩子，您只需要提醒"要是上幼儿园迟到了，你就吃不上饭"，孩子到了幼儿园，却没有饭了，一上午都得挨饿，下次他自然会自觉地加快速度。

他受到了其他事情的影响

正在吃饭时，外面下起了小雨，孩子高兴极了，放下碗就跑了出去；去医院的路上，看到路旁有人拉着小狗在散步，孩子就停下了脚步，开始看小狗，并要求家长也给他买一只；正在看图书，邻居的大妈来串门，他立刻丢下书，跑来看个究竟。就这样孩子在做一件事的同时，受到其他刺激的影响，出现了边干边玩、一心二用、慢慢吞吞的样子。

怎么办？

孩子注意力差，很容易受到周围新异事物的影响，周围任何好玩的事、新出现的刺激都会让他忘记自己要做和正在做的事情。所以在孩子做一件事情的时候要尽量为幼儿创造适宜的环境，以避免其他因素的影响，如让孩子在安静的屋子里看图书等。同时还可以适当采用激励法让孩子体验专注而快速地完成事情所带来的好处,如果 20 分钟吃完饭就可以看一会儿动画片,或者自己玩一会儿玩具等。

他不知道怎么做

孩子在玩智力拼图,但是由于他缺乏推理以及整体规划的能力,不知道如何安排先后顺序,所以,他只能一块一块地反复地去尝试,这种情况下他磨蹭不是故意的,而是因为他不知道怎么做。

怎么办?

幼儿正处在身心各方面能力全面发展的时期,许多事情只是在尝试着做,所以我们要在耐心的等待他成长的同时,积极通过示范、引导等方式培养幼儿思考问题、穿衣服、叠被子等各方面的能力,能力提高了磨蹭现象自然就会消失。

> **妈妈的话:**
>
> "开始吃饭了,孩子习惯性地慢条斯理地吃饭,手里拿着玩具,眼睛瞄着电视,半天往嘴里送一小口饭,我对孩子说:'如果你能把电视关掉,把玩具拿开,很快地吃完饭,那么妈妈将带你上街,并奖励一个新玩具。'儿子一听,真的就把电视关掉了,放下玩具大口大口地吃起来。我及时给予了鼓励,告诉他他很棒,比妈妈吃得都快,他很自豪,并对我说下次吃饭还要和我比赛,看谁吃得快。"
>
> 妈妈苏珊　儿子四岁

羞答答的你

在家中或在熟悉的人面前，孩子很开朗，喜交流，爱表现，但一见到生人就害羞，到了陌生的情境中就不安，不说话更不愿表现自己。

> **您的苦恼：**
> 孩子很害羞，非常怕见人并且不愿意去叫人，面对生人他的表现很不自在，脸涨得通红，眼睛看着别处，不敢大声说话或者不说话，更不敢表现自己。但在熟悉的人面前她又表现得很活泼，有说有笑，好像换了个人似的。哎，这样子，怎么适应将来的社会？

他性格内向

孩子天生气质、性格不同，其行为表现就不同。一般而言，外向的幼儿活泼开朗，环境适应快，敢于表现，而黏液质、抑郁质气质的孩子内向、胆小、害羞，害怕面对陌生情境与不熟悉的人。

怎么办？

气质是天生的，没有好坏之分，所以您首先需要做的是接受孩子的害羞，而不以自己个人主观的价值观来对幼儿进行优劣评判，害羞的孩子有着自身的优势特点，如他们内心世界细腻，思维敏捷，善于考虑他人的心理感受等。当然孩子天生害羞也并不意味着一定不会改变，在您积极的鼓励下、在您耐心的引导中，在您仔细倾听孩子心声的过程中，在您自身榜样的示范下，幼儿能够逐渐地敞开胸怀，勇敢地面对陌生的世界。

他没有自信

害羞的根源通常是不够自信。能力差的幼儿害怕暴露自己的缺点，所以他在面对陌生人表现的时候会退缩，易害羞。此外以往在陌生人面前不成功的表现经验也会使幼儿不自信，没勇气，并在再次面对他人时产生"障碍"。

怎么办？

如果您的孩子某方面能力差，您要注意加强幼儿该方面能力的培养，以从根本上提高幼儿的自信，同时始终注意多给予孩子正面的强化，通过"扬长"为其创造在他人面前成功表现的机会，逐渐消除过去不成功表现所留下的心理阴影，增强直面陌生情境的勇气。如您的孩子唱歌不好或者不喜欢唱歌就不要让孩子在陌生人面前唱歌，而是让他表演他喜欢的武术。

他需要熟悉环境的时间

大多数孩子在陌生的场景中都会表现出一些紧张和不安，这种不安导致他产生害羞、退缩行为。对于有些内向的孩子来说这种不安会更强烈，对环境熟悉所需要的时间亦更长。

怎么办？

给孩子熟悉陌生情境的时间，耐心地等待孩子，您的理解与肯定是孩子走进陌生世界最强有力的支持。同时为减少孩子的不安心理，您在准备带孩子到一个陌生的地方之前有必要对孩子进行"预热"，因为无论在哪一种场合里，如果您的孩子事先已经有了心理准备，知道事态如何发展，那么他内心的焦虑就会有所减退。如在去陌生地方之前您可以先告诉他今天会见到谁,该怎样称呼,哪些行为是允许的,哪些是不可以的。有了充分的心理准备,孩子就不再拘束了。

他缺乏交往经验

现在的孩子多为独生子女,孩子与同伴互动的机会少。再加上日常生活中父母越俎代庖,事事代劳,帮孩子安排好一切事情,幼儿很难有和外人接触以及面对"问题情境"的机会,导致幼儿缺乏沟通或接触社会的经验与技巧,面对陌生的世界孩子只能选择退缩及逃避。

怎么办?

改变育儿观念,放手幼儿,为幼儿营造一个民主、宽松的氛围,鼓励他通过自己的努力去完成一些任务,解决一些力所能及的问题,如在孩子想要某个玩具的时候,让他自己去问售货员多少钱等。同时积极创设外出与他人交往的机会,扩大交往范围,让孩子在观察人们的交往活动的过程中,学习与人沟通,表现自己。家长自身亦要以身作则,落落大方地与人交往,使幼儿在耳濡目染中受到感染与熏陶。

妈妈的话:

"星期天我准备带孩子去我朋友家做客,为此在去之前我向她介绍了到朋友家将会见到的每个人,并且提前在家里进行了情景预演,以让孩子'心中有数'。到我朋友家的时候,她还是有退缩的倾向,有些害羞,紧紧拉着我的手,但她已能在我的示意下以低微的声音向我的朋友问好了,还流利地回答了我朋友的问话。回到家我对孩子的表现给予了及时的肯定,她也很高兴,并表示以后还愿意到阿姨家玩。"

妈妈路丝　女儿四岁

宝贝也"疯"狂

孩子平时也挺乖的，但是一旦有客人来，就一反常态，异常兴奋，在客人面前说东说西，跑来跑去，又说又笑，要这要那，时时缠着客人，有时甚至爬到客人身上，近似胡闹，制止也没用。

> **您的苦恼：**
> 家里一来人，孩子就像"疯"了似的，这让家长和客人都很尴尬，我该怎么办？

自控力差

3岁多的孩子自控能力刚刚开始发展，受情境变化影响他们容易兴奋，但还常常不能控制自己，行动带有很大的冲动性，"人来疯"正是幼儿受到"客人"这一刺激后兴奋而不能自控的表现。这种现象在幼儿中普遍存在，多出现于3—6岁。

怎么办？

一致性教育。具有一致性和一贯性的合理的行为规则有助于孩子自控能力的培养与提高，日常生活中您需要向孩子提出前后一致的、合理的基本行为规则，而且这些规则不能随情景的变化而改变，如无论家里没外人时还是来客人时，都不能乱扔玩具，不能穿着鞋踩到沙发上，不能随意打断别人的谈话等。如果孩子能做到，要及时给予赞扬和鼓励。

对比教育。家长还可抓住机会帮助孩子对自己的行为与他人进行比较，以培养幼儿一定的行为评价能力与对自己行为的调节与控制能力。如您带孩子去朋友家做客，发现朋友家的小哥哥一点也不闹，回来之后，您可及时与孩子交流，让孩子在对比中明白客人来了应该怎样，客人喜欢什么样的孩子。

调虎离山。孩子的自制力比较差，"疯"起来难免会做些"出格"的事，引起大人们的反感。这个时候，您需要想个周全的办法"调虎离山"将孩子的关注点引开，如和孩子一起去另一个屋子看动画片开始了没有？要求宝贝帮妈妈一起洗菜，为客人做饭等，待客人走了，再和孩子单独交流，告诉他应该怎样，不应该怎样等。

趁机"放纵"与"威胁"

您日常对孩子期望高、管束严，孩子受到很多压制，但是当有客人在场时，家长的注意力更多地集中在待客上，而且当着客人的面，您显得比较宽容，不愿意当着客人的面训斥打骂孩子，孩子有什么无理要求您也会满足。孩子察觉到您的这种心理，便学会利用这种机会解放自己，尽情释放自己。

怎么办？

改变过度严厉的教养方式。以适宜的教育方法为幼儿营造和谐的家庭氛围，尊重孩子，多与孩子进行沟通交流，给予幼儿舒展"爱玩"天性的空间，让孩子拥有一个愉快的童年。家长民主，尊重孩子，孩子身心自由，日常拥有充足的自由游戏时间与空间，便自然不会寻机"放纵"与"发泄"了。

自我中心

自我中心是幼儿阶段心理发展的典型特点，他们往往心中只有"自己"，考虑不到他人，而独生子女的家庭，只有一个孩子，更助长了幼儿的"目中无人"。当客人来到时，孩子依然觉得自己是中心，希望大家围着他转。再加上客人的到来对孩子是个新鲜的刺激，孩子就会越发得意。

怎么办？

改变过度溺爱，一切以孩子为中心、无条件满足孩子一切要求的教育方式。 给予孩子体验"拒绝""不可以""不能"的机会，当然在不满足孩子的时候，一定要告诉孩子为什么，如爸爸和叔叔有他们自己的事情，不能总打断，宝贝应该做自己的事情。

预先防范。 日常生活中，您应该有意识地向幼儿传达一些对待客人的礼仪，如向客人问好等。在每次客人没有来到前，可事先告诉孩子客人来的时间、目的，以及来之后应该做的和不应该做的事情。

适度满足合理的"疯"需要，给予孩子停止"疯"的提示。 客人到来后，可以顺应孩子的需求让孩子与客人进行一些交流，或者给孩子在客人面前表现、表演的机会，例如让孩子背诵一首唐诗或者唱一首歌等。当大人要开始谈正事时，要及时给予孩子明确的停止"疯"的提示，提醒孩子完成从前台到后台的转换。如当孩子唱完歌后，父母可以说："宝贝表现得真好，下一次我们再学一首新歌给叔叔听，好吗？"这既是在肯定孩子，同时又暗示孩子表演应该停止了。这时最好不要马上让孩子从事一个人的活动，这样孩子不容易接受。可以明确地对孩子说："叔叔和爸爸有事情要做，现在妈妈陪你一起去另一个屋子玩好吗？"

渴望交往与关注

您工作忙,平时很少带孩子出去走,孩子总在家里和家人、玩具等打交道,交往需要得不到满足。当家中有客人时,他们会感到好奇、兴奋,因为这意味着新的交往对象及玩伴的到来。而当孩子发现大人们忙着做自己的事情而不理睬他时,孩子会觉得被冷落,更会有意识地做出一些偏常行为,以引起大人的关注,获得客人的赞赏。

怎么办?

满足孩子被关注与肯定的需求。在客人来的时候,可以把孩子介绍给客人,给孩子与客人一定的交流时间,并适当地让幼儿做一些力所能及的事情,学习一些招待客人的本领,如给客人送糖果等。在谈话中,也可以适时地把话题转向孩子,让孩子有一个自我表现的机会,感觉并没有被忽视。事实上孩子适度的调皮能给来客带来轻松的气氛,是不错的"调味品"。另外,大人客观的肯定与赞扬能促进儿童自我意识等方面的发展。

创造机会满足孩子交往与被关注的正常需求。多邀请邻居、朋友到家中做客,多带孩子参加一些聚会或集体活动,以减少孩子看见生人时的新鲜感。孩子见多识广,对陌生人的到来习以为常,就自然不会"大惊小怪"地"疯"了。

妈妈的话：

"家里来客人了，宝贝非常兴奋，高兴得跳着幼儿园学来的舞蹈，唱着会唱的歌曲给客人欣赏，一遍一遍又一遍，客人也不好意思说停止。我走到宝贝身边，抱着她说，'叔叔现在要和爸爸说事，妈妈给你讲故事去，等叔叔下回来，给叔叔讲好听的故事'。宝贝同意了，跟着我就跑到另一个屋子里去了。"

妈妈艾利丝　女儿三岁半

好捉弄人

吃饭的时候趁别人不注意偷偷把自己不喜欢吃的鸡翅扔到同伴碗里，或者把纸团塞到别人的衣服里，然后自己偷偷捂着嘴笑；趁人不注意的时候突然跳到别人面前大叫一声，吓人一跳，然后自己高兴地哈哈大笑……他就好捉弄别人！

您的苦恼

不知从什么时候开始发现孩子很喜欢捉弄别人，不是揪头发，就是嘴里含着水喷别人，那些比他小的弟弟妹妹经常被他弄得哇哇哭，小区里的大人和孩子因此都躲着他，让我很没面子，我该怎么办才好？

为什么要这样？

对于四五岁的孩子来说，恶意捉弄并非他们的本意，在他们貌似"捉弄"的行为背后都存在着一个"正当"的理由。

理由一：害怕自己落单，想引起别人注意

每个人都有被关注、被认可的需要，都很在意自己在团体中会不会落单。对于以自我为中心的宝贝来说更是如此，他们想要别人注意自己的一言一行，想要别人围拢在自己身旁，看自己多有能力，但是当这种希望无法实现时，他们就会下意识地通过"捉弄"别人的方式吸引别人注意。

理由二：觉得好玩

孩子都是顽皮淘气的，当孩子在日常生活中了解到有些举动会让对方感觉有趣时，会不断试探新的玩法，让自己以及他人开心，但由于拿捏不准好玩、有趣的界线，往往会弄巧成拙，结果是自己哈哈笑了，别人却哭了。

理由三：在模仿大人的行为

孩子捉弄人的行为受父母及亲朋好友平日爱捉弄孩子的影响很大，当自己拿一个准备给孩子的东西，却不痛快地给，而是故意跑来跑去让宝贝追的时候，当爷爷爱抚地揪宝贝鼻子的时候，当你趁宝贝不注意，把他喜欢的玩具藏起来的时候，宝贝潜移默化地学会了这些行为，并依样画葫芦，转而逗弄小弟弟、小妹妹。

如何应对？

冷静地思考是什么原因促使他这样做的，然后有针对性地采取相应措施。

1. 宽容以待。孩子顽皮淘气都很正常，只要后果不过分，而且在妈妈讲清后果后懂得道歉，并慢慢有所控制，那就不是原则性的问题了，我们应该怀着一颗宽容的心等待孩子慢慢长大。

2. 淡然处之。宝贝这样做本来就是为了吸引别人的注意，如果您用强烈的行为指责宝贝，不但无法制止，反而正中他下怀，增强他再度刺激别人的动机。正确的做法是故意视若不见，听若罔闻，受到冷落后，宝贝会自觉无趣，将自己的行为消弭于无形。

3. 正面引导。四五岁的宝贝已经很明白事理了，所以事情发生后，您完全可以和宝贝一起讨论一下，被他捉弄后的小弟弟为什么哭了，自己的行为好不好？自己的小伙伴群中，大家都喜欢谁，为什么他会受朋友喜欢，他是怎么做的？为让朋友喜欢自己，自己应该怎么做，怎么做自己和别人都觉得好玩？等等。明白事理后，宝贝就会学着有意地去克制自己不受大家喜欢的行为了。

4. 给予更多关注。爸爸妈妈在忙工作的同时应尽可能地给予宝贝更多关注，让宝贝感觉自己有人爱，有人疼，没有被忽视。在一起的时候，也一定要尊重宝贝，耐心、专心地和宝贝交流，不要觉得无趣或者有其他事情就随意把正在专心讲故事的宝贝扔在一旁。

5. 把"捉弄"变成真正好玩的"游戏"。奇妙地把"捉弄"转变成"游戏"能让宝贝明白什么才是真正的好玩，如当孩子故意把小弟弟的玩具藏起来以后，安慰小弟弟："不要着急，大哥哥很厉害，是魔术师，我们拍手让哥哥把玩具变回来。"这样大家皆大欢喜，宝贝也会慢慢地明白大家都开心的游戏才是真正好玩的游戏。

6. 以身作则，榜样示范。参照孩子的行为自我反省，自己或者家人哪些逗弄孩子的行为导致了孩子不适宜的做法，然后有意识地与宝贝商量一起改正，切记，以身作则，比千百个责骂更有效。

小贴士：

千万别以为逗弄孩子后，孩子着急一下，哭两声就没事了，不合适的逗弄，不仅会让宝贝学会捉弄人，还会给孩子心理上造成严重的伤害，让孩子失去安全感，爸爸妈妈一定要把握好"逗"的尺度哦！

盲目自信

无论什么时候，都认为自己是最棒的，自己的表现最好，别的小朋友都不如自己。

> **您的担心**
>
> 每天从幼儿园接孩子回家时问孩子今天表现怎样，都说自己表现很好，老师又表扬自己了。但是当问老师的时候，老师却说没有，孩子怎么总是盲目自信呢？

他不能客观评价自己

自我中心是宝贝的突出特点，这决定了宝贝对自身的言行往往缺乏客观的评价能力，宝贝盲目自信、"睁着眼睛说瞎话"的行为是由自身自我中心思维决定的，是特殊年龄阶段的正常反应，许多孩子都这样。

怎么办？

引导宝贝去发现和肯定同伴的长处。不要对宝贝盲目自信的行为随意指责，这样会挫伤宝贝的积极性与上进心。正确的做法应该是在日常生活中有意地引导儿童去发现同伴的长处，使宝贝意识到自己会做的事其他小朋友也会做。有些事情自己比别人做得好，但另一些事情别人比自己做得好，各有各的长处，"大家都好"。比如宝贝跳舞跳得很好，而邻居家的小哥哥跑得很快。这种多方面的横向比较，既不挫伤宝贝的自信心，亦可防止宝贝产生过于自信或轻视他人的骄傲心理。

家长盲目赞扬引起

宝贝对自身力量的评估都是依从于他人的，宝贝所尊敬和崇拜的权威者如爸爸妈妈等对他们的评价具有决定性的影响。溺爱型家庭的孩子往往娇生惯养，不论是非对错，家长都以赞赏的口吻或神态加以认可，长此以往，给孩子留下"我是最好的，别人都不如我，我的话总是对的，我的行为总是讨人喜欢的"等印象，形成盲目的自我优越感。

怎么办？

对宝贝的行为作恰如其分的肯定和就事论事的鼓励。适当的赞美与奖励，有助于幼儿自信心的提升。但最容易被忽略的是，有时过多的赞美与奖励却可能导致幼儿迷失自我，对自己的能力发生错觉，以为自己样样都好，甚至对赞美养成了过强的依赖性。因此，一定要把握好赞美和鼓励的尺度，一般来说对宝贝称赞要注意以下几点：

1. 不能笼统、过于频繁。日常切忌笼统地、像口头禅似的总对宝贝说"太好了""好极了""宝贝真棒""宝贝真聪明"这样只会让孩子陷入自大的泥沼。

2. 切忌以宝贝的长处和别的小朋友的短处相对比。如宝贝运动能力强，而邻居小朋友运动能力相对弱，表达能力比较强，这个时候就不要以宝贝的运动能力和邻居小朋友相比，这样不利于宝贝看到自己的弱点。

3. 对宝贝的肯定和称赞要具体、恰如其分、有根据，就事论事。如宝贝不爱自己吃饭，总让别人喂，如果宝贝做到了自己吃饭，就可以夸宝贝"今天自己吃饭了，做得不错，如果能坚持就更好了"；宝贝总是边玩边吃饭，如果他能做到克制自己，这个时候就可以肯定宝贝"能专心吃饭，有进步"。

适当进行挫折教育。如果宝贝的确很聪明、能力强，成功体验多，失败经验少，那不妨适当地给他增加点难度，让他体验一下"挫折"，感受一下自己的"无助"，这样能预防宝贝自傲自大、目空一切行为的产生。

他故意这样

宝贝是希望自己在家人心中有个好印象的，所以即使老师批评了自己，即使自己做得不好，孩子也不说实话，故意撒谎说自己很好，因为他害怕爸爸妈妈批评自己。

怎么办？

有意淡化对宝贝行为结果的评价，宝贝做得好不过分赞扬，做得不好也不严厉批评。日常了解孩子在园情况可通过隐性的方式，如不问宝贝在幼儿园表现好不好，而问宝贝："今天在幼儿园快不快乐？""在幼儿园都学什么新本领了？""遇到了什么问题，宝贝是怎么解决的？""能不能给妈妈展示一下新学的本领？"等等，这样既了解到宝贝的在园情况，也不给宝贝造成压力。

好管人

看见爸爸没把鞋放好就管爸爸，让爸爸把鞋放整齐；看到别的小朋友哭马上告诉小朋友不许哭，不哭才是好孩子；看见小朋友嬉闹着不好好洗手马上管并向老师告状……他就好管人。

> **您的困惑：**
>
> 孩子喜欢管别人，在家里如果觉得我们不对，经常说我们。在幼儿园也是经常管其他小朋友，不许这样不许那样的，一副主持正义的样子。不让孩子管吧不对，因为孩子做的有道理，让他管吧也不好，好多小朋友因此不喜欢他，而且如此下去对孩子不知道好不好，真是左右为难！

为什么总爱管别人？

面对孩子爱管人的行为，您可从以下几方面分析原因：

第一，孩子是否有很强的表现欲，是否天生有当小领袖的气质与爱好？有的孩子天生就表现出管理者的特质，他们有能力，好交往，爱表现，喜张罗，有模有样的像个小领袖，其他小伙伴也都喜欢围在他的身旁听他指挥。

第二，周围有类似模仿的对象？比如您平日对孩子是否处处设限？当孩子不守规矩时是否会经常管？在孩子面前是否会常表现出对人、对事的批评？如果答案是肯定的，我们就不难理解为何孩子那么好管别人了，他在模仿您的行为。

第三，孩子是否能在这种行为中获得奖励或好评？孩子当大人尤其是老师的小帮手管别人，往往会得到成人的鼓励与表扬，好多时候孩子管别人，都是出于做大人心中好孩子的目的。

为什么会遭人烦？

根据大人的教导，孩子学得了一定的行为规范，并推己及人，尝试采用同一个标准与方法建立一个一致性的行为规范，但是由于孩子理解他人心理的能力还比较弱，不懂得在建立规范时，存在着很多的因素，比如人情之别、亲疏之分、职责之分等，这些因素把握不好直接导致了别人的不满。

让他管还是不让他管？

管还是不管应该视孩子的具体行为表现及他人的反应来具体对待，有的时候我们该放手，有的时候我们该管孩子，更多的时候该管管我们自己。

如果孩子自身真的很有管理潜能与魅力，而且别的孩子喜欢让他管，愿意听他调遣，那就没什么可说的，孩子之间的事，家长没有必要掺和进去，而且这样也可以保护孩子从小萌发出来的管理能力。

如果孩子的行为引起了别人的不满，总给老师及同伴添麻烦，可以直接告诉孩子，如果小朋友错了，老师会纠正的；如果老师没有纠正，要用适当的方式正面友善地为别人指出不对与不足，比如说："请小声一点""请不要插嘴，等别人说完再说""把凳子往后挪一下，好吗？"等等，让孩子学会以礼貌、友好的语气指导别人，而不是用责备的口气，这样能大大降低别人的不满。

如果孩子管人是为了迎合大人的意愿，博得大人的表扬与赞赏，那大人就该注意了，不要太过频繁地夸奖孩子的管人行为，适当即可，过多的赞扬会让孩子的管人行为带上功利的色彩，反而对孩子发展不利。

千万别以为可以严格要求孩子，却放松放纵自我，孩子的小眼睛可是时刻都盯着您呢，一不小心您就可能成为宝贝"管理"的对象。宝贝对您的管理有率真可爱的一面，但也让您感觉尴尬，但是面对宝贝的管，您不能逃避，而应虚心接受，这是尊重宝贝的需要，想不受宝贝管理，您只能身体力行，自我约束，做好宝贝的榜样，自己做好了孩子自然也就无话可说了！

如果孩子的管人行为非常频繁，影响到了他人的正常生活，可以适当地采用转移注意力、不予理睬的冷处理方式进行救急，孩子也是很善于察言观色的，看到你不赞成的表情，他会很快心领神会的。

不爱上兴趣班

宝贝不爱上兴趣班

开学了，幼儿园里照例办了兴趣班，许多孩子的爸爸妈妈都纷纷报名，有的甚至给孩子报了三四个班，我也不落后，给宝贝报了几个，但是上了几次之后，宝贝就和我宣告，以后再也不上了，无论我怎么劝说就是不去，上学期就半途而废了，这学期又这样。

为什么会这样？

总的来说宝贝不爱上兴趣班的原因可归结为三方面：

一是宝贝自身的原因，每个妈妈都很清楚，坚持性差、干什么事情都"三分钟热度"是宝贝的行为特点，在上兴趣班这件事上，同样如此，许多宝贝刚开始都兴致勃勃地参加，过几天就开始不想上了。

另一个非常重要的原因是家长了，兴趣班顾名思义，就是根据宝贝的兴趣报的班，但是家长却往往出于自己的意愿，好心地为宝贝做主选择英语、心算、识字等在家长看来"重要"、却与宝贝兴趣相去甚远的兴趣班，这种情况下宝贝自然不愿意接受您的"好意"。

最后一个原因是办兴趣班的机构的因素了。为保证宝贝受到"专业"的指导，幼儿园包括许多幼教机构在办兴趣班的时候，往往聘请一些专业老师来教授，但是往往这些老师不了解幼儿学习特点、不重视兴趣的萌发，把教大人的方式生硬地用在教孩子身上，导致宝贝感受不到学习的快乐，渐渐对兴趣班失去兴趣。

全程"护驾"让宝贝爱上兴趣班
报兴趣班前——仔细观察与考察

仔细观察发现宝贝兴趣点。从最方便最简单的日常生活入手，细心观察，仔细聆听，耐心思考，发现宝贝的兴趣所在，并根据发现为宝贝选择相应的兴趣班。如宝贝精力充沛，喜欢运动，整天都没一刻停下来，可以考虑报武术班，宝贝喜欢安静，乐于思考，可考虑报美术班、围棋班；宝贝活泼好动，对节奏敏感，喜欢表演表现，可考虑报声乐、表演、舞蹈班等。除了日常生活，宝贝的性格、宝贝平常最喜欢干的事情等，都是发现宝贝兴趣点时可以参考的方面。

全面考察要报的兴趣班质量。当前社会办兴趣班的机构众多，种类多样，您一定要向幼儿园的教师、曾参加过兴趣班的宝贝家长等多方打听，事先了解兴趣班的主办机构是否正规、教师质量是否有保证、是否有幼教背景、是否有丰富的教兴趣班的经验、是否爱孩子、是否有责任心、教育内容与方式是否适合孩子等等，这样在综合考虑衡量多方面因素的基础上做出慎重的选择。

参加兴趣班过程中——全程跟踪护航

许多爸爸妈妈都认为，在给宝贝选择好了合适的兴趣班后，自己就万事大吉了。这种认识可是不对的，宝贝参加兴趣班的过程中，不仅需要宝贝付出努力，同样需要家长做一个有心人，全程跟踪，及时发现孩子学习过程中的问题，并帮助迅速解决。这对于宝贝保持兴趣，有始有终地、快乐地学习，并在学习中获得收益非常重要。如整个过程中您都要敏感地观察宝贝的情绪状态，是很积极开心的还是很沮丧，并及时找出原因，是老师批评宝贝了，还是学习内容太难，超过了宝贝的接受能力等，日常您也要在接送孩子的过程中，主动与教师联系，及时了解宝贝学习动态，每天回到家也要根据需要，帮助宝贝复习兴趣班上学到的内容，加深宝贝的理解。

几点建议：

面对宝贝"我不上兴趣班"的宣言，您一定要特别冷静，切忌打骂、责备，您的批评很可能让孩子更加封闭自己的感受。有效的方法是通过细心观察宝贝、与老师面对面交流等对状况做出分析，到底这个早教班真的不是宝贝的兴趣所在、老师教学方式不适合宝贝，还是宝贝只是三分钟热度，或者其他方面出了小问题，让宝贝不愿意继续这个"兴趣"，弄清楚原因再有针对性地处理。

时刻谨记兴趣班的功能在于宝贝兴趣的萌发，而不是知识的学习，把兴趣班当成"学习班"，为孩子选择"英语班""数学班"的做法要不得，是舍本逐末的做法，让孩子在合适的年龄做合适的事，上真正的兴趣班，宝贝才会真正喜欢。

游戏是孩子最喜欢进行的活动，成长是幼儿时期最重要的任务，当孩子实在不喜欢上兴趣班时，您不妨尊重孩子的选择，选择放弃，一定要记得噢，"虚度光阴"对孩子的成长与发育也是非常重要的。

留给孩子充足的游戏、生活时间，给孩子报的兴趣班最好不要超过两个。

也有意外

兴趣班有时不光能满足兴趣发展，还可以挖掘、培养兴趣，对孩子发展收到意外之效，如给毛手毛脚的宝贝报个围棋班或画画班，培养坚持性、发展手部精细动作等。

超爱臭美

不是拿着妈妈的指甲油抹来抹去，就是站在镜子前照来照去，或对衣服挑三拣四，真臭美！

> **您的苦恼：**
> 不知从什么时候起，女儿喜欢上了打扮自己，指甲油整天不离手，没事就在那里涂，脑袋上更是左一个、右一个，五颜六色的卡子别了七八个，早上醒来第一件事情也是别卡子，唉，小小年纪就这么爱打扮，将来可如何是好？

为什么？

她模仿成人。 周围的大人喜欢梳妆打扮，好涂脂抹粉、佩戴饰物等，孩子耳濡目染受到影响，会慢慢喜欢上梳妆打扮。

表现： 田田的妈妈和姑姑都非常时髦、时尚，也爱打扮，小小的田田看在眼里，模仿在行动上，当看到妈妈在额头前留了一缕头发时，自己也学着在额头前弄了一缕头发；当妈妈在化妆时，田田也跟在一旁把玩妈妈的化妆品。

怎么办？

孩子爱打扮，爱美，一般来说没什么可担心的，您别想多了，她们的爱打扮与成人的打扮不同，更与价值观、人生观无关，大多时候她们只是看到成人摆弄也觉得新鲜、好玩而已，等新鲜劲一过，她们的兴趣点就会转移。当然为了避免孩子过分关注打扮，您要尽量避免在家浓妆艳抹，化妆的时候也尽量避开孩子，减少对孩子的影响。

为什么？

成人无意暗示。周围的环境对孩子影响非常大，当孩子打扮得漂漂亮亮时，大人往往会不自觉地给予夸奖，这些都会给孩子一些暗示，自己是很美的，打扮是可以吸引别人眼球，获得别人夸赞的，就这样在大人的多次暗示下孩子逐渐热衷起打扮来。

表现：依依生来漂亮，周围邻居朋友谁见谁夸，朋友们更是给她起个外号"美美"。依依的妈妈也很得意自己的女儿漂亮，并不时买些漂亮的衣服打扮孩子，让女儿更加漂亮，而依依也因此逐渐变得爱臭美起来。

怎么办？

和身边的亲朋好友打好招呼，见到孩子不要对她的外表做过多的夸奖，面对孩子的打扮，有意"不理不睬"，而对孩子的一些良好行为与习惯大加赞赏，如孩子本领学得好的时候、好好吃饭的时候、关心他人的时候告诉孩子大家都很喜欢她，她是美丽的好孩子。成人的赞美是孩子行为的导航器，随着大人关注点的转移孩子的注意点也会慢慢发生变化。

为什么？

本性使然。爱美之心，人皆有之，追求美、向往美是人的本能，孩子当然也不例外，女孩子更是如此。

表现：静静是个女孩，她三四岁时整天最大的爱好就是打扮自己，所以亲戚们来静静家也都想着给她带些漂亮的衣服或者头发绳、卡子等，现在静静的弟弟也三四岁了，但是他整天最乐意干的事情却是舞刀弄枪，或者拿着各类工具四处摆弄。

怎么办？

三四岁正是孩子美感开始彰显的时候，我们应尊重孩子特别是女孩子爱美的天性，让她自然地发展起来，我们不仅可以和宝贝一起讨论一下怎样打扮才是真正的美，女孩穿什么颜色的衣服更美，还可以一起探讨让自己永远保持美丽的办法，向宝贝普及一些仪容仪表的健康意识，如要用宝贝化妆品，要认真洗手洗脸，不用脏手擦脸，保持皮肤干净，要多吃水果、好好睡觉等。

为什么？

这是孩子成长的表现。孩子爱美说明孩子自我意识发展了，开始关注自己以及别人对自己的印象了，也表明审美能力发展了。

表现：乐乐很乖，以前妈妈给穿什么就是什么，但最近他穿衣服挑三拣四的，有事没事还在镜子前照个不停。

怎么办？

这是孩子开始长大的表现，您不需要横加干涉，如果能满足尽量满足宝贝，平常买衣服的时候也最好带宝贝一起去，在咨询宝贝的基础上做出选择。与此同时通过不同的活动引导孩子发现多种多样的美，丰富宝贝对美的认识，如听着动听的音乐问孩子有什么感觉，美不美？给自己画的画涂上美丽的颜色后，问孩子美不美？一起到郊外玩的时候，面对满山绿油油的草和蓝蓝的天问孩子美不美，为什么？等等。

爱上流行歌曲

"亲爱的，你慢慢飞……""快使用双节棍，哼哼哈嘿……""对面的女孩看过来，看过来，看过来……"孩子口中不时会不自觉地唱出一些流行歌曲，有模有样的。

> **您的困惑：**
> 孩子才4岁，可是会唱的流行歌曲却有十多首，什么《两只蝴蝶》《老鼠爱大米》《对面的女孩看过来》《快乐崇拜》都会唱，小小年纪，为什么不爱唱儿歌，却喜欢唱大人的歌曲，是随孩子去呢，还是制止呢？

为什么会爱唱流行歌曲？

宝贝爱唱流行歌曲是多种因素综合作用的结果，首先是社会因素，现代社会各类传媒超速发展，动漫、电视、网络等多元媒介猛烈地冲击着人们的生活，一旦某首歌曲流行起来，那么电视里、大街上、酒店里，甚至儿童娱乐场所时时处处都能听到这首歌，身处其中的孩子自然也会不经意地、潜移默化地学会这些流行歌曲。

其次是歌曲本身的原因，仔细分析这些歌曲就会发现，孩子喜欢唱的这些流行歌曲往往节奏鲜明、轻快，动感十足，曲调上口，而且歌词简单、有多次重复，如《老鼠爱大米》以及《嘻唰唰》《桃花朵朵开》等，多次反复的歌词对宝贝来说一点也不难，听几次就很容易地记住了，这也难怪他们会唱。

宝贝钟情流行歌曲还有一个重要的原因是现在真正朗朗上口、符合时代又凸显幼儿特点的儿歌少之又少，许多儿歌，别说是孩子了，就连成人听上去也直摇头，儿歌的缺乏直接让流行歌曲有了可乘之机。

制止还是任其发展？

听着孩子唱着与其年龄内容不一致的内容，你一定心里非常着急，想去制止孩子，事实上，孩子们喜欢流行歌曲，最主要的是喜欢歌的旋律，虽然孩子们口中高唱着"爱来爱去"的歌词，但他们并不真正明白歌词的意思，并不知道歌里真正唱了什么，如孩子认为"老鼠爱大米"是因为"老鼠爱吃大米"，所以您不必过分担心。事实上，流行歌曲传播速度快，传播途径多，想要制止还真是不可能的。再说我们也不能片面地认为流行的就是不适合幼儿的，有很多流行歌曲都是很励志、健康的，我们不能盲目地排斥，而应因势利导。

怎么引导？

允许唱着玩。流行歌曲音域都较宽，音程间跨度较大，不适合幼儿有意学唱，所以为了保护孩子嗓音以及心灵健康，我们不鼓励孩子完整有意地模仿学唱流行歌曲，但是如果孩子只是偶尔随便哼唱着玩，就顺其自然好了，您就当没这回事，慢慢地就好了，您的惊讶与制止只会让孩子更关注这件事情。

重节奏不重歌词。宝贝喜欢一些流行歌曲，很重要的原因就是因为它节奏欢快，所以我们完全可以抛开歌词，将歌曲作为背景音乐，与宝贝一起随着音乐节奏快乐地蹦跳，自由设计各种动作，将注意力转移到动作和节奏上来。不信就试一试，您的宝贝一定会高兴地跳完一遍又一遍的。

改编歌词。启发孩子根据歌曲旋律改编歌词，创作自己的"流行歌曲"，也是一种不错的办法，这样既可以满足宝贝唱流行歌曲的愿望，还能激发孩子动脑思考，并从中受到教育。如宝贝喜欢唱《不怕不怕》，可针对宝贝非常怕黑的行为，将歌词改编为"夜晚再黑，我不怕不怕了，我是男子汉，我不怕不怕不怕了"，根据宝贝怕见生人的现象，将歌词改为："遇见生人，我不怕不怕了，我主动问声好，我不怕不怕不怕了"，相信孩子会乐此不疲的。

与宝贝一起挑选好听的儿歌。现在受宝贝欢迎的儿歌少，但并不是没有，只要您下一番功夫还是能在 APP 淘到宝贝喜欢的儿歌的，将这些儿歌在家中多次播放，相信宝贝会弃"流行歌曲"投"儿歌"的！

提示：

宝贝是很善于模仿的，为避免宝贝跟从，建议您平常尽量少在家中播放、哼唱流行歌曲，手机铃声等也要注意哦，宝贝可精呢，您一不小心，他就学会了！

宝贝羞答答

在家里或在熟悉的人面前，孩子又说又笑的。可一见了生人就不敢说话，到了陌生环境就表现出局促不安的样子。

> **您的担心：**
>
> 在生人面前，孩子非常胆小害羞。让他叫人，他不敢叫；让他眼睛看着别人说话，他却低头看鞋；让他念儿歌，他躲到你的身后……哎，他这个样子，将来怎么适应这个竞争的社会？

有点内向

这和孩子的先天气质有关。每个孩子都有自己的特点，有的外向，活泼开朗，爱说爱笑；有的内向，胆小害羞。你的宝贝也许是个内向的孩子。

怎么办？

接受和理解孩子。虽然害羞会让孩子在交往中处于一定的劣势，但你不要指责他，不要拿他和大方的孩子比，不然他会认为自己有多大的缺点。也不要当着孩子的面说他害羞，这会强化他的害羞心理，甚至让他今后以害羞为由逃避与人交往。正确的做法是，耐心地引导他、鼓励他，逐渐让他敞开胸怀，走向别人。

不太自信

有的孩子不太自信，觉得自己能力差，害怕在别人面前暴露自己的缺点，也会表现得退缩、害羞。或者以前在陌生人面前有过不成功的经历，当他再次面对别人时，也会缺乏自信，不敢表现自己。

怎么办？

如果孩子在某些方面能力不强，你要注意锻炼他，提高他的自信心。可以观察孩子，看看他在哪些方面比较擅长，然后进行正面强化。比如孩子唱歌不好，但画画很好，客人来的时候，你可以让他给客人画一张画，通过"扬长"让他在别人面前成功地表现自己。成功的经验多了，孩子的自信心就会提高，这可以帮助他克服害羞的心理。

需要时间熟悉环境

大多数孩子在陌生的场景中都会表现出一些紧张和不安，内向的孩子表现得会更强烈一些，他们需要更长的时间来熟悉周围的环境和人。

怎么办？

给孩子熟悉新环境的时间，耐心地等待孩子接受新的环境和人。为了减少孩子的不安心理，你可以提前进行一下"预热"，比如事先告诉孩子今天要去哪里，会见到谁，该怎样称呼别人，等等。孩子有了心理准备，到时候就不会那么拘束了。还可以给孩子带一件心爱的玩具，帮助他在陌生的环境里克服紧张、焦虑的情绪。

缺乏交往经验

很多家里只有一个宝贝，由于缺乏交往经验，在人多的场合，孩子不知道怎么和别人沟通，就容易害羞，甚至会退缩或逃避。

怎么办？

不要因为孩子害羞，怕他不会交往，就强迫他去和别的孩子玩。开始时，你要陪伴孩子，让他慢慢适应。如果亲戚朋友家的孩子比较爱交往，活泼开朗，可以让他带着你的孩子一起玩。

也可以让他和年龄小点的孩子玩。通常情况下，腼腆害羞的孩子在比自己小的孩子面前不太容易感到羞怯，因为他觉得自己比他们有能力、有经验，这种优越感会让他在精神上放松下来，不怕别人挑剔自己。在这个过程中，孩子也可以学到交往的经验，以后在与同龄小伙伴或大人交往时也会用得上。

> **妈妈的话：**
>
> "我女儿见了生人很害羞，让她叫人，她总是低着头，看自己的脚尖。在印象中，我小时候也这样。我觉得这样很不好，所以有必要锻炼一下女儿。有一次，我准备带她去朋友家做客，就事先向她介绍了朋友家里都有谁，教她去了以后要叫人，还在家里预演了一下。即使这样，到了朋友家，她还是紧紧拉着我的手，缩在我身后。不过，在我的示意下，她能低声跟人问好，还敢回答阿姨的问话了。回家后，我马上表扬她，她很高兴，说以后还要去阿姨家玩。"
>
> 妈妈路丝　女儿四岁

总不开心

孩子不活泼，不开朗，总是心事重重的样子，小小的额头皱着，似在告诉别人"我不高兴，我不幸福"。

> **您的困惑：**
>
> 以前孩子也挺活泼的，但渐渐地我发现孩子变了，整天一副很沮丧、不开心的样子，小小年纪，本应是单纯而快乐的，却为什么总看不到他开心的笑脸？

性格内向

不同的宝贝有不同的性格。内向的宝贝不开朗，行为拘谨，内敛，多消极情绪，而即使高兴的时候也较少通过语言和行为、表情等外显出来，他们不笑但并不表示他们不高兴。

怎么办？

接受孩子。每一种性格都有各自的特点。内向的孩子可能不是那么"阳光"，但是他们善思考，有耐心，肯坚持。他们可能不将快乐表现在外在行为与语言上，而是将欢笑深深留在了心中。

给予关注与引导。内向的宝贝习惯把事情憋在心里，有时会产生不良的后果，对于这类型的孩子应该给予更多的关注。如鼓励他们勇敢地与人交往，并在与人互动交往中变得逐渐开朗、自信、乐观起来。此外父母是孩子感觉最安全的人，他们愿意把心事讲给父母听，父母要常耐心地和孩子交流，了解孩子的所思所想，并给予有针对性的疏导。

缺乏关爱

家庭中的人际关系和氛围都可以潜移默化地影响孩子的情绪。父母感情好，孩子能经常得到爱的抚慰，在这样的环境中孩子身心放松，情绪好，也比较开朗，而父母感情不和、父母没有给予孩子足够关爱、单亲家庭等条件下的孩子忧郁的概率较大。

怎么办？

给予孩子更多关爱。无论怎么忙，父母最好每天抽出几分钟时间与孩子交心，增进感情。在与孩子交流的时候，要注意三点，一要专心，与孩子在一起的时候不应付，而是全心全意地与孩子交流。二是父母要经常抚摸孩子、亲亲孩子，让孩子能实实在在地感受到爱。三是不以父母的威严姿态对待孩子，要平等地当孩子的朋友。此外身处家庭中的每个成员都要相互帮助、理解与关怀，在爱意融融的家庭氛围中，孩子会在不知不觉间形成一系列的优良品质以及良好的情绪情感。

受约束多

你对孩子寄予了很高的期望，所以从小你就严格要求孩子，不给予孩子足够游戏与放松的机会。你还经常会有意无意地对孩子讲："你是妈妈的希望，要永远当第一名"，在这样的约束与期望下，你的孩子从小就只知道学习，身心很少放松，一副心事很重的样子。

怎么办？

- **给孩子松绑**。要孩子始终当第一名的希望是不切实际的，而即使孩子有这个能力，你也不能以牺牲孩子的幸福作为代价。所以如果你"好心"的激励让孩子感觉很紧张时，当孩子不喜欢你安排的兴趣班时一定要及时"住手"，否则只会让孩子更不开心。
- **还孩子游戏的权利**。爱游戏、爱玩是幼儿的天性，要想让孩子快乐与幸福，你就必须还孩子游戏的权利，让孩子自由自在的在与同伴（也可以是亲子游戏）的游戏中释放压力，尽情欢笑，体验快乐。

成人影响

成人的一言一行都深刻地影响着孩子，如果家人长期精神不济或者情绪低落、忧郁，宝贝耳濡目染也会被这种负面情绪感染而变得悲观、情绪低落。

怎么办？

成人的榜样行为是改变幼儿行为最无声而有力的力量，要改变宝贝，首先应改变自己，管理好自己的消极情绪，改变自己不善言谈，不苟言笑的形象，以爱与微笑面对孩子，感染孩子。当家中有成人长期精神忧郁时，需要将孩子隔离开来，避免受到影响。

妈妈的话：

"我和孩子的爸爸都是严肃而不苟言笑的人，在我们的影响下，孩子也总是一副少年老成、愁眉苦脸的样子。为此我积极和幼儿园的老师联系，有意识地引导幼儿多和开朗活泼的同伴交朋友，而我也积极改变自我，学着和孩子开开玩笑，讲讲笑话，让孩子变得开朗起来。孩子变得还真快，现在孩子的变化可以用判若两人来形容。"

丽芬　儿子四岁八个月

家有小尾巴

无论什么时候，孩子总是喜欢跟在我身边，像个小尾巴，我走到哪儿，她就跟到哪儿，睡觉也一定要跟我一起躺下才肯睡，真是个名副其实的小尾巴。

> **您的苦恼：**
>
> 我做饭，孩子待在厨房里；我看电视，她坐在我的身边；我上厕所她也一定要跟我进卫生间；当她意识到我要出门时，更会像个小侦探似的时刻跟在我身边……我身后无时无刻不拖着根"小尾巴"，这样有时感觉很甜蜜，但是我却因此没有一点个人的空间，而且把我搞得很累，我该怎么办？

依恋父母

0—5岁的孩子都会依恋母亲，尤其8个月到3岁的幼儿对自己亲近的人有强烈的依恋，这种强依恋的表现为婴儿害怕与母亲分离，时刻想跟在其身边，当母亲离开时，她会通过喊叫、快走跟随的方式来追随着母亲，表达对母亲的依恋。

孩子的想法：跟着妈妈我才感觉很放心，很安全。

怎么办？

· 在婴幼儿与母亲间温暖、亲密的连续不断的依恋关系中，幼儿既可找到满足，又可以找到愉快。这对其今后信任等健全人格的发展也有重要意义，所以宝贝的"小尾巴"跟随状况如果不是太严重，就不必太忧虑，要以健康的心态来看待。

· 让孩子快乐，让孩子产生安全的依恋是在幼儿与母亲相互的感情交流中逐渐形成的，而不是简单的让幼儿时时跟随。所以父母应注重通过拥抱、交流、对孩子的信号敏感回馈、经常和孩子玩一些亲子游戏等与幼儿建立高质量情感性依恋，如此才能真正使孩子产生安全、信任之感。

·虽然只是两三岁大的孩子，但是你也要试着向孩子诉说自己正要去忙的事，她能明白你的意思。如当你要做饭而孩子始终跟着你时，你可以告诉孩子："妈妈要给你煮晚餐，你要在娃娃床里玩玩具。等煮好了，妈妈再来陪你玩哦！"孩子渐渐明白你要做的事，而你也确实去做你所说的事，这样可以培养互相信任的感受。而当你要离开家时，也一定要告诉孩子，自己什么时候回来，是什么原因要离开，要尽量跟她讲道理，你说到做到，孩子自然会相信你。

想获得关注

孩子是自我中心的，希望别人时刻能关注到她，围着她转，这是导致"小尾巴"现象产生的一个重要原因。

孩子的想法：我想妈妈时刻陪伴着我，关注着我。

怎么办？

·满足孩子被关注的需要，让宝贝感到内心满足，感到家长对她的注意和重视。但是这种关注是适度的，不要因她遇到了不愉快的事情就过分地关注她，这样反而使孩子更离不开家长。

·2岁多的孩子具备了独立交流和行走的能力，这为其走出家门面对多彩的世界奠定了基础。所以，不要总让孩子待在家里，面对你一个人（孩子当然会跟随你喽），而应带孩子走出家门接触其他小朋友，体验同伴集体的快乐，享受同伴的关注。这样孩子会逐渐地发现，离开妈妈，走进更广阔的生活世界是件激动人心的事情。

独立性比较差

孩子独立性差是导致"小尾巴"现象的一个重要因素。这主要是由于父母对孩子的干涉性过强所造成的，由于孩子什么事情家长都包办，因此就形成了一种依赖心理，养成了离开父母就无法生活的习惯。孩子越是依赖他人越容易时刻跟随着他。

孩子的想法：我要跟着妈妈，妈妈能给我解决所有的问题。

怎么办?

· **放手孩子，培养孩子的独立性，给予其独立做事的机会**。改变这个问题的根本出路，是不要过分保护孩子，多让孩子自己拿主意，并尽可能地尊重她的选择。如当孩子想玩邻居小哥哥的玩具时尝试自己通过协商获得小哥哥的许可，而不是指望妈妈；起床后自己学着穿鞋而不拿着鞋跟在妈妈后面。每当孩子有一定进步时大人都要给予及时的鼓励与奖励。

· **讲道理**。2岁的孩子已经具备了一定的理解能力，所以您不妨正面告诉她不当妈妈小尾巴的孩子妈妈更喜欢的道理，如可教幼儿说儿歌"鼠妈妈，走到哪，小老鼠，跟到哪，就像妈妈小尾巴。乖猪仔，不像它；不当妈妈小尾巴，大家都来把它夸"等。这有利于幼儿在一定程度上控制自身的行为。

· **让"小尾巴"变成"小帮手"**。让孩子跟随着自己，但是在这种跟随过程中，父母不是把孩子的一切问题都包办，而是与孩子一起完成，或者让孩子帮父母干活儿，如请孩子帮忙，给父母取力所能及的东西、和父母一起擦桌子、为妈妈擦汗等，在此过程中，孩子能逐渐感觉到自身的力量，从而逐渐建立起自己做事情的信心。让孩子做"小帮手"，家长和孩子都能受益，且其乐无穷。

> **妈妈的话：**
>
> "孩子就像我的小尾巴，我走到哪里她就跟到哪里，这不我刚要擦地，她也跟了过来，我说你和妈妈一起擦地好不好？她欣然同意了，并努力地挽着袖子，于是我给了她一块布，让她和我一起擦。孩子很高兴，认真卖力地干起来，小脸都憋红了，我问她累吗？孩子甜甜地回答，不累，俨然一个大姑娘的样子。"
>
> 妈妈凯丽　女儿两岁半

恶作剧

不是把眼皮翻出来吓别人，就是把自己不喜欢吃的菜偷偷放别人碗里、把毛毛虫放别人的包里，孩子很喜欢做恶作剧。

> **您的困惑：**
>
> 不知什么时候起，发现孩子特喜欢做一些恶作剧来逗别人，还很享受这个过程，真让人生气，但又无可奈何，我该怎么办？

好奇取乐

儿童天性好奇，好逗乐，爱干一些大人不允许做的事情，他们想探求一下当与成人的要求相违背时会有什么结果，也很享受"愚弄"别人的快乐。如妈妈不许宝贝乱翻衣柜里的衣服，宝贝却故意把衣服都拉了一地，妈妈发现后，又气又爱地指着宝贝的鼻子说："以后不许这样。"第二天，宝贝趁妈妈不注意又把衣服拉了出来,并窃笑着看着妈妈的反应。

怎么办?

正面引导。恶作剧是一种非理智行为,往往会对自己及他人带来一定的麻烦,所以,在事情发生后,要及时结合实际事件,认真引导孩子正确认识恶作剧的后果,促进孩子改变行为,别一不留神充当了宝贝的热心观众,助长他的行为。

冷处理。当孩子出现恶作剧的行为时,保持冷静,当作什么事情也没有发生,让孩子自觉没趣而失去对恶作剧的兴趣。如淘气的宝贝故意把妈妈的鞋藏了起来,妈妈发现后没有反应而另找了双鞋穿,宝贝觉得没趣就主动问妈妈:"你的鞋呢?"妈妈平静地说穿着呢,宝贝没办法只好把藏起来的鞋又给妈妈拿了回来。

把"恶作剧"演变为体现爱心和创造力的"喜剧"。其实,宝贝某些看似不符合成人标准的恶作剧中含有很多"创造""自主探究"的成分,所以,有时可把自己也扮成一个顽皮的孩子,与孩子"合谋"一件"喜剧",以自身的行为带动孩子,让孩子明白什么行为既好玩别人又喜欢。如不是把自己不喜欢吃的扔爸爸碗里,而是偷偷给爸爸的碗里放爸爸爱吃的肉,让爸爸的惊喜变成大家的快乐。

吸引注意

有的孩子平时被人忽视,或受了冷落,往往觉得无聊,于是就想办法作恶作剧,目的在于释放过剩精力,引起他人的注意。

怎么办?

找些孩子感兴趣的事儿。想办法让孩子的生活变得丰富有趣起来,不要让他感觉无聊，想办法给孩子找一些他喜欢的玩具，或他爱看的童书，让他打发时光，不觉得无聊。孩子有了感兴趣的事，自然就想不起恶作剧了。

给予足够关爱。工作忙，常常成为许多父母不陪孩子的理由。但是无论多忙，爸爸妈妈最好每天都留一定的时间给孩子，时间不需要过长，但是一定要高质量，在与他在一起的时间全心全意地注意着他，让孩子真正感觉到关爱，知道你爱他，想他，这样孩子就不会想方设法引起你的关注与注意了。如可以每天找一定的时间和孩子一起玩玩游戏，一起出去散步、踢球等，在此过程中要多拥抱孩子，让他感觉到您对他全身心的爱。

培养交往能力。孩子孤独、受同伴冷落，只好通过恶作剧来吸引别人注意的一个重要的原因就是与他人交往能力差，无法通过正常的手段吸引他人的目光。

有意报复

在与成人、小伙伴交往中产生了不快情绪，于是利用恶作剧来发泄心中的不满，借机报复。如童童打了小雨，小雨不高兴，就偷偷地把毛毛虫放在童童的书包里。

怎么办?

及时纠正。发现孩子这样的恶作剧一定要抓住时机，及时处理，从正面出发告诉孩子这种行为不是解决问题的办法，正确的办法应该是通过言语和对方交流解决，或者寻求妈妈和老师的帮助。

把"恶作剧"演变为"实验剧"。恶作剧中往往包含着孩子丰富的想象力与创造性。如果父母对恶作剧进行合理引导，能把"恶作剧"演变为"实验剧",会收到意想不到的效果。如发现宝贝拿毛毛虫吓别人,妈妈可及时引导,与宝贝一起养毛毛虫,观察外部特征,看它喜欢吃什么等,从而把"恶作剧"变成了科学实验,如此引导既转移了宝贝报复的心理,又将其动脑的积极性引到有益的活动上,让宝贝体验到了探究的乐趣。

为所欲为

家长教养方式不当,一贯娇宠,再加上幼儿生活经验少,自控能力差,不会根据不同场合调节自己的行为,这造成孩子不懂得自我约束,无论在什么场合,什么情况下都为所欲为。

怎么办?

及时弥补。如果孩子的行为具有破坏性或伤害了他人,父母一定要直截了当地解决问题并且简单而直接地告诉他,他的行为不受欢迎,然后给他一个机会弥补过错,向对方道歉,并通过自己的思考做出正确的行为,让孩子在前后行为的对比中体验理解到什么是受欢迎的行为。

体验后果。娇宠过度的孩子通常都很任性,听不进别人的劝说,所以有时候不妨让他适当体验一下被捉弄的感觉,这比单纯说教的效果有时要好一些。如乐乐特别喜欢趁别人不注意时把别人关进房间,入幼儿园后他还是我行我素,经常把同学关进房间,老师和家长一起教育多次,效果不明显,为了让他彻底改变,不妨把他锁在一个安全的房间里,让他体验一下。

> **妈妈的话：**
>
> "要出门了，发现鞋不见了，经验告诉我是宝贝偷偷藏起来了，我没有找，而是不动声色地又找了一双，一会儿宝贝跑过来问我：'妈妈你的鞋呢？'我说脚上穿着呢，他非让我找，我偏不找，见我如此，宝贝也没了兴致，没趣地走开了。如此几次之后，宝贝再也不藏我的鞋了。"
>
> 妈妈史蒂文

不讲礼貌

让他叫人他不搭理，别人和他打招呼，他也不回应，生气时甚至会打骂别人，真是太没礼貌了！

> **您的苦恼：**
>
> 家里来客人，他不理不睬，还随意打断大人间的谈话，让我很没面子，事情过后，我都尽心地告诉孩子应该怎么样，可是感觉收效不大，这么简单的事情孩子为什么就做不到呢？

为什么不讲礼貌？

他长大了，不愿什么都听您的！ 想想以前，看看现在，你会发现孩子一两岁的时候，让他叫什么他就叫什么，特别听话，但是孩子大了，却退步了，不叫了，其实，这不是孩子退步的表现，而是成长的表现，他不叫，说明他有自己的主意了，不愿什么都听您的了！

他自我中心，从根本上不懂得讲礼貌的原因。孩子自我中心，不了解为什么要讲礼貌，更不能真正体会自己不讲礼貌对别人的伤害，孩子不主动地做出礼貌行为也是必然的。他打断别人、抢别人东西，只是自己想去做而已，并没有"故意""恶意"的成分。

他想吸引关注。来客人了，大人们都忙着和客人聊天，忽略了孩子，为了吸引大人的注意，孩子会粗暴地打断父母与客人之间的谈话，甚至撒泼，以将父母的注意力拉回自己身上。

他对陌生人有防备。仔细观察你会发现，当面对的是孩子熟悉的人时，孩子往往比较热情，也讲礼貌，但是当遇到陌生人时，他会下意识地存有防备，不理不睬，甚至远远躲开。对于内向的孩子来说更是如此。

他被大人娇惯坏了。很多家庭，孩子就是天，一天到晚，几个大人围着转，被娇惯得"不可一世"，没有一点规矩，到了外面，自然还是如此，公共场合我行我素，没有一点礼貌。

如何塑造文明宝贝？

提前做准备。在进入某个环境前，可以事先向宝贝说明，他将进入一个什么样的环境，他将遇见一些什么样的人，见到人之后宝贝怎么做别人会很高兴，走的时候应该怎么做等，让宝贝有个心理准备，宝贝有备而来，表现自然会好一些。当然了，即使宝贝没有按预先说好的去做，您也不要责备孩子，您要给宝贝足够的时间来调整他的心绪，不能操之过急。

玩角色扮演游戏。在家中与宝贝玩接待客人或者与人交往的各种游戏，游戏过程中，有意让宝贝扮演客人，爸爸妈妈扮演主人，当孩子来做客时，爸爸妈妈故意自己拿水果吃，自己忙自己的，而对宝贝不理不睬。这种情况下作为客人的宝贝肯定会觉得难受，您可及时地问宝贝："为什么不开心？主人怎么做，客人就会高兴了？"并重新开始游戏，有了亲身感受，相信宝贝一定会在礼貌待人方面有所改变的。

持之以恒地引导。行为习惯的养成不是一时一刻就能见效的，需要长期的提醒与指导，对于认知能力和自控能力很弱的孩子来说更是如此，您一定要做好长期教育的准备，以身作则当好宝贝的榜样，并坚持不懈在日常生活中具体告诉孩子应该怎么做，并加以鼓励，耐心地等待孩子成为文明宝贝。

看视频发现不足。有意识地把宝贝在户外活动时碰到邻居以及同伴的行为都录下来，并与宝贝一起边看边讨论，别的宝贝哪里做的好，哪里做的不对？宝贝哪里有进步，哪里还需要改正？透过屏幕看自己，能让宝贝更好地了解自己，并有针对性地改正。

适当惩罚。如果你多次提醒，但宝贝还是在公共场合胡闹，那你不妨小小地惩罚他一下，下次再出门的时候故意不要带他，并说明理由。当然如果孩子许诺讲礼貌，那就带他去，如果孩子表现出哪怕只有一点点小进步，您都要及时鼓励。

建议：

不强迫孩子。孩子"不讲礼貌"都有他"合理"的理由，所以如果孩子很为难，您就不要强迫孩子了，强迫有可能让孩子对礼貌礼节有抵触情绪，而且即使在您的强迫下孩子问好了，那也是不带情感的，非自愿的，没意义的。

不娇惯孩子。礼貌教育从"家"做起，家人包括宝贝在内，所有人都礼貌相处，这样到了外面宝贝自然不会"无法无天"。

尊重孩子。当客人来家后，不要把宝贝撇一旁，让宝贝一起加入招待客人的队伍中，这样宝贝会感到尊重，而不是落寞。

狡辩专家

一出什么状况,他第一反应就是推卸责任,无论什么事,他好像都能想出理由辩解,还振振有词、理直气壮的,真是太能狡辩了!

> **您的烦恼:**
> 孩子很聪明,语言能力也很强,但没用对地方,都用在狡辩上了,平常不管你批评他什么事,他都能快速地想出理由来为自己找托词,一点也不心虚,好像自己什么错都没有,真是让人无可奈何!和他谈话、批评什么办法都用了,就是不管用,我该怎么办?

他为什么总爱狡辩?

他怕受到惩罚与批评。狡辩是孩子一种下意识的、被动的自我保护行为。孩子狡辩很多时候都是为了掩饰自己的错误,避免成人的批评与惩罚。

他期待自我完美。任何人都希望获得别人的肯定与赞赏,都希望留给别人一个好的形象,宝贝也一样,做"妈妈心中的好孩子"是孩子的期望,但是人无完人,错误总是不可避免的,当犯错后,孩子虽然在思想上知道事情的真相,能明辨是非,但在情感上没有承受错误的勇气,不愿意承认事实,故而努力地替自己辩解,维护自己的好形象。

如何看待他的狡辩行为？

狡辩旨在掩盖过错，它与撒谎以及对于自己的错误熟视无睹、不屑一顾的行为不同，狡辩表明了一种积极的态度，表明孩子从心底来说还是希望自己好的，所以，家长一定不要责骂孩子，而要留给孩子弥补的空间，或者拉孩子一把，以自己积极宽容的态度、和蔼的口吻、智慧的策略、耐心的引导带孩子走上正确的道路。

怎样有效引导？

掌握好教育的分寸。不要以为孩子狡辩难受的是家长，事实上孩子狡辩很多时候是"被逼的"，是为了掩饰自己的过错，避免成人批评不得已而为之的。所以当发现孩子特别能狡辩时，您一定不要随意谴责孩子不诚实，而应该首先反思反省自己的管教方式是不是过于严格？是不是孩子很害怕您？如果孩子说出实情，是不是意味着马上就是严惩甚至打骂？如果孩子确认承认错误后不会被批评，他们狡辩的概率会大大降低。

不给狡辩机会。如果你确定孩子做错了事，那么就不要绕弯子再去问他了，直接阐明你的观点，一语道破他的错误所在，这样不给孩子留辩解的余地，他也就不会再去顺着您的话去试图狡辩了。

展开辩论，揭穿狡辩谎言。孩子不是喜欢狡辩吗？那么好吧，我们就顺着他，耐心地和他一起辩论到底，让在辩论中一层一层揭开的事实来揭穿宝贝的狡辩，彻底让他心服口服，无话可说！有过几次被揭穿的经历后，相信宝贝会记住教训，不再轻易去狡辩了。

保持教育一致性。成人间教育态度的不一致能为孩子狡辩提供"机遇"，是滋生孩子狡辩行为的温床，当我们质问孩子时，孩子常常会以"奶奶没说我错"或者"爷爷让我这么干的"为托词狡辩，就是最好的证明，所以要从根源上彻底杜绝孩子狡辩的空间，家人之间首先一定要保持教育上的一致，切忌妈妈严格纠正，爷爷奶奶却偷偷放松教育，或者替孩子背责任，做孩子的保护伞。

换个角度看狡辩。小孩子强词夺理，让你很恼火，但是换个角度想你可能会转怒为喜，虽然以前的宝贝很乖巧，很老实，但是客观地说，与以前相比，孩子爱狡辩说明宝贝更聪明了，更有自己的思想了，应变能力、独立能力也更强了，您说是不是？事实上您应该高兴才对！所以当孩子如果没有原则性的错误时，建议您不要过多地干涉他，不要太和孩子较劲，他要坚持就随他去好了。

家人生病了

孩子生病，家人都忙前忙后照顾，但是大人生病了，我们却往往戴上口罩，远离孩子，保护孩子，孩子也因此感觉大人生病和自己没有任何关系，有的孩子甚至惊讶地说："原来爸爸也会生病。"

> **您的忧虑：**
>
> 爸爸生病住院了，孩子一无所知，依然快乐地游戏着，我该不该将这个消息告诉孩子？如果是，我又该如何引导孩子去关爱爸爸，以让爸爸心情愉快，也让孩子获得爱的教育？

该不该让宝贝学习照顾生病的家人

答案是肯定的。4岁左右，宝贝了解他人心理的能力以及移情的能力得到极大的提高，他们具备了理解别人痛苦，进而产生关爱心理的能力，所以，对宝贝进行关爱教育是可行的。爱心教育不能靠口头的说教，不能靠图书的讲解，日常生活中家人生病是对宝贝进行关爱教育的绝佳契机。您不必担心关爱家人会因此把病传给孩子，关爱并不一定非要"亲密接触"，我们完全可以根据具体情况对幼儿进行不同形式的关爱教育。

怎样引导孩子关爱病中的家人

· 如果病人在家里

家人生病时，家庭其他成员要表现出对爸爸的极大关心，耐心细心地照顾，并引导宝贝一起做一些力所能及的事情，如提醒爸爸吃药、给爸爸倒水、为爸爸递毛巾擦脸、给爸爸按摩、为爸爸拿体温计测体温，为让爸爸开心，给爸爸讲故事、唱歌，或者从心理上宽慰爸爸好好治疗，病很快就好了等。

如果病是传染性的，害怕宝贝受到伤害，可以引导宝贝以其他的方式表达对家人的关爱，学着心疼大人。比如，当病人休息的时候，不在家里嬉笑怒骂，不任性撒娇，让家人围着自己转；日常行动也都尽量安静，轻声，不打扰病人休息；为减少病人生病期间的担心，宝贝还可以以自己的方式做一些为大人分忧的事情，如如果平常起床被子都是爸爸叠，宝贝可以在爸爸生病期间，学习自己叠被子，尝试自立，让爸爸高兴等。

· 如果病人住进了医院

许多孩子都对医院充满了恐惧心理，如果家人生病住院，许多妈妈都不敢告诉孩子，害怕孩子产生恐惧心理，其实，这是没必要的，孩子已经五六岁了，对于住院甚至死亡都有了理解与承受的能力，我们完全可以安静正面地将家人生病住院的消息告诉孩子，并以积极的态度告诉宝贝，只要我们很好地照顾，再加上医生的治疗，家人会很快好起来的。

为照顾医院的病人，我们首先需要做的事情就是和宝贝一起商量着为病人准备住院时需要的生活用品。如一双拖鞋、一把梳子、一把牙刷、一支牙膏、一个水杯、一面镜子，以及一个脸盆、毛巾、肥皂和一套换洗内衣、袜子等，考虑到病人兴趣爱好与实际情况，我们还可以为病人准备一个小型DVD或者病人喜欢看的书，帮病人排解住院期间的寂寞。

如果条件允许，我们可以带孩子一起买上鲜花和水果到医院去看望病人，引导宝贝尽其所能为病人做一些事情，并为病人送上祝福，如："爸爸好好休息，多吃水果""爸爸按时吃药""祝爸爸早日康复，等病好了我们一起去爬山"，如果去医院不方便，我们可以提醒宝贝多次通过电话对病中的家人给予问候，表达对病人的关爱心情。

此外，宝贝还可以利用在幼儿园学到的新本领，表达对病人的关爱，如在电话中给爸爸讲新学的故事、儿歌，或者讲自己在幼儿园很乖的表现，让爸爸不要担心，还可以把在幼儿园叠的纸鹤或者想念爸爸的画托家人送到医院，传达宝贝的牵挂心情。

几点建议：

·医院是最直接的病源，宝贝抵抗力薄弱，医院里面空气流通性相对不好，人又多（大多数是病人），所以如果条件不允许，最好还是不带或少带孩子去比较好，间接关爱一样能培养起宝贝的爱心。

·让宝贝照顾家里的病人，不仅能让宝贝学会关心别人，照顾别人，也是对宝贝进行勇敢教育的好机会，如看着爸爸生病时不怕吃苦药、不怕打针，笑着接受治疗，可以趁机对宝贝说："如果你感冒了，也会这么勇敢地吃药、勇敢地打针吧？"看着爸爸发烧严重，还笑着说不难受，及时告诉孩子，让孩子学习爸爸的勇敢。

总爱讲条件

睡觉前非要妈妈讲一个故事；起床前要妈妈答应买好吃的；上幼儿园要妈妈周末带他去公园或者必须保证第一个来接；上兴趣班要妈妈买奥特曼玩具。

> **您的苦恼：**
> 以前就发现孩子做事情爱提要求、讲条件，现在孩子5岁了，我发现孩子越来越爱讲条件了，而且不依不饶，不答应不罢休，哎，现在的孩子真是让人头疼呀！

小小年纪怎么学会了讲条件？

这是他智力发展的结果。 5岁的孩子独立思考能力、他人心理猜测能力以及自我权利意识都大大提高，他们不仅能意识到自己是和父母一样有权提出要求的独立个体，还不断地猜测着父母的心理，和爸爸妈妈斗智斗勇，进行着智力上的博弈。讲条件正是孩子动脑子想办法获得自己所需的表现，是体现宝贝聪明智慧的典型事情，这种现象在孩子三四岁的时候就会有苗头出现，如果您与其他孩子的父母交流一下，您会发现，原来不只自家的宝贝爱讲条件，许多宝贝都是讨价还价的高手。

他从父母身上模仿学得。其实，宝贝喜欢讲条件的行为多数都是在父母有意无意的"讲条件"下逐渐形成的。想想自己的日常言行，您是不是曾经不止一次地说过"宝贝高高兴兴去幼儿园，星期天妈妈就带你去动物园"。"宝贝好好吃饭，妈妈就让你看一会儿动画片""宝贝乖乖吃药，妈妈给你买好吃的啊"等等，在您的带动下宝贝耳濡目染会很快学会这种行为，并逐步养成在做自己不喜欢的事情前想方设法和爸爸妈妈讲条件，通过交换条件来得到自己想要的"好处"的行为。

如何应对宝贝条件的"要挟"？

其实不必太在意。面对宝贝的讨价还价，您的第一反应可能是伤心和害怕，伤心宝贝不懂您的爱心，总讲条件，害怕宝贝小小年纪就如此"势利"，将来可怎么办。事实上，这是宝贝有智慧的表现，是宝贝尝试感受自我力量、争取自我权利的体现，而且宝贝只是在不想做某件事情但您却非要他做的前提下才讲条件，这与真正的"势利"不可同日而语，所以您不必担心，放松心情，先偷偷为自己拥有个聪明的宝贝窃喜一下好了！

改变孩子先改变自己。孩子的行为是父母行为的反应，所以要想从根本上改变孩子，先应从根源上改变自己，日常慎和孩子提条件，"如果你怎样妈妈就怎样"的话最好不说，爱孩子就无私地去爱，不要在付出自己爱的时候向孩子提出要求，不要让您的爱在条件面前打了折扣。

讲条件更讲原则。有的时候宝贝讲的条件是可以满足的，比如进幼儿园前要求妈妈抱抱或者带自己的毛绒玩具到幼儿园。但是如果宝贝的条件不合理，可能影响宝贝的健康或不利于良好习惯的养成，比如好好吃饭就要长时间看电视等，就要坚持原则，坚决拒绝，不给他钻空子的机会。当然5岁的宝贝已经懂道理了，您在拒绝要求的时候要给宝贝讲出拒绝的道理来，让宝贝心服口服。

讲精神不讲物质。对宝贝的教育应该以正面激励为主，所以适当的奖励表扬对宝贝很重要，但是对宝贝讲条件有一点一定要记住，即讲精神不讲物质，一个搂抱、一个亲吻、一个赞许的目光都足以感化宝贝，让宝贝高兴地接受您的要求，而一旦养成了以物质条件奖励的习惯，宝贝会变得越来越难缠，并有可能真的成为一个"势利"宝贝。

将讲条件教育化。讲条件并不可怕，我们完全可以直面它，并"斤斤计较"将讲条件进行到底，将讲条件转移到游戏及计算的快乐上来。如您可以和宝贝做这样的游戏：5件好事可以得到一块巧克力的奖励，一个星期都快乐地上幼儿园可以得到一本喜欢的图画书；在幼儿园得到5个奖励的贴片，妈妈就给一块钱，攒起来宝贝就可以买自己想要的玩具等。相信宝贝会乐此不疲的！

建议：

"以牙还牙"有时也能收到奇效，您不妨一试，如当宝贝想要您做某件事的时候，您故意学宝贝提条件，刁难他，吃到下马威的宝贝一定会长记性，不敢再随意向爸爸妈妈提出条件喽！

5—7 岁成长档案

不认真学习

让他认字，他玩着手里的玩具，心不在焉；教他数数，他读两个就跑掉，孩子就知道玩从不认真学习！

> **您的烦恼：**
> 孩子都快要入小学了，却好像整天脑中只想着玩，一刻也闲不下来，教他认字他不干，让他看书他不看，但如果给他讲奥特曼，他却非常有兴趣，还能滔滔不绝地讲一大堆，真让人着急，上帝，救救我吧！

他非常依赖您

在日常工作中，您包办孩子的一切，很多事情往往是孩子还没注意到，您已经注意到了，孩子还没做，您已经抢先做完了。这样一来，孩子的双手，甚至思考的权利都被剥夺了，彻底闲置了。这种依赖同样表现在学习上，一遇到问题，孩子连想都不想就马上说不懂，等您告诉他答案。

怎么办？

指导孩子掌握学习方法。孩子养成了依赖的习惯，一下子是改不掉的，不过您可以以隐性的方式，逐步把代替孩子思考转移到引导孩子自主思考以及掌握学习方法的方向上来，如您可侧重教孩子如何去查工具书获得自己想要的资料，以及通过提问指引孩子思考等。这样既实现了孩子的自主学习，也突显出您在孩子学习过程中的有效引导。

在体验成功的基础上培养自信。对学习的兴趣是建立在一定的成功体验上的，所以，对一切依赖成人的孩子来说，培养学习兴趣首先要使其具有一定的学习的成功体验。刚开始，您最好让他在您的陪伴下尝试完成一些比较容易的问题，然后再逐步调整学习难度。在此过程中，一定要多对孩子说一些鼓励的话，如"宝贝真棒，宝贝搭得真好"等，宝贝动手尝试了，动脑思考了，取得了点滴进步都要给予及时的肯定。

他在游戏和生活中学习

幼儿的思维是直观形象的，这决定了他们学习是在活动中的，在游戏中的，换句话说，对孩子来说，游戏就是学习、生活就是学习，这是我们在谈论孩子的学习问题时需首先明白的，切不可以为孩子在玩就不是在学习，更不能认为学习就是坐在桌前认字、算数。

怎么办？

放手。对孩子来说，"生活即学习""游戏即发展"，宝贝玩积木，和您一起打扫房间，和别的小朋友聊天、吵架等都是学习。您所需要做的就是"放手"，让他轻松快乐地在游戏中获得积极主动的发展。

寓教于玩。将教育意图蕴含于幼儿的游戏玩耍中能取得很好的效果。如走路时可练习数数，认识生活中的各种图形；角色游戏扮演过程中可培养表达能力和与人交往的能力；玩的过程中可教孩子认识相应的物体，如在玩球的过程中教孩子学习认识"球"字；在做饭的时候，让孩子做力所能及的事，并教孩子认识各种水果蔬菜等。只要用心，一日生活中时时都是寓教于乐、让孩子学习的好时机。

养成良好的学习习惯。游戏是孩子学习的主要方式，但是，对于即将入小学的孩子来说，做些学习习惯方面的准备还是很必要的，这比知识准备更重要。为形成良好的学习习惯，可以与孩子一起制定一个生活作息表，制成表格，贴在比较明显的地方，并坚持完成。如坚持早起早睡，不赖床等。对幼儿来说日常生活中需要培养的学习习惯还应有一日生活中不长时间看动画片、光碟、玩电脑游戏；不需要家长陪伴、督促，能自觉完成某任务，无畏难情绪，能坚持到底；能专心认真地做事，不贪玩，无小动作，有耐心和忍耐力；学习时能珍惜时间，不拖拉、磨蹭等。

他对所学内容不感兴趣

孩子不喜欢，但家长却非要孩子学各种各样的东西，如兴趣班等，这导致孩子"哼哼唧唧"去是去啦，但心思没在，学习效果很差。

怎么办？

因势利导。敏感细心地观察和了解孩子，善于发现孩子在生活中对哪些方面感兴趣，是爱唱歌、爱画画，还是爱表达？并因势利导有针对性地采取措施，而不强迫孩子学一些孩子不喜欢的事情。

设法引导。兴趣是可以培养的，当孩子不感兴趣时，您可以尝试引导。如为提高孩子对阅读的兴趣，您可以综合采用讲故事、猜谜语、阅读课外书等多种有趣的形式，并配合做相应的游戏表演，如与孩子一起阅读《三只小熊》后，与孩子一起玩三只小熊的游戏，如此让孩子感觉阅读其实是非常有意思的，激发起学习的乐趣。此外还要有意带孩子参观博物馆、图书馆，带孩子走入大自然去郊游、旅游，多种形式激发学习兴趣，让他产生获得多方面知识的渴望。

外在环境影响

周围环境吵闹，外在刺激强；父母不爱学习；家庭经常发生纠纷，父母教养方式不适宜等都会影响孩子学习的心情，使孩子焦虑、烦躁，无法专心学习。

怎么办？

为孩子布置安静、舒适的学习环境。外在刺激少，孩子学习必然专心，所以，最好给孩子准备一个单独的学习小屋，小屋不要靠近马路，孩子学习的时候尽量不要大声说话，也不要开电视等，以免转移孩子的注意力。

言传身教。老师、家长是孩子的效仿榜样，应以身作则，为孩子树立喜欢看书，不断学习的榜样。此外应经常带孩子看看书展、逛逛书店，不时买几本自己喜爱的书或为孩子买几本适合孩子阅读的书，这样有助于增强孩子的学习兴趣，养成读书习惯。

调整成人与孩子间的关系。孩子与老师、家长间的关系直接影响孩子学习的主动性。老师、父母对孩子态度温和，多鼓励、肯定孩子能有效激发学习动机。总数落孩子，孩子会没有学习的信心，并对成人产生对抗情绪，故意不学习。

你要求过高导致孩子产生压力

许多家长望子成龙，对孩子从小就要求严格，经常过分地强迫孩子学习各种家长认为重要的东西，孩子因而变得焦虑、不耐烦，感到学习是件"苦差事"，丧失学习动力。

怎么办？

不急于求成，"欲速则不达"。孩子就像一棵小树，它的任务在成长，而不是结果，对孩子要求过高，强迫孩子学习的做法无异于"揠苗助长"，相信您是不希望孩子成为一个"老态龙钟的博士"的。所以您最明智的做法是：给孩子提供一个良好的环境让他按照他的规律快乐自由地成长，并在轻松、自由、快乐的生活中有意识地培养孩子乐交往、喜探究、好观察、勤动手、爱阅读等习惯与品质。

小科学家

看见小鸟飞，他也要披个毛巾被，从高处往下跳；拿着新买的玩具，他不停地摆弄，直到把新买的玩具弄个稀巴烂；看着花盆里的花，很想知道埋到土里的根是什么样子的，于是把爷爷最喜欢的君子兰连根拔起……

> **您的忧虑：**
> 孩子有好奇心、喜欢探究是好事，可是他却因此经常把生活弄得一团糟，阻止不对，不阻止也不是，我该怎么办？

他为什么会这样？

好奇、好问、好探究是宝贝与生俱来的特点，是幼儿成长的本能需要，仔细观察您就会发现，不仅您的宝贝，所有宝贝都对世界充满了好奇，他们整天跟在爸爸妈妈后面不停地问着"为什么"，并且只要醒着他们总是会通过自己的方式不停地进行着各种各样的探究，从高处往下跳、把花连根拔起等都是宝贝出于本能的、有益的探究行为。

面对宝贝的"过分"好奇，妈妈如何应对？

宝贝的过分好奇给正常的生活带来好多麻烦，一定令您非常苦恼，但是您一定要清楚，这些都是宝贝的无意行为，他们这样做只想知道个为什么，所以无论如何，您一定要控制自己，不对宝贝发脾气，不直接制止宝贝的探究行为，而是在保护宝贝好奇、好探究精神的前提下想办法进行引导或疏导。

养成有问题先咨询妈妈的习惯。宝贝的小脑袋里总是有着好多的小问号，宝贝探究行为就是这些疑问驱使的结果，所以如果能养成宝贝把困惑说出来的习惯，就能在一定程度上提前防范，做好"防患"准备了。如如果宝贝在拔花前问妈妈："埋到土里的根是什么样子的？"相信后果就不会那么糟糕了。

养成有问题查阅图书的习惯。好奇宝贝总有好多个为什么，有时会把妈妈问得很烦，有时甚至被问得哑口无言。没关系，书中自有答案，我们可以为宝贝买一些百科图书，还可以带孩子到附近的图书馆以及科技馆等去找寻答案，妈妈放低姿态和宝贝一起学习，能拉近妈妈与宝贝的关系，还能让妈妈慢慢从无数个为什么中解脱出来。

体验后果，约束行为。"错误"往往是孩子形成正确认识的开始，犯了"错"是坏事，也是好事，您可抓住宝贝所犯的"错误"让他体验感受随便乱动的后果，如被他拔出的漂亮花慢慢枯死、被他弄坏的玩具再也不能玩了、从高处跳下腿会被摔得很疼。吃到苦头，长了记性，宝贝下次一定不会再犯同样的错误，探究起来也一定会有所节制。

与孩子一起探究。宝贝探究起来，不懂后果，但是也不能因此就不动手了，看见孩子在一旁探究的时候，妈妈陪伴在旁边和宝贝一起探究可以随时制止宝贝做一些破坏性的事情，还能引导宝贝进行正确的探究。如看见宝贝想拆玩具车的时候，您可以教给他正确的拆卸方法，并拿来改锥、钳子等帮助宝贝把玩具打开，或者也可以找一些废旧的玩具汽车让宝贝自由拆卸；看到宝贝要从高处跳下，及时告诉他从高处跳下会摔坏腿，然后与宝贝一起思考小鸟为什么能飞（身体轻、有翅膀等），还可以进一步与宝贝一起了解不同物种的运动方式，如蛇蠕动着走，鱼游着走，猴子爬着走，袋鼠跳着走等。

引导宝贝做小小科学家。其实面对宝贝的强烈好奇心，我们要做的不仅仅是防止出"事故"，还应仔细观察宝贝的兴趣，主动引导宝贝像科学家一样进行科学实验，如沉浮实验、溶解实验、平衡实验、物体运动实验等，这些实验简单、易操作，宝贝能很明显地看到实验结果，发现科学现象，但是对于一些比较深奥的、需要抽象思考的科学现象如电的产生、声音的传播原理、力的分解组合等就不适合宝贝探究了，需要等孩子长大一些再进行。

爱当小领袖

游戏中，别的小朋友做什么都听他指挥，由他安排，小朋友喜欢和他在一起，形成以他为中心的一个小群体，而他也感到非常自豪，好像自己真的就是小领袖。

> **您的担心：**
> 孩子各方面能力都很强，小朋友们非常喜欢他，甚至有点崇拜他，都管他叫"大王""超人"，而他也很享受。不知道这样对孩子的发展好不好。该怎样对待孩子的行为？

他渴望别人的关注与认可

每个人都有获得他人关注与认可的需要，孩子也一样，他渴望小伙伴跟他玩，渴望在集体中确立自己的地位。当大王、当英雄正是他赢得别人关注、吸引同伴围绕在身旁的方式。

怎样引导他？

· **利用教师行为引导。** 教师的行为对班级中其他幼儿的行为有重要的引导指向作用。所以，您不防与孩子所在班级的老师取得联系，让老师在日常生活中通过提问、爱抚、表扬等方式多给予宝贝关注，在教师"权威"榜样行为的带领影响下，班级中其他孩子也自然会给予宝贝更多关注。

· **教给宝贝获得别人关注的正确方法。** 如可以直接告诉宝贝，要多关心帮助小朋友、不抢小朋友的玩具、愿意把自己的玩具借给小朋友玩等才能交到很多的小伙伴、好朋友。

他模仿"大王"形象

孩子特别喜欢看各种超人、大王的动画片，如奥特曼等。这些角色是孩子所喜欢和向往的，所以他喜欢去模仿，在与小伙伴玩的时候也爱充当小领袖。

怎么办？

·有意学习"大王"值得孩子学习的品质。如当孩子摔倒了哭或者进行智力拼图不耐心的时候，告诉孩子自己是奥特曼，要学会坚强和勇敢，遇到问题要动脑筋想办法解决；当孩子不爱吃菜、不想学本领的时候，告诉孩子只有各方面做得都比别的小朋友好才算真正的"大王"；等等。

·坚决制止。当孩子因模仿"大王"而出现好动、攻击性行为、争强好胜等行为时，坚决予以制止。尤其要让孩子明白不是打架厉害就是"大王"。

他的确能力很强

孩子各方面能力都很强，在同伴中表现突出，老师经常表扬他，班级中其他的孩子也都喜欢围绕在他周围，形成以他为中心的交往方式。

怎么办？

实施"扬长""避短"两种策略。

※"扬长"的策略有：

·珍惜与保护孩子当"大王"所必须具备的全面思考问题、乐观、自信等特质，鼓励他发展个性、不断完善自我；

·利用孩子"大王"的角色意识，引导他发挥"大王"在各方面为人表率的作用，并不断力争在各方面都做小朋友的学习榜样。

※"避短"的目的在于避免孩子由于当"大王"可能出现的自大、盲目乐观、承受不了批评等行为。策略有：

·慎用表扬，不随便而频繁地说孩子很棒，就算表扬也一定要就事论事；

·有意通过忽略、不关注等方式淡化孩子"大王"、领袖形象，让孩子感觉爸爸妈妈对他当"大王"不感兴趣；

·帮助孩子了解发现自己的不足之处，认识到别的小朋友也有值得学习的优点，体会"山外有山"。如隔壁的乐乐画画很好，要向他学习等。

·适当增强孩子的任务难度。如可找比孩子大的同伴一起比试，让孩子不满现状，不断挑战自我。

> **妈妈的话：**
>
> "孩子是奥特曼迷，时常能看到孩子拿着玩具大叫'我是超级大王'，并做各种危险动作吸引孩子们围绕在他身旁。发现这一现象后，我找孩子谈话，引导他理解奥特曼受到尊重是因为他帮助别人。与此同时，我与老师沟通，利用孩子画画本领比别的小朋友强的优势帮孩子树立形象。现在老师有意的鼓励与赞扬，同伴的羡慕让孩子画得更起劲了，而他对当奥特曼大王的兴趣也逐渐减退了。"
>
> 妈妈马丽　儿子五岁七个月

孩子说话很"伤人"

早上来园，我正在幼儿园门口接待小朋友，突然听到一个孩子在大声叫喊："我打死你，你滚开，你滚开！"循声望去，原来是我班的奇奇，正在对送他上幼儿园的奶奶发脾气。我急忙迎上去询问原因。奶奶气呼呼地告诉我，奇奇早上出门前非要吃糖，但是奶奶不同意，于是奇奇气得不想上幼儿园，路上边走边愤怒地对奶奶说，"我打死你""我要杀死你这个老太婆""我恨死奶奶了"……这让奶奶很伤心，不知道孩子最近从哪儿学来这些恶毒的话！我先安抚了奶奶几句，随后把奇奇带回了班级。

区域活动时间，孩子们都在专注地玩游戏。奇奇用插片插了一把枪，刚开始，他在自己的座位上玩，过了一会儿他跑到角色区，戴上警察的帽子和小朋友玩起了"警察抓坏人"的游戏。他拿着自己插的手枪，对着乐乐说："举起手来，不然我就打得你脑袋开花！"乐乐吓得哇哇哭了起来。我赶紧搂过奇奇，问他为什么要对奶奶和小朋友说这样不好听的话，奇奇说："我觉得这样好玩，我看打仗片的时候人们就这样说。"奇奇边说边乐出了声，"打得脑袋开了花"……

生活中，很多家长都遇到过孩子爆粗口的现象。听到自己辛苦养育的孩子说出这样恶毒的话，怎能不伤心？要是在大庭广众之下，孩子这样说话，会让你觉得自己没有管教好孩子。而且，如果孩子在外面和小朋友这样说话，甚至可能引发大人之间的"战争"。

孩子为什么说狠话？

如果家长自己平时很少这样说话，而孩子却在某个时间段里频繁爆粗口，就要思考一下，近期孩子是不是在电视或网络媒体上接触到了这样的内容。我们都知道，模仿是孩子很重要的一种学习方式，如果孩子近期特别沉迷某个节目，里面有这样的狠话，孩子会很快学会，并运用到生活中。就像案例中的奇奇，因为迷恋看抗日战争片，剧中的日本人说"死了死了的""杀了你"之类的话，孩子就会在生活中学习和模仿。有时，孩子在幼儿园或者在其他公共场所听到有人说这种"狠话""脏话"，因为这些话是他平时没有听到过的，他会感觉很新鲜，所以会很快记住并尝试运用。

不仅如此，3—6岁是孩子口头语言学习的关键时期，此时的孩子语言表达能力快速发展，他会尝试运用各种不同的语句。在学习过程中，孩子会发现，除了让人高兴的话，也有很多话说出来后会引起别人强烈的反应，比如，大人会非常生气，表情很夸张。而且，家长越生气，孩子越觉得开心，越觉得好玩、刺激。

此外，随着自主性的发展，孩子开始想要显示自己的力量，自主决定做还是不做某些事情，这直接导致了孩子自主与成人要求之间的矛盾。案例中的奇奇就是这样，他迫切想尝试"主宰"世界，感受自己的力量，但是奶奶总是对自己约束很多，不让干这，不让碰那，这让他很恼火，每当这时，他就会借"狠话"来发泄自己的不满与无助。

怎样对待孩子的狠话？

平时也有很多家长跟我反映孩子说狠话的问题，这好像是一个很普遍的现象。很多孩子都经历过类似的阶段，包括我自己的孩子。所以，遇到孩子说狠话，家长不必太担心，只要正确引导，这种现象很快会消失。以下是我针对奇奇说狠话的现象给家长提的建议，如果你也遇到了类似的困扰问题，不妨试试以下方法。

1. 自然度过"新鲜期"。说狠话、爆粗口是孩子语言学习过程中的一种尝试，也是儿童发展过程中的一种常见现象，所以家长不用过分紧张。很多孩子只是缘于好奇，说说而已。事实上，他们对于"死""杀"这些词的真正含义并不了解。过了新鲜期，当孩子专注于其他事情，也知道这样说不对的时候，就会回归到之前那种正常的说话状态中来。

2. 不妨"装聋作哑"。"我踢死你""我揍死你"，当这些"狠话"从天真无邪的宝贝嘴里蹦出来，难免让我们做父母的毛骨悚然，甚至火气冲天。但是，如果我们这样做了，正好中了宝贝的"计"！因为他说狠话就是想看你的反应呢！所以，这个时候，我们一定要冷静，不要抓着"杀"

"死"这样的词不放，更不要说"你这孩子，怎么这么坏"之类的话。孩子的狠话是无心的，他发泄一下不满情绪之后自然就好了。而成人的反应越激烈，越会让孩子感受到狠话的威力，反而激发他以更加狠的方式来反复尝试。所以，面对孩子的狠话，不妨"装聋作哑"，或者平静地告诉孩子，"这样说话妈妈不喜欢"，以表明你的态度。看你不在乎的样子，孩子很可能觉得无趣，就此放弃说这些话了。

3. 切断狠话的源头。孩子说狠话一定是学来的，根源可能是别人，可能是家人，还可能是电视动画片等。外在因素不可避免，但是自己家人的行为、电视和网络媒体等是我们可以控制的。所以，要想从根源上避免孩子说狠话，平时家里人之间说话就要尽量使用文明的语言，不乱发脾气，不互相侮辱，不说难听的字眼，更不能打人，哪怕是开玩笑也不行。对孩子也要尊重，说话做事彬彬有礼，即使孩子错了，也要耐心地劝导、讲道理，通过言传身教让孩子知道什么样的行为是好的，什么样的言行是大家所不喜欢的。

平时尽量避免给孩子看凶杀、暴力之类的影视片，选择一些能让孩子增长智慧、学会与人友好相处的动画片，如《小熊维尼历险记》《大头儿子和小头爸爸》《大耳朵图图》等。我自己的孩子有一段时间也是突然开始爆粗口，经过观察发现，这个粗口的源头就是电视，因为那段时间孩子疯狂迷上了抗战片，喜欢里面打打杀杀以及"杀死""宰了"这样的话。后来我和家人沟通，不再给孩子看这类电视剧，坚持三四个月，孩子真的就不再说那些狠话了。

4. 与孩子共情。孩子不高兴、说狠话发泄的时候，可以先让他发泄一下，等他安静下来之后，再用温暖的话去引导他。比如，你不让孩子吃雪糕，孩子说"你是坏妈妈，我打死你"之类的话时，你不要训斥他，而是这样跟他说："宝贝，你很想吃雪糕是吗？其实妈妈也喜欢吃雪糕，但是有一次妈妈吃完雪糕拉肚子，还去医院打针了呢。"听你这样讲，孩子会感受到来自你的共情，并知道了自己那样做的后果，往往就能比较好地控制住自己的情绪，而不再继续用狠话来发泄自己的不满。

如果孩子的情绪很激烈，一时难以控制，也可以让他尽情发泄，等他完全稳定下来的时候，再找一个安静的时间，比如入睡前，你搂着孩子一起聊天，说一说白天发生的事情。这时，你再温和地告诉孩子，他那样对妈妈说话，妈妈很难过，下次不高兴的时候，可以直接告诉妈妈"我生气了""我很不高兴"等等。平静时的沟通，远比愤怒时的禁止效果要好很多。

面对孩子"伤人"的话，以伤制伤只能是两败俱伤，而以柔克刚，以情疗"伤"，能将幼儿的"狠话""伤人话"消弭于无形，让孩子成为有爱心的"暖宝"。

喜欢玩结婚游戏

孩子非常喜欢和小朋友玩过家家游戏，最近迷上了和小男孩玩结婚甚至是生孩子的游戏，并且乐在其中，孩子这么早熟吗？为什么孩子喜欢玩这样的游戏？面对孩子的游戏行为我要不要阻止？

为什么早早年纪就喜欢结婚？

看到孩子小小年纪就玩这样的游戏，家长可能会感觉不好意思，更可能会着急，很焦虑，因为家长心里想孩子玩的这些游戏不健康，而且这么早就玩这些游戏，这太不正常了，这将来还得了？孩子还这么小，怎么会懂得这么多？但是仔细观察孩子们的游戏行为，我们会发现事实并非我们所想象的那样。

1. 孩子在模仿现实生活。过家家游戏是角色游戏的一种，是对一种生活现象的模仿，是对生活中所观察现象的再现。孩子这么玩一定是您带孩子参加了婚礼，或者孩子从电视上看到婚礼或者结婚的场面，故事中有过关于婚礼的内容，孩子看到了，喜欢里面的热闹场面，喜欢里面的人物，就会在游戏中模仿。正因为是模仿，孩子对结婚的理解和我们的理解是不同的，不能将"大人之心"与"幼儿之意"画等号，此"结婚"非彼"结婚"。

2. 孩子向往体验成人世界。孩子们非常向往成人的世界，都想体验一下，结婚、生孩子都是大人做的事情，孩子们很好奇，就会尝试体验，而且往往是成人越阻拦，孩子越想玩。

3. 他开始关注结婚、生孩子的事情。孩子5岁了，开始对男女差别有认识，也会对"什么是结婚""小宝贝怎么来的"这样的问题感兴趣。

要不要阻止？

当然不要阻止。阻碍是阻止不了的，在家长的干预下，孩子可能这时停了，但孩子对结婚的好奇和兴趣不会停止，换个场合，只要有条件孩子还会玩。家长横加阻拦，孩子想体验的事情不能得以体验，情感得不到满足与发泄，将会影响孩子将来心理的正常发展。

喜欢玩结婚游戏不是什么见不了人的事，这样的孩子更不是"坏孩子"，孩子喜欢游戏就让他尽情地去玩，如果孩子提出关于结婚、生孩子的问题，我们还可以抓住孩子的兴趣点，对孩子进行相关的教育。

具体如何应对？

1. 不干预，孩子想玩就让孩子尽情地玩。这些在大人看来的结婚、生孩子在孩子眼中就是一个好玩的游戏，所以不用管他，等过一段时间，孩子的关注点转移的时候，他们自然就不玩这样的游戏了。

2. 多沟通，抓住机会进行引导。过家家是孩子们非常喜欢的游戏，能让孩子认识很多的家庭角色，如爸爸、妈妈、小姨、姐姐等，结婚游戏让孩子拥有了一个了解和感受新郎和新娘的机会，我们应该高兴，游戏之余，您可以和孩子一起聊聊游戏内容？今天玩了什么游戏？你扮演的谁？你们都做了哪些有趣的事情？你最喜欢干什么？等等。了解孩子的心理和兴趣点，还帮助孩子认识角色特点。

3. 多利用有意义的绘本解读孩子的问题。如果孩子问到结婚的问题，也不要不好意思，可以正面地给孩子讲讲男女角色的不同，可以正面地告诉孩子，当男孩和女孩长大了以后，会和喜欢的人结婚，结婚之后生宝贝，每个家庭都是由爸爸妈妈和宝贝组成的，比如我们自己的家，爸爸爱妈妈，妈妈喜欢爸爸，我们相互喜欢，就结婚了。您看这是一件多好的事情啊，孩子不仅能快乐地游戏，还懂得了很多两性知识，社会性也得到快速的发展。有一些绘本可以帮助我们解答孩子关于结婚的问题，如《小猪的婚礼》《白雪公主》《蚯蚓要结婚》《植物王国的结婚仪式》等，能让孩子了解更多关于结婚的内容，让孩子对结婚有更多了解。

第三部分
生活化、游戏化的亲子游戏设计

30个音乐游戏 ——敲响成长乐章

音乐游戏是游戏的一种，音乐游戏是借用游戏的形式以发展幼儿音乐能力的一种音乐活动。音乐游戏是儿童诸多游戏中的一种，在愉快的游戏中不仅能提高音乐的感受力、表现力和创造力，也能够促进交往能力、合作能力和自控能力乃至更多能力的发展，能促进宝贝良好学习品质的养成。无论是歌唱游戏、节奏游戏、还是各种律动游戏，都能让孩子在快乐的、愉快的、"不强迫"的音乐氛围中获得音乐素养的提高，同时获得愉悦的情感体验。在家庭开展亲子音乐游戏无论是对宝贝还是对家长都大有益处。

以下的亲子音乐游戏分3—4岁、4—5岁、5—6岁展示，为家长朋友提供了很多简单、易操作的小游戏，很多歌曲都是经典的、耳熟能详的幼儿歌曲，都是容易开展音乐游戏的作品。家长可以参照介绍开展游戏，也可以和孩子一起研究新的游戏玩法，但一定不能为了游戏而游戏，一定要注意游戏中音乐"元素"的体现，要实现"音乐性"与"游戏性"的完美结合。

许多游戏都不是固定年龄段的，增加游戏难度，改变游戏玩法，一个音乐作品可以适用于多个年龄段的幼儿。

第一部分：3—4 岁

1. 五官游戏

游戏音乐：《小手拍拍》

游戏目的：学唱歌曲，认识五官，感受和父母一起玩找五官游戏的快乐。

游戏玩法：与孩子共同听一听《小手拍拍》歌曲，边听边根据歌曲内容做拍手、伸手指等动作，当唱到"眼睛在那里？用手指出来"时与幼儿一起边唱边指一指自己的五官在哪。还可以请孩子指一指家长的五官或者是两人相互指对方的五官。当歌曲唱完，宝贝都指对后，妈妈要抱抱宝贝，亲亲宝贝。当幼儿逐渐熟悉音乐后，妈妈还可以接着问宝贝，"膝盖在哪里""头发在哪里"，或者是家里的东西"被子在哪里"等等，增加游戏的趣味性。

适宜年龄：3—4 岁

温馨提示：为了防止伤害到眼睛，玩游戏时候请幼儿在床上或者是椅子上坐好进行，在游戏中也可抓住契机，教幼儿保护眼睛的方法。

2. 猫捉老鼠

游戏音乐：《猫捉老鼠》

游戏目的：倾听音乐，跟音乐有节奏地做老鼠跑、吃米、睡觉的动作，感受与家长共同玩音乐游戏的乐趣。

游戏玩法：音乐开始时，与孩子一起听着音乐模仿小猫走路的动作。当孩子逐渐熟悉音乐时，与孩子讨论，小猫可以在唱到哪一句的时候藏起来？可以藏在家中什么位置？唱到哪一句的时候猫妈妈去找小猫？当孩子熟悉规则后，可以听着音乐，根据制定的游戏规则与孩子一起玩"找小猫"的游戏。

温馨提示：可邀请多名家长一同游戏，增加游戏的趣味性。在讨论时，一定要提醒孩子哪里是安全的，可以躲藏的，哪里是危险的，不能够躲藏的。

3. 小兔乖乖

游戏音乐：《小兔子乖乖》

游戏玩法：妈妈从外面回来的时候，可以学着大灰狼的声音在门口唱"小兔子乖乖，把门儿开开，快点儿开开，我要进来"，宝贝在门里边接唱"不开不开就不开，妈妈没回来，谁来也不开"，之后妈妈换温柔的声音唱第二段，之后宝贝边唱边给妈妈打开门。兔妈妈和兔宝贝拥抱在一起。妈妈要及时鼓励宝贝，懂得保护自己，不给坏人开门。

适宜年龄：3—4 岁

温馨提示：玩游戏之前先给宝贝讲述小兔子和兔子妈妈打大灰狼的故事，这样能更好地帮助孩子理解歌曲内容，并通过游戏表现歌曲内容。

4. 抓老鼠

游戏音乐：《一只小老鼠》

游戏目的：学唱歌曲，通过角色扮演感受亲子游戏的快乐。

游戏玩法：妈妈和宝贝分别扮演小老鼠和老猫表现歌曲内容，当唱到"一只小小老鼠，出来偷吃白米"的时候老鼠偷偷摸摸出来，偷吃白米，之后"一只老猫看见，立马抓住它"，扮演老猫的角色将小老鼠抓住。角色可以互换。游戏过程中要提醒幼儿根据节奏表现动作。

适宜年龄：3—4 岁

5. 敲鼓

游戏音乐：《大鼓小鼓》

游戏目的：感知声音的强弱，并能在象声词处按音乐节奏敲击。体验亲子打击游戏的乐趣。

游戏玩法：过年的时候，到处锣鼓声声，这个时候不妨和孩子一起也来玩个敲鼓的游戏，如果家里正好有大鼓、小鼓最好，如果没有或可找些盆和擀面杖、小棍等用具来代替也可以。听着大鼓小鼓的音乐，妈妈和宝贝分别敲大鼓和小鼓来给歌曲伴奏，当歌曲中唱到"嗵嗵嗵"的时候，妈妈用力敲盆敲出节奏，当唱到"咚咚咚"的时候，宝贝跟着节奏敲小鼓，游戏可反复进行，家长和幼儿也可以互换乐器进行游戏。

适宜年龄：3—4 岁

6. 鸭子戏水

游戏音乐：《母鸭带小鸭》

游戏玩法：游戏开始前，妈妈先和宝贝一起听几遍音乐，听听歌曲里面都唱了什么？都有谁？都在干什么？然后妈妈当鸭妈妈，宝贝当小鸭，带着宝贝做出鸭子的动作，在水里游来游去，音乐间奏的地方，鸭妈妈可以亲亲小鸭，抱抱小鸭。

适宜年龄：3—4 岁

温馨提示：游戏的过程中，妈妈要提醒宝贝要有节奏地做出动作。也要鼓励宝贝大胆表现鸭子的样子。游戏可以在家里进行，也可以在小区或者公园里随时进行。

7. 碰一碰

游戏音乐：《碰一碰》歌曲

游戏目的： 学唱歌曲，通过游戏表现歌曲内容，感受亲子身体接触的温馨与快乐。

游戏玩法： 播放音乐《碰一碰》，妈妈和宝贝随意站在客厅空旷的地方，边听音乐边有节奏地做动作，当唱到"找一个朋友碰一碰找一个朋友碰一碰"时边跟随节奏拍手边随意行走找朋友，当唱到"碰哪里？"时，面对面站到找到的朋友面前，当唱到"鼻子碰鼻子"时，家长和宝贝用鼻子亲密地碰碰，当唱到"小手碰小手"时，朋友之间相互击掌欢呼。不唱歌词的地方原地拍手。等熟悉歌曲内容以后，可以不用音乐，自唱自玩，要碰的身体部位也可以自己决定，比如可以选择"屁股碰屁股""嘴巴碰嘴巴"等，增加游戏的趣味。

适宜年龄： 3—4 岁

温馨提示： 游戏可以在家庭的客厅里进行，天气暖和的时候也可以在户外进行，家里人多的时候两两一组集体玩会更有意思。

8. 小鱼游

游戏音乐：《许多小鱼游来了》

游戏目的： 学唱歌曲，能跟随歌曲内容和爸爸妈妈一起玩小鱼和捕鱼人的游戏，感受亲子游戏的快乐。

游戏玩法： 这个游戏需要爸爸、妈妈和宝贝一家人一起玩。游戏开始，播放准备好的音乐，妈妈和宝贝相向站立双手相握高举扮作渔网，爸爸扮演小鱼跟随音乐在网的四周游来游去，当听到"快快捉住"时，爸爸"假装"被渔网捕住。

等宝贝熟悉游戏内容后，可以选择当小鱼，家人之间相互换角色体验。

适宜年龄： 3—4 岁

9. 大猫小猫

游戏音乐：《大猫小猫》

游戏目的： 学唱歌曲，能跟随歌曲内容和爸爸妈妈一起玩大猫小猫的游戏，在游戏中感受声音的强弱。

游戏玩法： 游戏开始，播放准备好的音乐《大猫小猫》，妈妈和宝贝一个扮演大猫，一个扮演小猫跟随音乐内容唱歌，大猫用大的声音唱，小猫用很小的声音唱歌。角色可以互换，尤其宝贝可能更喜欢扮演大猫。游戏过程中，不仅可以用声音的强弱表现大猫小猫，还可以用动作来配合，比如大猫唱的时候做出威武高大的样子，小猫唱的时候蹲下来表现出弱小的样子。

适宜年龄： 3—4 岁

10. 小青蛙

游戏音乐：《小青蛙》

游戏目的： 有节奏地学说儿歌，在和父母共同扮演的游戏中感受亲子游戏的快乐。

游戏玩法： 家长先带孩子根据节奏读两遍儿歌，之后家长和宝贝分角色边说儿歌边游戏，妈妈当害虫，宝贝当青蛙，当说"一只小青蛙，呱呱呱呱呱"的时候，宝贝蹲下身体学青蛙有节奏地跳，当说到"害虫飞来啦"时，妈妈做出害虫飞的样子，之后边说"一口吃掉它"宝贝边抓住妈妈边做出吃害虫的样子。

儿谣：《小青蛙》

1 = 4/4

× × × × × —｜× × × × × —｜
一 只 小 青 蛙，　呱 呱 呱 呱 呱，

× × × × × —｜× × × × × —｜
害 虫 飞 来 啦，　一 口 吃 掉 它。

适宜年龄：3—4 岁

温馨提示：为避免孩子在游戏过程中发生危险，建议在家中比较空旷的空间进行游戏，为增加游戏的趣味性，也可以增加家庭成员进行游戏。

11. 小兔和狼

游戏音乐：《小兔和狼》

游戏目的：学唱歌曲，巩固双脚跳的能力，体验角色扮演的乐趣。

游戏玩法：宝贝扮演小兔子，当音乐开始，宝贝边唱歌边随音乐模仿兔子有节奏地跳。当歌曲唱到"风儿轻轻吹，树叶沙沙响"的时候，宝贝的双手放在耳朵上面做听声音的动作。唱到"哎呀，狼来了"的时候，扮演大灰狼的爸爸朝着宝贝所在的方向去捉宝贝，宝贝赶紧躲到妈妈扮演的大树后面藏起来，爸爸可以假装找找然后说："哎，没有发现美食，我到别的地方去找吧。"

适宜年龄：3—4 岁

温馨提示：当熟悉歌曲后，爸爸妈妈和宝贝可以互换角色，在游戏中可以添加一些道具，增强游戏的情景性。

歌词：

小兔和狼

小小兔子跳呀跳呀跳到树林里，竖起耳朵仔细听。

风儿轻轻吹，树叶沙沙响，哎呀，狼来了。

12. 小羊捉迷藏

游戏音乐：《小羊钻山洞》

游戏目的：学唱歌曲，学会用小碎步钻山洞。

游戏玩法：爸爸妈妈和宝贝共同扮演小羊，随音乐边咩咩叫边模仿小羊跑、跳。当音乐唱到"钻进山洞找不着"的时候，爸爸妈妈躲到桌子下面或者其他房间藏起来，让宝贝找。角色可以互换，可以妈妈和宝贝藏，爸爸找，大人要做出故意找不到宝贝的动作，增加游戏趣味。

适宜年龄：3—4 岁

温馨提示：可以在户外真正的山洞里和幼儿一起玩，和宝贝一起扮演小羊。

歌词：

小羊钻山洞

羊儿跑，羊儿跳。羊儿羊儿咩咩叫。羊儿跑，羊儿叫，钻进山洞找不着。

13. 小小毛巾爱玩水

游戏音乐：《小毛巾》

游戏目的：学唱歌曲，跟随歌曲内容与父母一起和小毛巾做游戏，在游戏中学习洗脸的方法。

游戏玩法：在洗脸之前，准备好小毛巾，并与孩子共同听一听《小毛巾》歌曲，与孩子共同说一说歌曲里小毛巾都洗了哪些地方，还跟哪些地方亲嘴啦？之后，听着音乐，宝贝自己学着洗脸，歌词唱到什么地方就用毛巾洗相应的部位，擦眼睛、擦鼻子、擦嘴、擦脖子。当孩子逐渐熟悉音乐后，可以与孩子一起讨论，还有哪里没有擦到，可以把额头、脸等部位也加进歌词里边。

适宜年龄：3—4岁

温馨提示：游戏的过程中，妈妈可以和宝贝一起用毛巾做洗脸游戏，要注意帮孩子把毛巾拧干净，以免弄湿衣服，另外在洗澡时也可以和孩子改编歌词边唱边洗，把歌词修改为"小小毛巾爱玩水，洗了胳膊、洗了肚子"等。

第二部分：4—5岁

1. 龟兔赛跑

游戏音乐：《龟兔赛跑》

游戏目的：感受××××｜××××｜和××× ×××｜的不同，感受亲子游戏的快乐。

游戏玩法：给宝贝讲述龟兔赛跑的故事，然后和宝贝一起商量角色，玩家庭版龟兔赛跑的游戏，游戏规则是每个角色一定要按照节奏型跑。然后妈妈和宝贝站在同一起跑线开始赛跑，跑的时候嘴里要有节奏地说着儿歌，脚步要跟随音乐有节奏地前进。活动结束后要问问宝贝谁赢了，为什么会赢，小乌龟和小兔子走路有什么不同。巩固对节奏的理解。

歌词：

龟兔赛跑

小乌龟：××××｜××××｜

小乌龟呀，慢慢爬呀。

小兔子：××× ×××｜××× ×××｜

小兔子，蹦蹦跳，小兔子，蹦蹦跳。

节奏游戏：

2. 小帮手

游戏音乐：《小帮手》

游戏目的：学习节奏 × ×× | × ×× | × × | ×— |，感受节奏歌谣的韵律美，感受亲子共同劳动的快乐。

游戏玩法：在妈妈做饭的时候或者做家务的时候，让宝贝帮忙做力所能及的事情，同时妈妈带着宝贝一起边干活儿边说节奏儿歌，比如：

洗萝卜 | 洗 萝卜 | 切切 | 切— |

包饺子 | 包 饺子 | 捏 捏 | 捏— |

洗衣服 | 洗 衣服 | 搓搓 | 搓— |

好孩子 | 好 孩子 | 棒 棒 | 棒— ‖

节奏儿歌中的词妈妈可以灵活变化，等宝贝长大了，也可以鼓励宝贝一起进行歌词的创编。

适宜年龄：4—5 岁

3. 踏青

游戏音乐：《郊游》

游戏目的：学唱歌曲，能跟随歌曲内容和爸爸妈妈玩牵手郊游的游戏，在游戏中感受固定拍及家庭成员集体郊游的快乐。

游戏玩法：阳光明媚的假期，在家里或者是在郊游的路上，爸爸妈妈和宝贝一起手拉手边唱歌边有节奏地跟着歌曲行进。唱到"走走走走走，我们小手拉小手，走走走走走，一同去郊游"时，一起有节奏地走，一起拉手，唱到"白云悠悠"时可以高举双手像白云一样飘荡。

适宜年龄：4—5 岁

4. 拉圈圈

游戏音乐：《拉个圆圈走走》

游戏目的：学唱歌曲，能跟随歌曲内容和爸爸妈妈一起玩拉圈走、拉圈跑的游戏，在游戏中锻炼反应能力，感受亲子游戏的快乐。

游戏玩法：爸爸妈妈和宝贝一起手拉手围成圈，音乐开始，爸爸妈妈和宝贝一起跟着音乐节奏拉着圈走，能快速地蹲下和站好。游戏中妈妈和爸爸可故意输给孩子，让孩子感受自己反应最快的自豪。

适宜年龄：4—5岁

温馨提示：拉圈跑的时候不要太快，否则容易摔倒。

5. 小老鼠上灯台

游戏音乐：《小老鼠上灯台》

游戏目的：会有节奏地说儿歌，能用简单动作模仿表现儿歌内容，体验亲子表演的乐趣。

游戏玩法：妈妈和宝贝一起边有节奏地说儿歌边做动作。"小老鼠上灯台，偷油吃下不来"，妈妈扮演老鼠慢慢地爬到高高摞起来的被子上，唱到"喵喵喵，猫来了"的时候，扮演小猫的宝贝朝着妈妈所在的方向一步一步地走去。到歌词"叽里咕噜滚下来"的时候，妈妈被猫宝贝吓得从被子上面滚落下来。等熟悉游戏后，可以宝贝扮演淘气的小老鼠，妈妈扮演猫。

适宜年龄：4—5岁

温馨提示：玩游戏的场地要合适，可以是床上，可以是沙发上，要确保滚落时的安全。天气好的时候，可在室外有草的山坡上进行。

6. 小司机

游戏音乐：《汽车开来了》

游戏目的：能够根据歌词内容变化做出不同动作。能通过游戏了解并遵守基本的交通规则。

游戏玩法：首先请幼儿的爸爸扮演司机，妈妈和幼儿扮演乘客，一个接一个拉住爸爸的衣服，爸爸手持方向盘，假装开车。"叭叭叭"时司机停住依次按喇叭三下，"汽车开来了"司机出发，向前行进。"看见红灯不能走"时，需要遵守交通规则停住不能走，"看见绿灯快快走"时汽车提速前进。重复游戏时可以请幼儿或家庭其他成员当司机进行游戏。开车游戏的过程中要注意走的步伐要跟随音乐节奏。

适宜年龄：4—5岁

温馨提示：在宽敞的家庭场地进行游戏，家长提醒幼儿要遵守交通规则。如果有玩具方向盘更好，可以增加游戏的情境。

7. 骑毛驴

游戏音乐：《小毛驴》

游戏目的：学唱歌曲，能跟随歌曲一起与父母游戏，在游戏中感受乐句、体验亲子游戏的乐趣。

游戏玩法：播放音乐《小毛驴》，爸爸扮演小毛驴的头，妈妈扮演小毛驴的身体和尾巴，妈妈弯腰抱住爸爸的腰，宝贝扮演小毛驴的主人。第一句"我有一只小毛驴我从来也不骑"，爸爸妈妈原地不动，宝贝抚摸着爸爸妈妈，第二句"有一天我心血来潮骑着去赶集"，宝贝骑在妈妈的后背上，妈妈在爸爸的后面拉着爸爸的衣服一起向前走，第三句"我手里拿着小皮鞭我心里真得意"爸爸妈妈和宝贝一起向前跑，宝贝做赶毛驴的动作，嘴里说着"驾，驾"，第四句"不知怎么哗啦啦啦啦啦我摔了一身泥"。爸爸妈妈和宝贝一起摔倒在地，滚成一团。

适宜年龄：4—5岁

温馨提示：提醒宝贝有节奏地做动作，不能只顾游戏不唱歌，或者动作不跟节奏。游戏可以在家里进行也可以在户外草地上进行。

8. 小动物走路

游戏音乐：《小动物走路》

游戏目的：能根据歌曲内容学习模仿各种小动物不同的生活习性和行走方式，能够根据固定拍进行蹦跳，行走。

游戏玩法：幼儿与家长最开始可以一起进行扮演小动物进行游戏，"小兔走路"时可鼓励幼儿模仿小兔子的神态例如举兔耳朵，"蹦蹦蹦蹦跳"时两脚并齐有节奏地跳。"小鸭走路"时摆小鸭子动作，像长个小尾巴，"摇呀摇呀摇"时左右摆动身体。"小乌龟走路"时模仿乌龟动作，"慢吞吞"模仿乌龟爬行慢慢爬。"小花猫走路"时模仿轻盈的小猫可以喵喵叫，"静悄悄"轻轻走路。熟悉游戏后可以与家长分角色进行游戏，带上头饰，能够使幼儿更加明确角色。

适宜年龄：4—5 岁

温馨提示：游戏熟悉后可请幼儿大胆创编不同小动物加入歌曲中。此外，本歌曲涉及多个角色，如果家里人多，可以每个人扮演一个动物进行游戏。游戏过程中如果有小兔子、小鸭子、小花猫、小乌龟头饰，游戏就更有趣。

9. 开汽车

游戏音乐：《开汽车》

游戏目的：能听辨歌曲中固定乐句"｜咿呀　咿呀　呦—｜"。尝试在固定乐句"咿呀咿呀呦"时做不同的动作。

游戏玩法：本游戏最好是爸爸妈妈和宝贝一起玩，音乐开始前，三个人站一列，当作汽车。音乐开始，和孩子一起唱着歌开汽车，当听到"咿呀咿呀呦"的时候，司机做"踩刹车""按喇叭"等动作，后面的乘客听到"咿呀咿呀呦"的时候可以随音乐扭一扭身体等。家长要以自己的动作带动宝贝用动作表现出节奏。

适宜年龄：4—5 岁

温馨提示：游戏中尽量给幼儿相对空旷的地方，让幼儿能够做相对幅度比较大的动作。

第三部分：5—6 岁

1. 吃饭团

游戏音乐：《吃饭团》

游戏目的：感知节奏×××｜×××－｜，在节奏游戏中体验亲子互动的快乐。

游戏玩法：在妈妈做饭的时候或者准备吃饭之前，妈妈边干活儿边带宝贝一起有节奏地说儿歌。具体可根据吃饭的内容进行改编歌词内容，如将"饭团子"改编为"大馒头""肉包子""烤面包"等。

×　××　｜　×　××｜×　××－｜
饭　团子，　饭　团子，香　喷喷。

×　××　｜　×　××｜×　××－｜
饭　团子，　饭　团子，么　么么。

×　××　｜　×　××｜×　××－｜
饭　团子，　饭　团子，进　肚里。

适宜年龄：5—6 岁

节奏游戏：

2. 土豆丝　土豆皮

游戏音乐：《土豆丝　土豆皮》

游戏目的：感知节奏ｘｘ ｘｘ｜ｘ ｘ｜。在节奏游戏中体验亲子互动的快乐。

游戏玩法：

玩法一：家长和幼儿面对面坐在一起，边说儿歌边有节奏地一起玩拍手的游戏。说"土豆"的部分，宝贝和妈妈分别拍手，说"丝"和"皮"的时候，去拍对方的手。

玩法二：说"土豆"的时候跺脚，说"丝"和"皮"的时候自己拍手或者去拍对方的手。

2/4 ｘｘ ｘｘ｜ｘ ｘ｜ｘｘ ｘｘ｜ｘ ｘ｜ｘｘ ｘ｜ｘｘ ｘ｜ｘｘ ｘ｜ｘ - ‖

土豆 土豆 丝 丝 土豆 土豆 皮 皮 土豆 丝 土豆 皮 土豆 丝 皮。

适宜年龄：5—6岁

3. 你问我答

游戏音乐：《你问我答》

游戏目的：在问答游戏中感受节奏。

游戏玩法：日常生活中随时可以玩这个节奏问答游戏，妈妈有节奏地问，宝贝有节奏地回答，一问一答在音乐游戏中沟通交流。例如：

问：

　　小宝贝 ｜ 我问你 ｜ 你的 玩具 ｜ 在哪 里｜

　　小宝贝 ｜ 我问你 ｜ 你家 楼房 ｜ 在几 层｜

　　小宝贝 ｜ 我问你 ｜ 你的 名字 ｜ 叫什 么｜

答：

　　好妈妈 ｜ 告诉你 ｜ 我的 玩具 ｜ 在这 里｜

　　好妈妈 ｜ 告诉你 ｜ 我家 楼房 ｜ 在六 层｜

好阿姨 | 告诉你 | 我的名字 | 叫乐乐 |

适宜年龄：5—6 岁

温馨提示：玩问答游戏可以随时根据生活情境开展，很随机。

4. 读古诗

游戏音乐：《读古诗》

游戏目的：学习朗诵经典古诗，感受不同的节奏型以及多种节奏诵读的乐趣。

游戏玩法：晚上睡觉前或者白天需要安静的时候，妈妈带着宝贝按一定的节奏进行《悯农》古诗朗读。读的过程中妈妈还可以带着宝贝一起边有节奏地拍手，边运用不同的节奏型进行诵读。比如：

$$2/4\ \underline{\times\ \times}\ \underline{\times\ \times}\ |\ \times\ -\ \|$$
锄禾日当　午

$$3/4\ \times\ \ \times\ \ \times\ |\ \times\ \ \times\ -\ \|$$
锄　禾　日　　当　午

$$4/4\ \times\ -\ \times\ -\ |\ \times\ \times\ -\ \|$$
锄　　禾　　　日当午

$$4/4\ \times.\ \underline{\times}\ \times\ \times\ |\ \times\ -\ 0\ 0\ \|$$
锄　禾　日当午

适宜年龄：5—6 岁

温馨提示：刚开始可以妈妈读一句，宝贝读一句，等熟悉以后可以变为妈妈前一句，宝贝后一句，增加游戏的乐趣。

5. 套圈圈

游戏音乐：《三人套圈》

游戏目的：掌握三人套圈的游戏玩法，体验与父母一起游戏的快乐。

游戏玩法：三人双手交叉，爸爸妈妈右手在上，宝贝左手在上，拉成一个圆圈，形成上中下三层。随后根据歌词做出相关动作，当歌曲唱到"先套×××时，爸爸妈妈拉着的手从宝贝的头上套下，随即爸爸妈妈蹲下，然后宝贝把脚向后跨出爸爸妈妈拉着的手。依同样方法再套爸爸妈妈，逐一玩套圈游戏。当唱到"越套越欢喜呀"时，爸爸妈妈与宝贝手拉手小碎步旋转一圈。

适宜年龄：5—6 岁

温馨提示：游戏掌握熟练后，家庭可以探索出更多的套圈方法。

6. 猜拳

游戏音乐：《好朋友行个礼》

游戏过程：这个游戏适合家里人较多的时候玩，比如家里有爸爸、妈妈、爷爷、奶奶和宝贝，那就可以一起玩，首先妈妈带着宝贝一起伴着音乐玩友好的猜拳游戏。游戏开始跟着音乐做动作，唱到"好朋友我们行个礼"时做好朋友见面行礼的动作，唱"握握手呀来猜拳"时双方握握手，唱"石头布呀看谁赢"时双方猜拳，唱到"输了就要跟我走"时输了的一方跟在赢了的一方后面。之后游戏继续，赢了的一方去找家里的爸爸继续猜拳，通过猜拳产生这次的胜利者，赢的一方再依次找爷爷奶奶猜拳去，看看谁是家里猜拳游戏中最后的胜利者。

适宜年龄：5—6 岁

温馨提示：猜拳游戏每个孩子几乎都会玩，和着音乐玩要跟着节奏，同时要提醒幼儿遵守游戏规则。

7. 学老虎

游戏音乐：《两只老虎》

游戏目的：学唱歌曲，在逐渐递增的歌唱游戏中认识人体器官，感受亲子游戏的快乐。

游戏玩法：在玩游戏之前，先与孩子共同听一听《两只老虎》，与孩子共同说一说歌曲里的两只老虎一只没有什么？一只没有什么？当孩子熟悉歌曲的歌词和旋律后，家长和孩子一起唱《两只老虎》的歌曲，并根据歌曲内容做拍手（两只老虎）、跑步（跑得快）、指眼睛（一只没有眼睛）、指尾巴（一只没有尾巴）、摊手（真奇怪）等动作，熟悉之后可以玩改编歌词的游戏，从"两只老虎"一直唱到"三只老虎"或者更多，还可以让孩子说说还可以没有什么身体部位，依次进行演唱。如唱到三只老虎时，可以"一只没有眼睛、一只没有鼻子、一只没有嘴巴"。

适宜年龄：5—6 岁

温馨提示：家长在演唱时可以配以简单的动作、姿态和表情，鼓励孩子也可以大胆表现，让孩子感受到歌唱的乐趣。

8. 小鸟飞飞

游戏音乐：《小小鸟》

游戏目的：学唱歌曲，能用动作等表现歌曲内容，感受小鸟之间的亲密情感。

游戏玩法：妈妈和宝贝一起扮演小鸟玩两只小鸟的游戏，当歌曲唱到"一只小小鸟"时妈妈扮演小鸟飞出来，当唱到"两只小小鸟"时，宝贝扮演小鸟飞到妈妈面前，唱到"见面点点头，点点头，你亲亲我，我亲亲你，碰一碰，碰一碰，飞走了"时，分别做相互点头，你亲我，我亲你，相互亲亲的动作，然后两只小鸟友好飞走。

这个游戏还可以用手指来玩，"一只小小鸟"（伸出左手食指），"两只小小鸟"（伸出右手食指）之后，两个食指根据歌词分别做点头、亲亲、碰碰、飞走等动作。在此基础上，还可以对歌词进行创编，将原来"一只小小鸟，两只小小鸟"改编为"两只小小鸟，四只小小鸟"（左手两个手指，右手两个手指）、"三只小小鸟，六只小小鸟"（左手三个手指，右手三个手指）、"四只小小鸟，八只小小鸟"（左手四个手指，右手四个手指）、"五只小小鸟，十只小小鸟"（左手五个手指，右手五个手指）。一个歌曲可以玩出很多个游戏。

适宜年龄：5—6岁

温馨提示：如果有手指上能带的小鸟指偶，会更加形象。游戏会更加生动。玩游戏的时候要提醒幼儿动作要跟着歌曲节奏。

（音乐游戏由清友实验幼儿园罗莉、周金硕、王敏、刘川川、韩培、曹畤设计）

50个生活游戏，为妈妈排忧解难

饭前饭后、睡前睡后、家里来客人的时候、妈妈忙家务的时候、宝贝生病期间和病后恢复期间……日常与孩子相处过程中，我们有很多为难的时刻，别着急，日常生活中，让游戏来帮忙，巧用游戏，既能帮助妈妈排忧解难，还能让孩子无论在什么时候都玩得开心、舒心！

· **饭前饭后**

宝贝好动，不管什么时间都爱跑着、跳着玩，但饭前饭后这段时间如果运动过量，对身体不利，这个时候进行一些安静的游戏则既可以让孩子平静下来，又可以让宝贝享受游戏的快乐。

1. 手指操

饭前洗手后，让宝贝安静地坐在饭桌前做各种手指操，如大门手指游戏，游戏开始先把两只手握成拳头状，之后边说儿歌边和孩子一起从大拇指到小指逐个伸展开，之后再逐个合拢成拳头状。"大门开，开不开；二门开，开不开；三门开，开不开；四门开，开不开；五门开，打开了。关大门、关二门、关三门、关四门、关五门——关紧了！"（开大门儿歌摘自网络）

效果：能帮助宝贝打发吃饭时的无聊，保证宝贝不把洗好的手再次弄脏，还能促进宝贝手口一致协调能力的发展。

适合年龄：1—3 岁

2. 听故事

准备一些好听的故事，定时在饭前用手机为宝贝播放，吸引宝贝安静地坐下边听故事边等待吃饭。

效果：不仅发展宝贝语言能力，还有利于宝贝安静下来，做好吃饭准备。长期坚持能让宝贝养成一听故事就要停止剧烈活动准备吃饭的习惯。

适合年龄：1—3 岁

3. 生活回顾

饭前把宝贝温柔地抱在怀里，和宝贝聊聊天，问问宝贝今天几点起的？早饭吃什么了？饭后都玩什么了？和谁玩的，玩得高兴不高兴？等等。

效果：有利于宝贝安静下来，同时促进宝贝语言表达能力的发展。

适合年龄：1 岁半—3 岁

4. 餐前准备

吃饭之前让孩子按人头来给餐桌上摆餐具，刚开始，引导宝贝数数家里有几个人，之后和妈妈一起准备相应数量的碗放在桌子上，再准备相应数量的筷子，最后准备好相应数量的凳子。无论是数人数，还是准备餐具等，妈妈都大声念出来，可让宝贝跟着一起数。

效果：让宝贝有事可做，学习一一对应，还让宝贝体会作为家庭中平等一分子的自豪。

适合年龄：1岁半—3岁

5. 筷子图形

坐在饭桌前等待吃饭的时候，找几根筷子，和孩子用筷子摆形状玩，如可以摆出长方形、三角形、正方形等。不过需要注意的是，等饭上桌后，最好带孩子再洗洗手，玩过的筷子也最好洗过再用。

效果：能帮助宝贝避免等待吃饭的无聊。

适合年龄：2岁半—3岁

6. 猜拳

饭前洗手后，妈妈和宝贝坐在饭桌前玩猜拳的游戏。游戏开始妈妈伸出不同的手指藏在背后，让宝贝猜妈妈伸出几个手指，然后妈妈伸出来让宝贝数一数。如果宝贝也会，可以宝贝伸出手指，妈妈猜妈妈数。为增加游戏的趣味性，妈妈还可教宝贝玩剪子、包袱、锤的游戏。

效果：这个游戏饭前饭后都适合，既让宝贝快乐游戏，还学会数数。

适合年龄：1—3岁

7. 亲子共读

吃饱饭后，把宝贝抱在怀里，坐在沙发上，一起翻阅宝贝喜欢的图书，一起讨论图书中的内容，享受阅读的快乐，时间可以是几分钟，也可以是二十几分钟，根据孩子情况而定，如果宝贝不喜欢了，就马上停止，确保宝贝将阅读看成是一件快乐的事情。

效果：提高阅读能力，密切亲子关系，促进宝贝饭后食物的消化。

适合年龄：6个月—3岁

8. 散步

吃饭后，带宝贝一起到小区慢慢地溜达溜达，看看外面的天气、周围的花草树木、地上的蚂蚁，和邻居打个招呼。散步过程中要多次提醒宝贝不能剧烈运动。

效果：饭后散步有利于饭后对食物的消化。

适合年龄：1—3岁

9. 抹布变变变

饭前妈妈和宝贝一起擦饭桌后，妈妈拿长方形抹布为宝贝变图形魔术，如长长的抹布一折就成了正方形，正方形再一折，又变成一个小的长方形，小的长方形再一折成了一个更小的正方形，正方形的抹布两个角对折还能变成三角形。

效果：认识图形，感受图形之间的变化。

适合年龄：1—3岁

10. 翻相册

饭后无所事事时，把宝贝和家人到各处游玩的照片都找出来，妈妈抱着宝贝一起翻看照片，回忆讲述当时游乐时的情景，妈妈边翻照片边问宝贝："宝贝这是在哪里？在干什么？谁带宝贝去的？好不好玩？宝贝高兴不高兴？"

效果：回忆美好事物，愉悦心情。

适合年龄：1—3 岁

· **睡前睡后**

睡觉前，游戏帮助宝贝安静入睡。刚睡醒宝贝哭闹或者不愿意起床的时候，游戏帮宝贝愉快起床。

1. 摇篮曲

把屋子里的灯光调暗，妈妈站在地上抱着宝贝轻轻摇晃，边晃边轻柔地哼唱摇篮曲"宝贝，睡吧，我亲爱的宝贝"，如果家里正有个轻微晃动的小床，也可把宝贝放床里摇晃，并不时温柔地抚摸宝贝的脸和手，拍着宝贝的肩膀。

效果：妈妈全身心的抚慰让宝贝开心安静，而晃动则有利于宝贝快速入睡。

适合年龄：0—1 岁

2. 小鸟飞飞停停

宝贝进被窝后，妈妈拿手当小鸟在空中飞来飞去，飞的时候，妈妈和宝贝一起喊："小鸟，小鸟，停一停。"之后，妈妈将"小鸟"分别落在宝贝的小脚上、小腿上、小手上、小嘴上、小眼睛上……小鸟停在哪里，哪里就不能动了，最后，"小鸟"停在宝贝的怀里，和宝贝一起睡觉。

效果：让宝贝在快乐游戏中愉快入睡。

适合年龄：1—3 岁

3. 汉堡包

睡觉前,让宝贝睡在爸爸妈妈中间,爸爸妈妈一会儿滚开,一会儿滚过来和宝贝紧紧地挤在一起做汉堡包状,玩一会儿后爸爸妈妈抱着宝贝用汉堡包的姿态甜蜜地入睡。注意玩的过程不能太激烈,避免宝贝兴奋。

效果:感受亲子快乐,愉快入睡。

适合年龄:1—3 岁

4. 关"门"

当宝贝躺进被窝后,妈妈边拍着宝贝睡觉,边和宝贝说天黑了该睡觉了,眼睛该关门了,嘴巴也该关门休息了,之后随着妈妈一声令下,妈妈和宝贝同时闭上眼睛和嘴巴,看谁坚持时间久。

效果:几次关门游戏后,宝贝会慢慢地产生困意。

适合年龄:1 岁半—3 岁

5. 睡前故事

为宝贝买一些好看的图书,每天晚上睡前妈妈陪宝贝一起读一读,翻一翻,看一看,之后伴随着美丽的故事,让宝贝愉快入睡。

效果:睡前故事是非常适合宝贝睡前进行的活动,它能给孩子带来一个甜蜜的梦。

适合年龄:6 个月—3 岁

6. 阳台望远

在天气暖和、天色渐暗的夜晚,抱着宝贝到阳台上四处看看,看外面天黑不黑,天上的太阳哪里去了?小鸟哪里去了?小狗哪里去了?街上的人们哪里去了?白天小区里玩的小伙伴哪里去了?他们都回家干什么去了？一会儿回去宝贝和妈妈洗脸后该干什么了？

效果：帮助孩子了解夜晚万物的变化，认识晚上必然睡觉的道理，而安静的漫步也帮助宝贝处于安静状态，方便一会儿入睡。

适合年龄：1岁半—3岁

7. 情境激励

当宝贝赖床不起时，妈妈学着宝贝喜欢的动物的口吻和宝贝说"小熊维尼，我们去百亩林玩好吗？""喜羊羊，快点起床了，懒羊羊在外面等着你玩呢"吸引宝贝起床。

效果：3岁前的宝贝往往是生活在情境中的，妈妈学着宝贝喜欢的小动物的口吻和宝贝说话，宝贝一下子就会进入游戏情境中，并快乐地起床游戏。

适合年龄：1岁半—3岁

8. 快乐恶作剧

当宝贝赖床时，想办法通过挠痒痒、扮鬼脸，与宝贝拍手等方式逗他开心，宝贝心情愉快，一会儿就会活蹦乱跳地迎合着妈妈迅速起床。

效果：快乐的逗弄让宝贝一大早就拥有一个好心情，而在妈妈给他穿衣服的时候，他也会愉快地配合。

适合年龄：0—3岁

9. 穿衣比赛

妈妈先起床，之后让爸爸和宝贝同时起床，进行穿衣比赛，在妈妈1、2、3下令后，妈妈快速为宝贝穿衣，而爸爸也假装赶紧起床，并有意输给宝贝。

效果：比赛的情景激发宝贝快速起床。

适合年龄：2—3 岁

10. 快乐音乐

清晨，妈妈先拉开窗帘，然后播放孩子喜欢听的欢快音乐。看着躺在床上的宝贝，妈妈还可以跟着音乐摇头晃脑，快乐舞蹈，激发宝贝起床和妈妈一起扭动的欲望。

效果：欢快的音乐使人感到兴奋，精神抖擞，睡意全无，并快乐起床。长此以往宝贝能建立一种反射，知道一放音乐就该起床。

适合年龄：0—3 岁

11. 温馨骚扰

起床前，妈妈把手伸进宝贝的被子里，自上而下，从胸到腿边抚摸边让宝贝伸展，或者边亲吻宝贝的额头、耳朵、脸蛋，边和宝贝说："太阳公公起床了，宝贝也该起床了。"

效果：妈妈温柔的爱让宝贝感觉很愉快，心情好了宝贝自然会不闹情绪，快乐起床。

适合年龄：0—3 岁

12. 养小动物或种植植物

与宝贝养个宝贝喜欢的小动物或一起种个盆栽。清晨，当宝贝不想起床的时候，招呼宝贝去看自己的朋友怎么样了，小动物是否起床，晚上它睡得好不好，或者看看种子有没有长出小苗苗来。有了牵挂的事情，孩子多半会一骨碌爬起来，很着急地穿衣服。

效果：学习认识自然现象，激发早起欲望。

适合年龄：1—3 岁

13. 美味诱惑

在宝贝起床前，妈妈先准备好宝贝喜欢吃的早餐，让饭香弥漫房间，诱惑宝贝起床，必要时妈妈还可以故意拿着碗在宝贝面前吃饭，并表现出很香很好吃的样子，诱惑宝贝快点起床，准备吃好吃的。

效果：香味在一定程度上能唤醒沉睡的大脑，赶走睡意。

适合年龄：6 个月—3 岁

14. 喵呜起床

孩子醒来不想起床时，用湿热的毛巾，盖在孩子脸上，然后妈妈边慢慢把毛巾拿开，边说："喵呜，喵呜，起床了。"如此反复几次，宝贝就会睡意全无。

效果：毛巾的滋润能让宝贝更加清醒。

适合年龄：0—3 岁

· 妈妈做家务的时候

大人做家务的时候，宝贝经常来捣乱，有的游戏既可防止宝贝捣乱，又能让他玩得很高兴。

√洗、晾、收衣服的时候

1. 给玩具洗澡

妈妈洗衣服的时候，也给他准备个盛水的小桶或者小盆，让宝贝给自己的小皮球、插具、小汽车等洗洗澡，洗后和妈妈一起把它们晾到阳台上。

效果：学习洗自己的玩具。

适合年龄：1—3 岁

2. 戳泡泡

洗衣服的时候，无论是盆里还是洗衣机里，都会产生好多泡泡，给宝贝弄一些出来，放在盆里，让他用小棍戳着玩，看着泡泡一个个破灭，宝贝会高兴得尖叫呢。但是特别需要提醒的是，妈妈一定要强调不能用手戳。

效果：感受泡泡的奇妙与游戏的快乐，不打扰妈妈。

适合年龄：1—3 岁

3. 帮妈妈拿衣架

把要用的衣架放在一个盆里，妈妈晾衣服的时候，让宝贝帮着一个一个递给妈妈。

效果：学做妈妈小帮手，让宝贝有事干。

适合年龄：1 岁半—3 岁

4. 叠叠乐

妈妈叠衣服的时候，让宝贝站在一边看一看妈妈叠，之后给宝贝一块手绢或者一件小衣服让他在一旁叠一叠，无论宝贝叠成什么样，妈妈都夸宝贝叠得真好。

效果：提高宝贝动手叠的能力。

适合年龄：2—3 岁

5. 分类放衣服

妈妈收叠衣服的时候，让宝贝帮着把裤子和裤子放一起，上衣和上衣放一起，或者红色和红色衣服放一起，黑色和黑色放一起等。

效果： 既帮妈妈干活儿，又学习分类。

适合年龄： 2—3岁

√打扫、整理房间的时候

6. 污点大搜查

妈妈在收拾屋子的时候，让宝贝当卫生警察，在家中四处找找看看，哪里有脏东西，把它找出来，然后告诉妈妈，把污点擦掉。

效果： 让宝贝参与家务，体验当主人的快乐。

适合年龄： 1—3岁

7. 玩具回家

妈妈做家务的时候，告诉宝贝，妈妈在整理家里的大房子，宝贝可以像妈妈一样整理自己的玩具和图书，让它们一个个排成队或者都放进玩具整理箱。无论宝贝收拾得如何，都及时夸奖，比妈妈收拾得都好。

效果： 培养整理玩具的能力。

适合年龄： 1—3岁

8. 小小清洁工

妈妈在打扫屋子的过程中产生了一些废物垃圾，这个时候妈妈可以让宝贝当清洁工，拿他的小车或者小筐一趟趟运到垃圾桶里去。

效果： 学习运送垃圾，为妈妈帮忙。

适合年龄： 1—3岁

9. 快乐擦擦擦

妈妈在擦家具、擦地板的时候，不妨也给宝贝一块抹布让他一起擦，擦的时候妈妈要及时夸奖宝贝，真棒，擦得真干净。

效果：体验擦的快乐，学习做最简单的家务。

适合年龄：1—3 岁

10. 脏东西哪去了

妈妈做家务的时候，也给宝贝一块白色的抹布，让宝贝四处擦灰尘，当妈妈和宝贝的白色的抹布变黑的时候，问宝贝抹布为什么黑了，脏东西哪里去了？之后找个盛水的白盆洗洗抹布，当抹布重新变白而水变黑后，问宝贝脏东西现在跑哪里去了？

效果：学习做家务，了解脏与干净的变化过程。

适合年龄：2—3 岁

√妈妈做饭的时候：

11. 洗刷刷

饭前妈妈择菜、洗菜的时候，让宝贝也蹲在一旁和妈妈一起择，如把坏的葱叶择掉，把菜里的脏东西扔到垃圾桶，洗菜的时候，可让宝贝也一起在水里摸摸蔬菜，也可帮妈妈把洗好的菜放到盆里等。洗的时候妈妈可趁机让宝贝认识不同的蔬菜，并感受不同蔬菜质感的不同。

效果：了解蔬菜常识。

适合年龄：1 岁半—3 岁

12. 喂娃娃吃饭

妈妈在做饭的时候，告诉宝贝，布娃娃饿了，快给它喂点东西吧，然后妈妈给宝贝一些食物，比如菜叶等，让宝贝喂布娃娃吃去，一会儿妈妈可以再给一点，让宝贝再去喂。

效果：学习照顾别人，还不打扰妈妈。

适合年龄：1—3 岁

13. 玩面团

妈妈在做面食和面的时候，给宝贝一块像彩泥般的面，让他自己捏着玩，妈妈可在一旁提醒宝贝把面团搓成个圆球，或者长条金箍棒，还可提示宝贝用各类瓶盖或者酸奶吸管等在面团上拓印等。

效果：培养宝贝动手操作及动脑思考能力。

适合年龄：1—3 岁

14. 自娱自乐

在房间里为宝贝建一个游戏区，地上铺上泡沫砖等隔凉的东西，游戏区旁边放上几个整理箱，整理箱里放入宝贝的各类游戏材料，比如积木、各类小车、布娃娃、各种图书、各种纸质废旧材料、涂色棒等等，每天妈妈在忙着炒菜宝贝不便参与的时候，可以让宝贝脱了鞋自己在活动区域中玩一会儿。当然，为保证宝贝安全，妈妈无论干什么，一定要保证宝贝在自己的视野范围内。

效果：宝贝玩宝贝的，妈妈干妈妈的，互不干扰。

适合年龄：1—3 岁

温馨提示：

许多妈妈都以为，宝贝太小了，根本做不了家务，其实宝贝能干的可不少呢，而且家务对他们来说不是工作，就是游戏。

· 来客人的时候

宝贝很容易人来疯，游戏既可以让宝贝玩得开心，又不会影响客人。

1. 为客人做礼物

准备一些彩泥在家里，平常带孩子一起玩一玩，当客人来宝贝闹的时候，给宝贝一个向客人展示的机会，让宝贝用彩泥做一个礼物送给客人朋友。彩泥制作费时费力，能给妈妈和客人留出交流的时间。

效果：给予了宝贝展示制作的机会，也方便了家人与客人交流。

适合年龄：1 岁半—3 岁

2. 小主人

客人来家的时候，让宝贝和妈妈一起招待客人，问客人好，为客人拿水果、给客人递纸巾、告诉客人喝水，客人走的时候和妈妈一起把客人送到门口等。

效果：让宝贝参与招待客人，让宝贝有事可做，还让宝贝在此过程中学会待人接物。

适合年龄：1—3 岁

3. 涂涂画画

准备一块画板、一些素描纸、白纸、画笔和彩笔等，让宝贝涂涂色，或者拿笔随意地在纸上描描画画。涂完或画完后，妈妈可以抽个时间让宝贝讲讲宝贝画的什么，然后鼓励宝贝继续画更好看的画。

效果：涂色画画活动安静且费时，宝贝能够自己完成，不会打扰到客人，妈妈只需适当指点一下即可。

适合年龄：1—3 岁

4. 百变插具

市场上卖很多类型的插具，非常受宝贝的欢迎，妈妈可以平常准备几种在家里，客人来的时候，妈妈可以引导宝贝玩一玩，插一插，宝贝插出一个东西后，妈妈可以鼓励宝贝再插一个东西出来给客人看。如果没有插具，拼图也可以。

效果：玩插具费时，需要宝贝专注、安静，即使不需要妈妈的帮助，宝贝一个人都能玩好一会儿，更不会打扰到客人。

适合年龄：2—3 岁

5. 看电视

妈妈和客人聊天的时候，把电视打开，为宝贝找个喜欢看的动画节目，宝贝可以自己坐在沙发上看，也可以让妈妈抱着看，还可以下地跟着电视中的角色一起跳一跳，或者做各种有趣的动作。切记看电视时间不可过长。

效果：转移宝贝注意，让宝贝有事可做，不打扰客人。

适合年龄：1—3 岁

6. 拼图

准备一些简单、大块的拼图，放在茶几上或者其他小桌子上，让宝贝随意地拼着玩，妈妈可在宝贝有困难的时候进行一些指点。

效果：拼图游戏安静又不费力，既能为宝贝带去快乐，又能避免打扰客人。

适合年龄：1 岁半—3 岁

7. 搭积木

搭积木是宝贝非常喜欢的活动，摆弄积木的过程能吸引宝贝专注很长时间。如果家里是小积木就让宝贝在茶几或者小桌上进行，如果是大点的积木，可以在房间的地上铺上泡沫砖让宝贝坐上去搭着玩。

效果：激发宝贝快乐而专注地一个人嬉戏。

适合年龄：1—3 岁

> **温馨提示**：
>
> 客人来宝贝"疯"的时候，我们最好选择一些安静、需要宝贝持续专注，且宝贝一个人能进行的游戏，这样宝贝能玩得开心，妈妈也不用太操心，客人也可以放心。

· 宝贝生病期间和病后恢复期间

宝贝生病期间，不活动会显得太无聊，可是活动多了又容易消耗体力，这期间玩一些安静又愉快的游戏既让宝贝心情愉快，忽略病痛，又不伤害宝贝身体。

1. 做按摩

宝贝躺在床上，妈妈温柔地为宝贝分别按摩或抚摸宝贝的小脚、小腿、小胳膊、小手、小肚子、小脸蛋、后背，按摩的过程中妈妈和宝贝轻柔地说话，进行着交流，如当按摩到胳膊时说："宝贝的小胳膊，妈妈亲亲。"如此类似。当然如果宝贝的病与某个部位有关，妈妈应多按摩一会儿，如宝贝生病拉肚子，妈妈可多为宝贝揉揉肚子。

效果：愉悦宝贝身心，密切亲子关系。

适合年龄：0—3 岁

2. 照顾病娃娃

准备一个"生病的"病娃娃玩具，让宝贝照顾，一会儿给它吃药打针，一会儿给它穿衣服，一会儿拍它睡觉，妈妈可以在一旁通过提问指导宝贝继续游戏，如"娃娃发烧了还是肚子痛呢？""我们应该怎么照顾它？""你给娃娃打针时它哭了吗""娃娃被子开了，快帮它盖好"等。

效果：通过对病娃娃的照顾宝贝可以安慰激励自己、排解情绪，并获得游戏的快乐。

适合年龄：1 岁半—3 岁

3. 手偶游戏

宝贝生病蔫蔫的不想说话时，准备两个手偶或者宝贝喜欢的两个毛绒玩具和宝贝聊天，展开游戏，内容可以是宝贝熟悉的动画片片段，还可以是宝贝平常看的图书中的。聊的过程中妈妈可以借着游戏询问宝贝病情，如"小熊的肚子还疼吗？""小熊想吃点什么？"

效果：为宝贝带来快乐，帮宝贝提精神，帮助妈妈在游戏中了解宝贝病情。

适合年龄：1—3 岁

4. 趣编故事

妈妈和宝贝可以一起躺在床上，或妈妈抱着宝贝坐在床上随意编故事。可以妈妈开头，让宝贝接着说，妈妈再接着宝贝的话接着编，整个故事内容完全自创，一切随兴而为，没有任何约束。

效果：编故事轻松愉悦，能让病中的宝贝开心，转移对病痛的关注。

适合年龄：2—3 岁

5. 看 CD、听音乐

生病期间，百无聊赖，但是当看到自己喜欢的 CD 时，宝贝却能坚持好长时间，那么就每天给宝贝放半小时到一小时他喜欢看的 CD 吧，看的时候妈妈最好抱着孩子，以随时关注宝贝的身体情况。如果没有合适的 CD，和宝贝一起听听少儿广播，听听欢快、轻柔的音乐也不错。不过声音不要太大，太高声宝贝有可能烦躁。

效果：孩子都是很喜欢看 CD 的，即使病中也如此，看 CD 能让宝贝暂时忘记病痛、心情愉快。

适合年龄：1 岁半—3 岁

温馨提示：

生病期间，宝贝体力有限，过度劳累不利于宝贝身体的恢复，所以妈妈一定要注意保证游戏强度要适度、游戏时间不过长、游戏内容要适合等，例如宝贝咳嗽的时候，就要避免宝贝做弯腰压迫胸部的游戏。

生病并不一定只能待在家里，如果宝贝的病不很严重，或者已到了恢复期，如果外面气候适宜，可以用推车把孩子带到小区享受一下户外温暖的阳光、新鲜的空气，这样能加速宝贝身体的恢复。

---

16 个备战春节游戏，伴宝贝欢欢喜喜迎大年

一年又一年，春节又来到，各家各户都紧锣密鼓地为过春节开始做准

备、过春节快乐，准备过春节的日子同样让人激动。过春节最开心的莫过于孩子们了，这个时候，可别忘了家里的重要的小成员哦，与宝贝一起在游戏中准备春节、"备战"春节，不仅能让宝贝体验游戏的快乐，感受自己作为家庭重要成员的自豪，更能让宝贝在这个准备的过程中了解春节、认识春节、享受春节。

1. 恭喜恭喜

妈妈双手抱拳，做恭喜状，宝贝则进行模仿学习，慢慢地只要妈妈说："宝贝，怎么恭喜呢？"宝贝就会立刻笑嘻嘻地做出双手抱拳的样子。

效果：学习双手抱拳祝福别人的简单动作，感受通过动作与人交往的快乐。

适合年龄：6—12个月

温馨提示：虽然宝贝还不懂过年，不懂恭喜的确切意思，但是他们懂得"恭喜"这一动作代表一定意思，能得到别人高兴的反馈。

2. 装糖果

过年了，妈妈会买来各色的糖果，这个时候不要着急放，妈妈可以准备几个相同的容器（如果没有，袋子也可以），贴上不同的颜色，让宝贝把这些糖果分别装进颜色对应的容器中。如果宝贝装好了，妈妈可适时奖励宝贝吃一块哦！

效果：在快乐的游戏中感受认识不同的颜色。

适合年龄：1—2岁

3. 送宝贝礼物

要过年了，妈妈都会给宝贝买新衣服、新礼物，这个时候，妈妈不妨把袜子、鞋子、衣服、皮球、气球先放在一个盒子里让宝贝用两只小手摸摸看盒子里都有哪些礼物，之后，打开盒子，看看宝贝猜对了几样。

效果：发展宝贝通过触摸感知事物的能力，感受节日前的快乐。

适合年龄：1—2 岁

4. 食物变变变

游戏前妈妈先和宝贝一起说说，过年的时候我们都会吃什么，引导宝贝说出饺子、年糕、汤圆等食物。之后妈妈拿出事先准备好的面团，并故作神秘地说，妈妈有办法让汤圆变成年糕、变成饺子，之后妈妈示范操作，将面团分别团成圆圆的汤圆、圆圆又扁扁的年糕，以及在中间放了红枣的饺子形状。最后妈妈将一块面团交给宝贝，让宝贝也像妈妈一样让它变来变去。

效果：发展宝贝的想象力和动手模仿操作能力。

适合年龄：1—3 岁

5. 制作糖果

准备各色橡皮泥和剪成小正方形的彩纸若干。游戏开始，妈妈高兴地对宝贝说："要过年了，我们一起做一些糖果吧！"之后，与宝贝一起把橡皮泥搓、捏、压成糖果状，并逐个包到事先准备好的彩色正方形糖纸中。当然如果妈妈能事先收集一些糖果包装纸就更好了，这样包出的糖果会更加形象。

效果：发展宝贝搓、捏、压、包等多方面的小肌肉运动能力，体会节日的快乐。

适合年龄：2—3 岁

温馨提示：用橡皮泥不仅可以玩做糖果的游戏，还可以玩做汤圆、做年糕的游戏。

6. 新年的变化

新的一年来到了，意味着宝贝长大一岁了，妈妈可以和宝贝一起说说这一年宝贝有了哪些变化。比如妈妈可以找出宝贝去年的照片，一起看看小时候的自己，还可以拿出去年的衣服穿穿，看看还能不能穿上，让宝贝感受自己身高的变化。当然了，妈妈还可以引导宝贝谈谈这一年来自己长了什么新本领，比如会自己吃饭了，能帮妈妈擦桌子了，等等，这样增强宝贝自豪感。

效果：发现感受成长与变化的快乐。

适合年龄：2—3岁

7. 做彩链

准备彩色皱纹纸若干，剪成条状。游戏开始，找一条彩纸在纸的一端涂上固体胶，和另一端相连成圆环状。之后，再找一根枝条穿过做好的圆环也做成圆环状，如此重复，每个新做的圆环都套在前一个圆环上，这样一个套一个，就形成了漂亮的彩链。妈妈可以和宝贝一起多做几串，挂在灯上、挂在衣柜上，这样可大大地增加节日的氛围。

效果：锻炼宝贝小手的运动能力。

适合年龄：2—3岁

温馨提示：妈妈可和宝贝分工来做，比如妈妈剪纸条，宝贝涂固体胶，再把两端粘贴在一起。

8. 敲锣打鼓迎春节

准备一些人们穿红披绿、敲锣打鼓过年的视频给宝贝看，与此同时，给宝贝也准备一些小鼓、小盆、小棍、小碗等放在床上，让宝贝也像视频中的人们一样高高兴兴、敲敲打打迎新年。妈妈还可引导幼儿模仿视频中人们的动作，做出拍手、拍腿、跺脚等动作，培养宝贝的节奏感和模仿能力。

效果：感受敲锣打鼓的欢庆气氛，发展敲打、模仿等各种技能。

适合年龄：1—2 岁

9. 看挂历

快要过年了，但是究竟哪天过年呢？妈妈不防拿出挂历来，用红笔标记出过年的日子，之后和宝贝一起数一数，看看还有几天要过年，之后每天都坚持在日历上划掉一天，并数数还有几天就要过年了，如果是一页一页的小挂历，那么每过去一天就撕掉一张。

效果：感受期待节日到来的快乐，并在数日历的过程中培养数字概念。

适合年龄：2—3 岁

10. 彩色灯笼

游戏前妈妈先自己画或者从一些图画书上找一些画有灯笼的轮廓图。游戏开始，妈妈指着灯笼问宝贝这是什么？什么时候挂灯笼？我们见到的灯笼什么颜色？之后请宝贝拿出自己的油画棒，给灯笼涂上漂亮的颜色。如果宝贝一个人涂不好，妈妈可以手握手地帮助宝贝控制力道与方向。涂好后，妈妈可以把这些灯笼剪下来，张贴在家中的门上。

效果：发展宝贝涂染等方面的动手能力，提前感受节日快乐。

适合年龄：1—3 岁

11. 画小鞭炮

准备白纸一张，彩笔、油画棒备用，妈妈先在白纸上画一长根黑色的线当作串鞭炮的线，之后引导宝贝在线的两侧用红色的油画棒画出一个个的小鞭炮。这样一串小鞭炮就画好了。需要注意的是，宝贝在画的过程中，妈妈要提醒宝贝画的鞭炮要长短一致，而且尽量直、尽量整齐，必要时妈妈可以握着宝贝的手一起来画。

效果：发展宝贝的想象力、创造力和动手操作能力。

适合年龄：2—3岁

12. 五彩焰火

妈妈先和宝贝用油画棒画出几种鞭炮、花炮的形状，之后，妈妈告诉宝贝我们要放鞭炮了，并引导宝贝用棉签蘸各种颜料在炮的点燃处画出各种颜色的、呈放射状的线条，弯的、直的均可，点状的也可以，只要宝贝喜欢就好。这样炮看上去就和真的点燃了一样。

效果：感受亲子游戏的快乐，发展动手涂画的操作能力。

适合年龄：2—3岁

13. 拜年了

过年的时候，人们见面都要恭喜过年，现在正是妈妈带宝贝提前演练的时候。妈妈可以高兴地对着宝贝说："宝贝过年好！"之后要求宝贝像妈妈一样对妈妈说出祝福，等宝贝语言能力强了的时候，妈妈可以引导宝贝学着对不同的人送不同的祝福，比如"祝奶奶身体健康""祝阿姨更加漂亮""祝哥哥学习好"等。

效果：感受过年的快乐，学习过年的问候语，并尝试对不同人送出不同的节日祝福。

适合年龄：1—3 岁

14. 剪窗花

准备彩纸若干，折叠后妈妈手握宝贝的手用宝贝用的安全小剪刀一起玩剪窗花的游戏，剪完之后，妈妈把纸展开来，让宝贝感受彩纸发生的奇妙变化，纸张折叠次数越多，彩纸的变化就越奇妙。妈妈可以和宝贝多次地尝试一下。剪好后，可别忘了把窗花都贴到窗户上哦！

效果：感受节日氛围和剪窗花的奇妙快乐，锻炼小手操作能力。

适合年龄：2—3 岁

温馨提示：3 岁前宝贝用剪刀一定要慎重，即使使用宝贝用的安全小剪刀，妈妈也一定要全程保护好宝贝。如果宝贝喜欢玩，妈妈可以给宝贝准备些好撕的皱纹纸，让宝贝撕窗花玩，这样就安全多了。

15. 装饰气球

过年挂气球最有节日氛围了，妈妈可以买各色吹好的气球来增加家庭节日气氛，在挂气球之前，妈妈还可以和宝贝一起把气球装饰一番，比如可以让宝贝在气球上贴一些漂亮的 sticker，还可以用彩笔在气球上涂涂画画，让气球更漂亮，还可以剪些彩条粘贴在气球上，这样就更有节日味道了。

效果：发展宝贝动手装饰能力。

适合年龄：2—3 岁

16. "身体"放鞭炮

各式各样的鞭炮、礼花炮声音、表现都不同，妈妈可和宝贝一起用声音、动作尝试表现一下不同鞭炮燃放时的声音、形态，比如声音大、威力大的鞭炮可用声音"砰"的声音来表示；而一长串的鞭炮可用"啪啪啪啪啪"来表示，而先升空后爆炸的可用"哦——砰"的声音表示；此外，妈妈还可以用动作和宝贝玩燃放爆竹的游戏，如宝贝缩头蹲在地上当爆竹，妈妈则扮演点炮人，当妈妈假装点燃宝贝"爆竹"后，宝贝边喊"砰"边两手伸高从地上高高跃起，做出好像爆炸的样子。

效果：发展宝贝声音、动作的模仿能力与创编能力。

适合年龄：1—3岁

53个语言游戏——为智力发展提速

语言发挥着重要的交流沟通作用，同时也是思维的工具。宝贝语言和思维的发展相互促进，相互提高。适宜的语言游戏能有效启动宝贝的语言思维，促进推动宝贝智力发展。

0—1岁

> 刚出生的宝贝除了哭，好像什么都不会，实则不然，他们能够感受到各种声音的存在，特别是对于父母的声音，宝贝非常地敏感，他们也在认真倾听，为说话时刻准备着。爸爸妈妈可开展的语言游戏很多，如多和宝贝说话；用唱歌与逗乐等方式；以游戏的方式叫宝贝的名字，认识亲人；给宝贝讲故事等，都是促进宝贝语言发展与智力开发的好办法。虽然宝贝不一定能够听懂故事的内容，但他们能从这个过程中积累翻阅经验，意识到你说的话和书有联系。

0—6 个月

1. 声音在哪里

当宝贝在婴儿床躺着的时候，吸引宝贝寻找左右不同方位的音乐。如在他的身体的左侧放悦耳轻柔的音乐，当他转头寻找到声源后，换到他身体的右侧再放音乐，让宝贝继续寻找。

效果：促进宝贝的听力发展，为学习语言奠定基础。

温馨提示：音量要低避免惊扰宝贝或影响他的听觉。

2. 不同的声音

当宝贝清醒的时候，妈妈在宝贝的面前发出不同的声音，如轻轻地拍手、柔和地摇动摇玲、小动作幅度地撕纸、小声地呼唤宝贝的乳名……看看宝贝能否从不同的声音中，辨别出人声。比如他可能会在成人叫他的时候，转向成人。

效果：促进宝贝对人类语音的敏感性。

3. 铃儿叮当

将小铃铛系在宝贝的小手上。宝贝会在无意间发现只要一动手就会有铃铛响，多次重复，宝贝将探索出：晃动小手可以让铃声再现。这时妈妈可以轻轻握住宝贝的小手，对宝贝说："宝贝的小手，摇摇宝贝的小手。"游戏多次后，可以把铃铛系在宝贝的小脚丫上再重复游戏。

效果：感受声音。

温馨提示：铃铛要干净卫生，同时表面要光滑，不会对宝贝构成伤害。

4. 发声

成人和宝贝面对面，宝贝无意发出声音时，模仿他，并继续逗引宝贝发出其他的声音，如啊、喔等元音，当宝贝偶然模仿成人发出一个音时，成人要面带微笑多次重复，鼓励宝贝反复练习。成人要动作幅度大一些，张口、吐舌等表情夸张，激发宝贝的兴趣。

效果：聆听与感受声音。

温馨提示：时间不要太长，在宝贝流露出不耐烦和困倦时就停止。成人发声要轻柔。

5. 喊亲人

妈妈一面指着爸爸，妈妈一面反复说"ba、ba"，可以通过夸张的表情和声调的高低吸引宝贝重复。只要宝贝偶然一次说出"ba、ba"，就给予宝贝回馈，只要有机会就让宝贝指认不同的家庭成员："ma、ma""ye、ye""nai、nai"。

效果：帮助宝贝学习发简单音节，熟悉亲人。

温馨提示：一次不要进行过长时间，但只要有机会都可进行，如每天和宝贝一起指认家庭成员。

6. 说儿歌

妈妈抱着宝贝说着儿歌，如："小白兔，白又白，爱吃萝卜，爱吃菜，蹦蹦跳跳真可爱。"说的同时妈妈的双手分别握着宝贝的手拍着节奏，重复2—3遍后换其他儿歌。宝贝虽然不明白，但他会被抑扬顿挫的音调和朗朗上口的音律吸引。

效果：激发宝贝对语言的兴趣，倾听有节律的语言。

温馨提示：儿歌要简短，节奏感强。

6—12 个月

1. 和玩偶说话

准备 2—3 个宝贝喜欢的小玩偶。如果宝贝会爬行，可以逗引他来拿玩偶："快来找你的小兔子，和它说说话。"当宝贝对着小玩偶"咿欧——咿欧——"的时候，告诉宝贝"对，这是小兔子""就这样慢点说"……

效果：创造机会让宝贝感受练习发音。

温馨提示：玩偶必须干净卫生，宝贝也可能会用嘴啃。

2. 翻书

当宝贝会爬行的时候可以进行这个游戏。在地面清理出一块干净的场地，铺上地垫，把宝贝放在上面。在地面上打开书，吸引宝贝的注意。宝贝会爬向书，成人可以用语言描述宝贝的表现："宝贝，你拿了一本书""你在翻书呢。"宝贝在探索书的时候，会发出声音，鼓励宝贝的行为："你在讲故事呀，真棒！"

效果：培养对图书的兴趣，感受翻书的过程与快乐。

温馨提示：要选择干净并且不容易破损的图书，同时还要利于宝贝翻阅。如有的书在上一页翻开后，下一页会自动翻开一小部分便于宝贝继续翻页。

3. 认识身体

在地面选择一片没有任何杂物的区域，成人和宝贝面对面坐在地垫上。成人拿宝贝的手，让宝贝摸自己身体的各个部分。边摸边说："宝贝的小手""宝贝的肩膀""宝贝的胳膊"。还可以让宝贝再摸摸成人的五官和身体，重复刚才的词语。

效果：初步认识身体，接触有关身体的词汇。

4. 照镜子

把宝贝放在一面大镜子前，让宝贝找找自己的五官。妈妈说"耳朵呢?"引导宝贝去找自己的耳朵。以此类推。

效果：认识五官，并与相应的语言对应起来。

5. 谁在叫

如果有不同小动物叫声的音像制品最好，这样比较逼真。成人播放给宝贝听，而且边放边告诉宝贝这是"小狗汪汪叫"，让宝贝学着叫叫。成人也可以模仿不同小动物的叫声给宝贝听。

效果：培养宝贝对声音的敏感性，模仿动物叫。

6. 好听的声音

在阳光明媚的日子带宝贝一起到户外看看。选择行人稀少的安静时刻，和宝贝一起倾听各种各样的声音，小鸟的叫声、风吹树叶的沙沙声、行人的脚步声、不同车辆发出的声响……每当听到一种声音，成人要用语言帮助宝贝描述，如："听，小鸟飞来了。"……

效果：了解不同的声音，发展声音辨别能力。

7. 摇篮曲

在宝贝昏昏欲睡的时候或者心情烦躁的时候，轻轻地哼唱摇篮曲或者播放摇篮曲给宝贝听，缓慢的旋律也可以让他很快安静下来，并沉浸其中。

效果：初步感受聆听舒缓乐曲好听的声音。

8. 找玩具

和宝贝面对面坐好，准备几个宝贝喜欢的小玩具，放在你和宝贝的中间。你可以随机去拿一个小玩具，边拿便说出玩具的名称："小车。"鼓励宝贝也做同样的动作，如果他不能理解，握住他的两只小手，边教边说："宝贝也来找小车。"然后不握他的手，看他能不能自己找到。以此类推，换其他的玩具。

效果：培养宝贝理解语言的能力。

9. 温馨时刻

妈妈只要下班回家都可以和宝贝进行这个游戏。妈妈首先蹲下，和宝贝握握手，边握边说"握握手"，握完一只手换另一只。然后把脸靠近宝贝的脸，轻轻地用自己的额头蹭蹭宝贝的额头说"蹭蹭头"。最后抱抱宝贝同时说"抱抱宝贝"，并要求宝贝："抱抱妈妈。"

效果：密切宝贝和妈妈情感，同时有助于宝贝理解语言。

10. 听指令做动作

妈妈逐个说宝贝能够做到的动作，让宝贝按照要求做动作。比如拍拍手、点点头、摇摇头、笑一笑等。只要宝贝做对，就要鼓励他："对，就是这样，真棒！"如果宝贝不明白，妈妈要边说动作的名称边做示范。

效果：锻炼接受性语言，让宝贝在语言与动作间建立联系。

11. 接话

妈妈找几个宝贝常见的物品，放到一个盒子里，并用一块大点的布蒙起来，不让宝贝看到都是什么东西。妈妈拿着宝贝的手，在盒子里摸东西，摸出一个，妈妈说："这是小汽……"最后一个字故意拉长声音，让宝贝跟着说："车。"

效果：了解日常生活中常见物品的名称，学习说话。

0—1岁小贴士：

出生不久的婴儿不会说话，整天沉默着，他可是在认真地听你说话，并积极为说话而做准备呢，他们利用一切时机练习发音，并努力理解周围的成人所说的内容，用自己的"嗯呀"声和表情、动作回应成人，这个时候爸爸妈妈要注意以下几点：

1. 多与幼儿交流

如在给孩子喂饭、洗澡或换尿布的时候，家长都可以"喋喋不休"地对着幼儿说话，与他交流，因为当我们对一个婴儿说话的时候，我们不仅在教他语言技能，也让幼儿明白他是一个重要的可以交流的人。

2. 给幼儿读一些反映生活线索的韵律诗或儿歌

日常生活中联系幼儿生活经验教幼儿一些简单的关于一日生活发展方面的儿歌，有利于培养幼儿这方面的能力，如"清晨起来笑嘻嘻，宝贝自己学穿衣，鞋带衣扣学着系，照照镜子好整齐"等，这样能培养宝贝早上穿衣服起床、白天游戏、晚上脱衣服睡觉一日生活发展线索，感知事物的发展。

3. 为幼儿提供适宜材质的书

硬纸板图书，粗体图书，有质地和声音的，能激发幼儿触、摸、挤压的书幼儿都非常感兴趣，幼儿坐在家长腿上，听着家长的声音，自己一个人玩弄着图书时，家长感到非常惬意，幼儿也会感觉读书是一件非常高兴的事。

1—2 岁

> 经历了近一年的语言发展准备阶段，1—2岁的宝贝开始进入学习口语的时期，他们开始学说，说出"单词句"来表达一句话的意思。这个时期可引导孩子多理解日常生活中接触的事物名称，如衣、裤、菜、饭、奶、蛋，以及自己的身体器官等，还应该学习理解各种动作，如坐、走、抱、拿、吃、玩等，还应引导孩子在理解的基础上模仿成人发音、运用单词来表达自己的愿望和要求，进行一些指认游戏等。

1—1.5 岁

1. 指令游戏

宝贝经常会在房间里到处探索，把东西弄得乱七八糟。这个时候，成人可以请宝贝当自己的小助手一起收拾一下，宝贝会感觉和大人一起做事情很有趣，还能增加他们的信心。如妈妈指着散落的图书说："把那本书给妈妈。"如果宝贝不明白，妈妈可以和宝贝一起走过去，鼓励宝贝把书拿起来。如此再继续请宝贝逐个拿指定的玩具或靠垫等任何物品。

效果：锻炼宝贝的言语理解能力。

2. 什么颜色

准备不同颜色的积木2—3个。先和宝贝说说都是什么颜色："红色的，红红的"；"绿色的，绿绿的"；"黄色的，黄黄的"。然后你可以把这些东西放到身后，随机拿出一个积木，让宝贝说说是什么颜色。重复几次后。你和宝贝交换一下角色：你闭眼，宝贝拿积木。你再和宝贝一起说出积木的颜色。

效果：在游戏中认识不同的颜色。

温馨提示：仅仅几次游戏，宝贝下次可能还是不能说出颜色的名称。你可以多找机会让宝贝在生活中巩固他已经说过的颜色。

3. 小动物聚会

在干净的铺有地垫的地面进行这个游戏。成人和宝贝一起在地垫上走动，一面走一面学小狗汪汪叫、小猫喵喵叫、小鸭子嘎嘎叫。学的时候成人可引导宝贝一起用动作表示出动物的特征。如把双手分别放在头的两侧装狗耳朵，把大拇指靠近手掌，其余四根指头张开分别在嘴巴的两侧晃动装小猫的胡须等。

效果：学习熟悉动物的叫声，发展宝贝的接受性语言。

温馨提示：宝贝还不能摆出动作，多半他只能在成人的提示下或者模仿成人发出小动物的叫声。只要他模仿对了，就要好好鼓励一下宝贝。

4. 猜猜是谁

找一块布把妈妈、爸爸、奶奶等家人的头分别蒙上，让宝贝猜猜是谁。猜的过程中注意引导宝贝说出双词句"是妈妈，是奶奶，是……"

效果：让宝贝体会语言的表意功能。

5. 看影集

找一本家庭成员的影集，和宝贝一起观看。看的过程中问宝贝："这张照片上有谁？""妈妈在哪里？"引导宝贝做出回答，当照片上有宝贝接触过的其他事物时，也可以讲讲，如"宝贝手里拿着什么呀？""对了，蛋糕"……

效果：激发宝贝的表达兴趣，巩固丰富词汇。

6. 按指令寻物

把画有日常生活用品的 2—3 张图片放在宝贝面前，如"鸡蛋""苹果""饼干"，先和宝贝一起说说这些都是什么，然后妈妈说词语，让宝贝找出相应的卡片。

效果：把图片和相应的词语相联系。

7. 谁回来了

在家庭成员即将进门时，叫宝贝的昵称，然后妈妈问孩子"谁在叫宝贝"，引导宝贝根据声音叫出爸爸、奶奶、爷爷。当成员进来时及时反馈："哦，真的是爸爸！"

效果：辨认熟悉亲人的声音，并尝试叫出来。

1. 5—2 岁

1. 请你跟我这样做

成人边做动作边说"请你跟我这样做，请你跟我手叉腰""请你跟我这样做，请你跟我伸伸臂""请你跟我这样做，请你跟我跺跺脚"等，让宝贝模仿动作，并尝试跟着妈妈说个别词句。如果宝贝不会说，放慢点，重复几次。还可以多变换几个动作，增加宝贝的兴趣。

效果：培养宝贝理解句子，并且能按言语要求做动作。

温馨提示：如果宝贝不会说，放慢点，重复几次。还可以多变换几个动作，增加宝贝的兴趣。

2. 小手爬呀爬

成人手把手教宝贝，边说儿歌边做动作："我的小手爬呀爬，一爬爬到小脚上。"以此类推，小手爬到小腿上、膝盖上、大腿上、屁股上、肚子上……等宝贝熟悉后还可在儿歌中加上方位词重复游戏："我的小手向上爬，一爬爬到小脚上、膝盖上、大腿上……""我的小手向下爬，一爬爬到……"

效果：练习接受性语言并丰富宝贝有关方位的名词。

温馨提示：间隔几天再重复游戏时，成人示范动作，让宝贝尝试自己模仿。

3. 猜猜在干吗？

成人分别假装吃饭、洗脸、梳头等动作幅度大且宝贝很熟悉又容易辨认的行为让宝贝进行判断。成人可边做动作边问宝贝："妈妈在干吗呀？"宝贝会回答："吃饭呢。"可以让宝贝也跟成人一起假装，这样他会更感兴趣。

效果：宝贝学习用语言表达行为。

4. 打电话

妈妈和宝贝每人拿一个小玩具当电话。或者妈妈用一根绳子把两个小塑料瓶子串起来当电话，妈妈和宝贝一人拿一头。妈妈用简单的、宝贝经常可以听到的语言和宝贝交流，并鼓励他多说。

效果：学习倾听和如何与人交流。

温馨提示：自制电话要干净卫生、边缘光滑，不会伤害宝贝。

5. 词语接龙

准备一幅动物挂图。和宝贝一边看挂图一边与宝贝进行言语问答："谁会飞？""谁在水里游？"让宝贝尝试做出相应的回答，如"小鸟""鱼儿"。

效果：丰富宝贝的词汇和常识。

温馨提示：成人平日和宝贝一起熟悉挂图上的动物，和动物的一些典型的特征之后再进行这个游戏。

6. 开汽车

妈妈和宝贝一起边走边用手做转动方向盘的样子，可以时而快点走，时而慢点走，时而停止，时而开始，时而走去找爸爸，时而走去找姥姥……玩的过程中用相应引导宝贝用词表明当前的动作，如："嘀嘀嘀，快快开""嘀嘀嘀，慢慢开"……

效果：学习用语言描述自己的行动。

温馨提示：游戏时要确保没有障碍物把宝贝绊倒，活动场地宽敞些效果更好。

1—2 岁小贴士：

1—2 岁是宝贝由"沉默"到开口说话的关键时期，为激发宝贝正确、大胆开口讲话，爸爸妈妈要做好榜样，同时多方面进行引导。

1. 对一天中发生在幼儿身边的事情进行讨论

一日生活中存在很多对幼儿阅读进行指导的契机，成人可以通过提问或讨论帮助幼儿理解，如当家长一起逛公园的时候，家长可以问："那个标志指示我们干什么？"家长可以与幼儿对此进行谈论，逐渐使幼儿明白各种标志都是具有一定意义的；与幼儿一起看图书的时候，可以问幼儿："小兔在哪里住呢？"引导幼儿理解图画的意思。

2. 多对孩子进行提问。如当家长与幼儿一起读书的时候，可以抓住机会问幼儿一些帮助他实践所学到的新东西的问题（如：小兔子说什么？），或者一些因果关系的问题。（如：如果……将发生什么？）

3. 给予幼儿模仿成人书写的条件与机会

模仿是宝贝学习语言的重要途径。爸爸妈妈一定要满足宝贝，如提供给幼儿使用蜡笔、尖笔和铅笔等在纸上涂鸦的机会。

4. 做好榜样。模仿是这个阶段幼儿学习的重要方式，所有的幼儿都看成人在做什么并进行模仿，家长要注意自身的榜样作用，并身体力行做一个喜欢看书的人、正确发音说话的人。

在与幼儿游戏的过程中我们还应特别注意以下几点：

· 指导幼儿读故事的时候一定要用手指着图书，以使幼儿将口语所读与图书内容建立联系。

· 在游戏的过程中妈妈要适时地变换语调，以使幼儿感受语言的丰富、鲜活，激发幼儿的说话兴趣。

· 让幼儿控制活动的节奏。切不可因为宝贝说话不流畅而着急，无论什么时候都要耐心，让幼儿自主控制节奏，而且要适可而止。

2—3 岁

2—3 岁是幼儿语言集中快速地发展的全盛时期，他们已经不再满足于"鹦鹉学舌"，而是积极主动地学习语言、运用语言，变得"能说会道"了，尽管有时会发错音或者口齿不太清楚。这个阶段对孩子语言培养的重点任务，是尽早诱导孩子在活动中运用语言的能力和句式扩展的能力。具体方法有：教孩子学习语言复述、继续教孩子背儿歌和小古诗、在故事阅读中通过提问对孩子积极引导、教孩子简单复述故事中的情节、让孩子接触经典、教孩子学习简单的复合句等。

1. 画五官

准备纸、彩笔、剪刀等材料。游戏前先引导宝贝说说我们的脸上都有什么？然后妈妈用彩笔在纸上画一个娃娃脸轮廓，并和宝贝一起边说边把五官画到娃娃脸上。

效果：帮助宝贝正确说出五官的名称，并知道五官的位置。

2. 换词

妈妈说一句简单的话，宝贝接一句，但要把句子中的一个词换成另外一个词。如，妈妈："我有一个苹果"，宝贝："我有一根香蕉"。妈妈："我有一件衣服"，宝贝："我有一辆汽车"。妈妈："我打开门"，宝贝："我关上门"。妈妈："苹果红红的"，宝贝："苹果甜甜的"等。

效果：可提高宝贝对词汇的应用能力。

3. 双音词比赛

爸爸妈妈和宝贝一起进行双音词比赛，爸爸可先说一个，然后妈妈和宝贝依次说，看谁说得快，说得准确。如大大的—小小的—胖胖的—厚厚的—蓝蓝的—黑黑的—短短的—长长的……

效果：巩固对词语的认识、记忆和理解。

4. 猜谜语

浅显易懂、简单明了地描述一件宝贝很熟悉的东西，让宝贝根据描述猜出物体，并说出物体的名称。如妈妈可以这样说："有一个长长的、好吃的水果，颜色是黄色的，吃的时候要把外面的黄皮剥了。"

效果：可以锻炼宝贝的语言理解和分析判断能力。

5. 小喇叭

用报纸或者纸板卷起来做成一个小喇叭，妈妈拿着小喇叭通知宝贝一句话，然后让宝贝大声说出妈妈刚才说的话。妈妈也可随意编一些有趣的话用小喇叭传达给孩子，如"天上星，亮晶晶，一闪一闪眨眼睛"等，如果孩子喜欢，也可让孩子用小喇叭向妈妈传话。

效果：让孩子在快乐的游戏中学习听话传话。

6. 悄悄话

爸爸先在宝贝耳边小声地说一句话，如"我想吃苹果"，让孩子传给妈妈，妈妈听到后大声说出答案，看答案是否正确，待孩子熟悉后，适时变化句子长度与丰富性，增加游戏复杂度。

效果：激发宝贝说话的兴趣，学习听话传话。

温馨提示：游戏要由简到繁进行，开始先说两三个字的短句，逐渐加长句子，增加难度，游戏过程中可根据情况给孩子适当奖励。

7. 娃娃家

准备一些玩具，如布娃娃、小衣服等，与宝贝一起玩娃娃家游戏，让宝贝当妈妈照顾娃娃。妈妈可在旁边适时提醒宝贝："娃娃想听故事了，你讲一个吧""娃娃饿了，你给它吃什么呀？"

效果：可以锻炼宝贝对语词的反应能力、运用能力。

8. 编数字歌

准备数字"1—10"卡片，妈妈和宝贝一起看卡片，数数1—10，然后妈妈引导宝贝仔细观察，并说说这些数字都像什么，提出自己的看法，刚开始妈妈要先示范，如1像小棍长又长，8像葫芦两边圆，9像蝌蚪摇尾巴等，以此类推。可让宝贝边说数字边用手指来表示。

效果：学习1—10，尝试发挥想象与妈妈一起学编好听的儿歌。

温馨提示：妈妈还可参考下面的数字歌，让宝贝边用手指比画边说儿歌。

1像铅笔细又长，2像小鸭水上漂，

3像耳朵听声音，4像小旗迎风飘，

5像秤钩来买菜，6像哨子嘟嘟响，

7像镰刀来割草，8像麻花扭一扭，

9像勺子能吃饭，10像铅笔加鸡蛋。

9. 画图讲故事

让宝贝把自己觉得很有趣的一件事情简单地在爸爸妈妈的帮助下画出来，并讲给爸爸妈妈或者来家里做客的朋友听。

效果：锻炼宝贝的表达能力，扩大词汇量，帮助宝贝回忆经历过的事情。

温馨提示：在宝贝讲的过程中，爸爸妈妈要引导宝贝尽量完整地讲述，如可向宝贝提问："这是在哪里？""当时还有谁？""这是什么时候的事情？"引导宝贝把事情的时间、地点、人物、事件说清楚。

10. 故事表演

在给宝贝讲一个故事后，根据具体故事情节，准备相应的玩具材料布置故事情境，让宝贝进行故事表演。如在给宝贝讲故事《三只小熊》后，为幼儿准备三只小熊放在家中的游戏区，让孩子边阅读故事边表演。

效果：帮助宝贝理解故事内容。

11. 看图猜物

准备一些宝贝熟悉的物体图片，如正方形、三角形、衣服、公共汽车等，妈妈压住图片的部分，让宝贝根据露在外面的部分图猜出完整的物体或形状。

效果：加深对事物名称及特征的记忆与认识。

12. 我问你答

妈妈和宝贝一问一答玩问答游戏。如妈妈问："什么动物在水里游?"宝贝回答："鸭子在水里游。"妈妈问："什么动物在天上飞?"宝贝回答："小鸟在天上飞。"妈妈问："什么是白色的?"宝贝答："雪是白色的、小兔子是白色的。"等等。

效果：让幼儿练习问答对话的方式，训练思维敏捷，同时帮助幼儿复习对各种事物的颜色、形状、特性的认识。

温馨提示：提问要注意选择幼儿生活中常接触到的一些事物，提问可围绕事物的多个特征进行。

13. 猜一猜说一说

游戏开始，妈妈形象地做出某个动作或表情，如哈哈大笑、哇哇哭、跑来跑去、挠痒痒、摇头等，让宝贝猜妈妈在干什么，之后家长和孩子换角色，宝贝表演，妈妈猜。

效果：帮助孩子加深对词义的理解。

14. 复述故事

妈妈准备一个简短的故事讲给宝贝听。等宝贝熟悉后引导孩子简单复述故事中的部分或全部情节，如妈妈在引导宝贝复述《小猫钓鱼》的故事时，可以这样问："小猫钓鱼的时候看见什么了？""后来呢？它干什么去了？"刚开始只要能说出个大意就要鼓励。

效果：让宝贝尝试学习复述故事。

温馨提示：刚开始宝贝不知道怎么复述，妈妈可根据故事内容用提问的方式加以引导。

15. 一话多说

指导孩子用不同的词汇，说出相同内容的话，即用不同的话表达相同的内容。例如："宝贝是妈妈的儿子""妈妈的儿子是宝贝""奶奶是爸爸的妈妈"可以说成："爸爸是奶奶的儿子"等。

效果：很能有效地训练孩子的语言理解能力和表达方式，发展幼儿学会多种表现思想的方法，使语言变得灵活丰富起来。

16. 抓小鸡

爸爸妈妈相对站立，双手相握举起成拱形，宝贝从中间跑着穿过，妈妈喊"一、二、三"，在喊到"三"的时候爸爸妈妈突然把手放下，把宝贝围住，引导宝贝完整地说一句话，之后把宝贝放开，游戏继续。每次说的话内容要有变化。

效果：锻炼宝贝完整、即时地进行口语表达的能力。

17. 打坏蛋

爸爸妈妈在硬纸版上画上大灰狼或者坏狐狸的样子，挂在门框上（或院子的树上）。然后引导宝贝用报纸做的纸球或其他小而轻的小球，打坏蛋，边打边说出打坏蛋的原因，如"我打坏狐狸，因为它偷吃东西""我打大灰狼的肚子，因为它把小羊的水喝了"，要尽量引导宝贝多说几个打坏蛋的理由。

效果：学习因果表达，丰富孩子的语言表达能力。

18. 小司机

找一个小长凳子当车，宝贝为司机骑在小凳上拉着往前走，爸爸妈妈当乘客跟在后面。爸爸妈妈可以塑造不同搭车情境，并不断询问宝贝现在到哪里了？前面是红灯了，我们的车应该怎么办？

效果：能让宝贝将动作和语言结合，在情景中学习语言。

19. 说反话

妈妈结合自身特征说出某一词语或短句，引导宝贝说出一个意思相反的词或短句。例如：妈妈高，宝贝矮；妈妈的衣服大，宝贝的衣服小；妈妈在前面走，宝贝在后面走；等等。

效果：学习感受与运用简单反义词。

温馨提示：做游戏时，家长和孩子可配合说话做一些手势和动作，增加游戏趣味。

20. 什么不见了

准备一些宝贝认识的物品，如碗、鸡蛋、玩具小车等，当着宝贝的面把鸡蛋的照片拿走，然后问宝贝："什么不见了？"让宝贝回答，然后，趁宝贝不注意的时候，把小车拿走，再问宝贝："什么不见了？"鼓励宝贝说出物品的名称。

效果：帮助孩子巩固、丰富和积累词汇，发展宝贝的观察力、注意力。

温馨提示：可以根据宝贝的情况扩展游戏，利用家里的许多物品开展。

21. 播放录音

当孩子唱歌、读儿歌、读古诗、讲笑话、胡乱喊叫的时候把孩子的声音录下来，然后播放给孩子听。宝贝会自然地随着磁带一起唱、一起念、一起叫。

效果：有助于孩子在快乐的游戏中巩固复习语言。

22. 一起说

准备儿歌或者古诗一首，如经典诗歌《咏鹅》《悯农》。游戏开始，妈妈慢慢地、有节奏地读给宝贝听，在读每句的时候有意识地把最后一个字拖长，示意宝贝跟着念每句的最后一个字，等宝贝熟悉后逐渐引导孩子尝试跟着妈妈一起说最后一句，直到能一起说完整首诗歌。

效果：帮助宝贝诵读儿歌、古诗词，掌握新的词汇。

温馨提示：不要急于让孩子马上说出来，要坚持天天进行这样的游戏。

23. 词语聚会

将以某词结尾的多种物品集中展示在一起，与孩子一起举行一个聚会，一边认识食物或物品，一边谈论以该词结尾的词。如可将以"水"结尾的凉水、热水、茶水、果汁水、矿泉水等放一起，让宝贝尝一尝，说一说。其他结尾的词还可有"瓜"，西瓜、南瓜、香瓜、冬瓜、哈密瓜等。

效果：丰富种类词汇，感受物品的多样。

2—3 岁小贴士：

2—3 岁幼儿是幼儿建立自信的关键时期。家长要充分利用自身与幼儿所具有的特殊的亲密关系，帮幼儿建立自信，发展语言能力。并注意以下几点：

1. 选择轻松、惬意的时间进行游戏活动，以始终保持幼儿对语言的兴趣。

2. 慎重对待幼儿的重复。家长可能会发现孩子一次一次地只选一本书，这种重复有它自身的价值。因为不久你就会发现幼儿能按照画册的指导给你讲这个故事，且学会辨别个别单词。

3. 尝试根据幼儿自身的经验与幼儿一起制作图书。如可以把幼儿的作品收集起来，再加一些照片等制作成图片故事图书。

4. 将玩具与图书结合起来提高幼儿的阅读热情。将玩具与图书有效结合是提高幼儿阅读兴趣的好方法，让幼儿边阅读，边表演，既有趣，又可以提高幼儿对故事的理解。

5. 切记不要对着你的孩子说某书太难懂或太长了，如果他们喜欢，就让他去看、去读。

54 个数学游戏——激发智慧思维

数学是研究世界空间形式和数量关系的科学，也是我们认识世界、解决问题的重要工具。研究表明，婴幼儿期是人类数学能力开始发展的重要时期。在宝贝 0—3 岁年龄段，他们就已经显露出对数量、图形等浓厚的兴趣，这个时刻引导和启发他们接近数学、喜欢数学、学习数学，有助于宝贝思维能力的发展！

> 0—1岁的宝贝能听数字、看物体，对声音和颜色的刺激有回应。这个阶段应多和宝贝说话，多让孩子感知触摸不同颜色、形状的物品，并逗引他们抓握。
>
> 1—2岁能数简单的数字，笼统地知道多与少的概念，能从多个中拿1个；能识别一些简单几何形状；逐渐具备上下、里外、前后方位意识，识别物体的大小、多少、高矮；能够根据东西的大小、种类、颜色进行简单分类，还能进行简单的配对等。
>
> 2—3岁宝贝已能连续数数，能理解数字代表的实际含义；能比较物体的形状，识别圆形、方形、三角形等不同的几何图形，并进行匹配；能比较远近、长短、厚薄，并能进行比较，发现近似事物中的不同点和不同事物中的相似点等。
>
> 同样的游戏，不同年龄阶段培养的侧重点是不同的，如0—1岁、1—2岁的时候多为通过游戏让宝贝学习感知、体验数学，不一定要宝贝对应具体的数字，明白真正的意义。而2—3岁的时候就可要求宝贝进行适当的点数，尝试认识简单的数字，并初步理解运用简单的数学。

0—1岁

1. 摸摸抓抓

大人可准备1根香蕉、1个苹果，拿着香蕉和苹果先后在小孩眼前晃动，并说出物品的名称："香蕉""苹果"。反复几次后，让孩子接触这些物品，感知它们的特点，并给他（她）描述："香蕉，长长的，黄黄的。""苹果，圆圆的，红红的。"反复多次。把香蕉、苹果放在宝贝面前，逗引孩子去抓握，不管抓到哪个，都要加以鼓励，并告诉他（她）抓到的是什么："呀，宝贝抓到了1个苹果！""哇，宝贝抓到了1根香蕉！"其他物品也能进行类似的游戏。

效果：宝贝通过摸摸抓抓初步感知物品的形状。

温馨提示：勿让孩子抓握一些过大过重或尖锐的物品，一般选择没有尖角的较轻物品，颜色亮丽的更能引起孩子的兴趣。

2. 唱数字歌谣

妈妈可以将包含有数字的儿歌说给宝贝听，并用手配合比画，令宝贝更觉得新鲜有趣，如："一根手指点点，二根手指剪剪，三根手指弯弯，四根手指叉叉，五根手指开花。"如果宝贝感兴趣，妈妈可帮着宝贝做被动手指操。尽管宝贝不会跟着说，但他具有了数字的初步经验。等他大些，你再唱会发现他很快就学会了，或许还会做出几个可爱动作呢！

效果：培养宝贝一定的数字经验，节奏、手势动作也会引发宝贝对数字的兴趣。

温馨提示：在唱数字的时候，语速尽量缓慢，吐字要清晰。

3. 瓶盖配对

准备几个空的大小不同的塑料小瓶子，把它们的瓶盖打开放在宝贝面前。之后妈妈握着宝贝的手，手把手和宝贝一起把瓶盖盖上。妈妈还可以故意拿大瓶盖去盖小瓶子，或者用小盖子去盖大瓶子，宝贝会惊喜地发现只有适合的瓶盖才能盖上。

效果：初步感知一一对应关系。

温馨提示：瓶盖不要太小，瓶子最好在消毒后，再投入游戏中。

4. 盒中取物

准备一个家里不用的纸盒子，在纸盒的一个面，开一个口，方便放进东西或者拿出东西。在纸盒里面放 2 个孩子喜爱的玩具但要一大一小。纸盒开口处的大小既能让宝贝把手伸进去，又只允许 1 个玩具通过。让宝贝自由地摆弄盒子，逗引他从盒子里面拿玩具。宝贝并不能认识到是因为他拿到玩具的大小合适，才把玩具取出，但多次实验能为他形成这样的认识奠定基础。宝贝确实无法做到的情况下，妈妈可以做个示范，再鼓励宝贝自己试试。

效果："帮助宝贝感知玩具大小"和"能否从盛放玩具的纸盒开口处拿出"的关系。

温馨提示：纸盒的边缘要光滑，不会划伤宝贝的小手。玩具也必须没有任何锋利的边缘，同时得干净卫生。

5. 音乐响起来

准备一个音乐玩具，声音要悦耳柔和。让宝贝自由地探索音乐玩具，当他突然触动开关，听到好听的音乐，会很奇怪。这个时候，他并不明白是他触动到开关才使音乐响起的。妈妈可以在宝贝还饶有兴致之时，把开关关闭。宝贝会一次次尝试怎样能再听到音乐。

效果：宝贝多次触动开关后加深对开关——玩具发出声音之间因果关系的认识，更增加对自己力量的信心。

温馨提示：音乐玩具必须干净卫生，确保宝贝用嘴吮吸也没有危险。

6. 认图片

先取出宝贝已认识的实物如苹果。再取出画有苹果的图片，将实物与图片对比让宝贝观察，一会儿工夫宝贝就能理解图片代表实物。待宝贝熟悉后，找三张图片放在一起（包括刚看过的苹果图片），让宝贝找出对应实物苹果的图片。

效果：理解图片和实物之间的对应关系，同时锻炼观察力、记忆力。

温馨提示：这个游戏的前提是宝贝能够认识一些实物并且对它们非常熟悉。

7. 1、2、3

在宝贝的注视下，用一块手帕包上 1 一个无籽小橘子。打开，再包上，鼓励宝贝打开手帕把橘子找出来。当他打开后，你就说："1 个。"当着宝贝的面另取 3 个小橘子，包在一块手帕里，边包边说"这是 3 个"。让宝贝注视两边的橘子各 5 秒钟后包上（两包的位置不要变），要求他把两包橘子都打开，看他要哪一包。反复玩后，如果他总是要 3 个的一包，说明他能区别"1"与"3"，然后，你再分别包上 2 个和 3 个，看他是否还要 3 个的。游戏中的橘子可依据实际情况换成宝贝爱吃的其他食物，增加他的兴趣。虽然宝贝不明白"1""2""3"分别代表的数量，但他能笼统地感知到数量的不同就足够了。

效果：形成简单数概念的萌芽，发展注意力、记忆力和手的技巧。

温馨提示：拿食物作为宝贝的奖励要慎重，不能多吃。

8. 玩一玩，数一数

在他玩积木时，你握着他的手给积木排队，同时你口中数数 1、2、3……别超过 5。让他逐渐熟悉数目的顺序。其他情景中，你也可以数数。虽然宝贝不能说出，但反复听到数字的顺序会为他日后接触数提供方便。

效果：熟悉数字的顺序，为发展数概念做准备。

9. 认识"1"

给宝贝拿饼干、香蕉、糖果等食物吃时，你应该只给他一块，并竖起食指告诉他："这是 1。"要让他模仿你竖起食指表示要"1"块后，再把食物给他，并大加赞赏。以后凡是给他食物时都要让他先竖起食指表示要一块，才将一块食物给他，吃饭时也让宝贝说，妈妈喂一口。

效果：初步感知"1"所代表的数量。

（改编自小精灵儿童网站）

10. 摸摸五官

妈妈用食指指着自己的鼻子说："一个鼻子，一个。"并用食指摸一摸。同样用食指指着嘴巴对宝贝说："一张嘴巴，一张。"指着眼睛说："两只眼睛，两只。"指着耳朵说："两只耳朵，两只。"妈妈边说边用两根食指指着自己说到的器官。

效果：初步感知"1"和"2"代表的数量，激发对数量的兴趣。

11. 宝贝叫叫

宝贝在偶然间"咿咿呀呀"发出声音的时候。妈妈可模仿宝贝的"咿呀"声，比如"呀——"叫一声，这样又会激发宝贝继续模仿妈妈叫，当他发出一声时，妈妈立刻说："宝贝叫了一声。"妈妈继续鼓励宝贝发声，同时在他发出声音后，妈妈及时说出宝贝叫了几声。妈妈也可说"宝贝叫 2 声"，看看宝贝的反应，随后给宝贝示范。妈妈可以反复和宝贝一起叫一声，或叫二声。数量别超过 3。

效果：初步感知"1"和"2"代表的数量，激发对数量的兴趣，密切妈妈和宝贝的关系。

温馨提示：妈妈的声音要轻柔，宝贝也会模仿着轻柔发声。时间别长，保护宝贝的声带。

12. 大苹果和小苹果

准备大小悬殊的两个苹果放在宝贝面前。观察宝贝的反应，可能宝贝会去拿大苹果。妈妈告诉说："哦，宝贝拿了一个大苹果。"这个时候，妈妈摇摇手，说"拿小的"。再看看宝贝的反应，宝贝可能拿小的给妈妈看，妈妈要高兴地表扬宝贝"对了，拿小的"。但宝贝也会不听从妈妈的要求，妈妈可握着宝贝的手和他一起拿苹果，边拿边说"拿小的""拿大的"。每做对一次，妈妈都要表扬宝贝。

效果：引导宝贝初步感知大小的不同，并逐步将"大""小"和对应的物品相匹配。

13. 取香蕉

在宝贝面前放 3 根香蕉，试着让宝贝取，妈妈先拿一个，边拿边对宝贝说："妈妈拿第一个。"随后启发宝贝："宝贝取第二个。"宝贝尽管不知道他拿的是第几个，但妈妈的手势和表情会让他明白，妈妈希望他也拿一个。最后妈妈和宝贝一起拿第三个，同时妈妈说"妈妈和宝贝一起拿第三个"。可多次重复。

效果：引导宝贝初步感知"第几个"。

温馨提示：一次游戏不会产生多少效果，类似的情景妈妈也可以和宝贝一个一个取，说说取的是第几个。

14. 一样

准备两个一模一样的玩具小车（颜色、大小、种类都一样，以免干扰宝贝的判断）和一个玩具小兔。问问宝贝"哪些一样"，当宝贝发现小车一样后，马上反馈他："好宝贝，对了，两个小车一样。"

效果：分辨物品的显著特征。

15. 在哪里

准备宝贝喜欢的一件发声玩具，把玩具分别放在宝贝的身侧和身后，问宝贝"宝贝，玩具哪里去了？"如果宝贝不知道可让玩具发出声音吸引宝贝找。游戏可以重复多次。

效果：在藏找的过程中感知空间方位。

小贴士：

1. 宝贝的生活经验是开展数学游戏的基础，爸爸妈妈注意在平时丰富宝贝的认识，比如看到一个苹果要多次告诉宝贝"苹果"，妈妈和宝贝吃苹果的时候妈妈也要把自己品尝到的味道告诉宝贝："酸酸的""甜甜的"。

2. 数学经验不限于数量，事物之间的逻辑关系是数学经验中更重要的一个组成部分，家长尤其要注意游戏中的这些因素。当然宝贝只能认识到最简单最表面的关系。但是一旦宝贝有所发现一定要及时鼓励、多次重复，加深他的印象。

1—2 岁

1. 大和小

利用各种机会进行比大小的游戏，如妈妈可把自己的鞋和宝贝的鞋放在一起，告诉宝贝"妈妈的鞋大，宝贝的鞋小"，指着衣服告诉宝贝"妈妈穿大衣服，宝贝穿小衣服"。等宝贝具备初步的感觉后问宝贝"妈妈的手大还是宝贝的手大"。

效果：感受认识大小。

2. 圆圆的

准备一些圆形物体，像气球、苹果、橙子、小球等。妈妈抱着宝贝，指着这些圆形的物品说："宝贝快来看，这些东西都是圆形的。圆圆的气球，圆圆的苹果……"妈妈反复对宝贝说，让宝贝也摸摸。然后问宝贝："这些东西都是什么形状的？"可多重复几次。接着启发宝贝找找家中常见的圆形物体。如碗、圆形的盘子、脸盆、锅等。

效果：通过具体而且是宝贝熟悉的物品感知认识"圆形"，并发现生活中的圆形。

温馨提示：宝贝可能会想要摆弄某些物品，重的，容易摔碎的比如盘子、碗，注意不让宝贝拿在手里，像塑料脸盆就能让他摸一摸。

3. 装饼干

准备一个空的保鲜盒，和一个装了饼干的盘子。妈妈指着盘子告诉宝贝"许多饼干"。妈妈边往保鲜盒里一个一个地捡饼干，边说："一个、一个、一个……"然后，请宝贝一起往盒子里放饼干，宝贝边捡，妈妈边说："一个、一个……"当盘子空了的时候，妈妈指着盘子告诉宝贝"没有了"，指着盒子说"许多饼干"。随后拉着宝贝的手也指指、说说，还可和宝贝一起继续玩从盒子里一个一个往盘子里捡饼干的游戏。反复多次后，家长可更换捡物品。

效果：这一游戏让宝贝感受"一个"和"许多"，以及"没有了"。

温馨提示：游戏中出现的容器最好都为塑料制品。出于卫生和避免浪费的考虑，选择有独立包装的。

4. 找糖果

准备一些各色的糖果，让宝贝从中依次找出红色的糖果、绿色的糖果。

效果： 培养宝贝按颜色分类的能力。

5. 拿一个

准备3个苹果。家长先问宝贝"这是什么"，让宝贝认一认盘子里放的是什么。随后请宝贝来给大家分，一人1个。宝贝分时要说"爸爸一个""妈妈一个""宝贝一个"，分对了，家长要说谢谢。家长还可接着让宝贝分香蕉，方法同上。

效果： 帮助宝贝感受"1"和它代表的数量，并在水果和人之间建立一一对应的关系。

温馨提示： 盘子最好用木制或塑料制不容易破损的。此外注意游戏中，别让宝贝吃太多。

6. 多和少

准备一些乒乓球和两个小筐，妈妈拿一个，宝贝拿一个，爸爸喊"开始"，妈妈和宝贝分别把乒乓球往自己拿的盘子里放。爸爸喊"停"，宝贝和妈妈同时停止，之后让宝贝看看，是妈妈拿的多还是自己拿的多。在游戏中妈妈注意要拿的和宝贝拿的有明显的数量差异。

效果： 感受多与少。

温馨提示： 宝贝还不能通过点数比较数量多少。假如宝贝在游戏中观察不出谁的多、谁的少，爸爸妈妈可以通过和宝贝一起排列橘子比较多少。

7. 长高变矮

妈妈拉着宝贝站好。妈妈说"变矮了",妈妈拉着宝贝蹲在地上。妈妈说"长高了",拉着宝贝站起来。反复多进行几次。

效果:让宝贝在"长高变矮"中初步感受高矮的不同。

适合年龄:1—1岁半

温馨提示:游戏最好在铺着软垫的地板上玩,以免宝贝站不稳摔倒,此外妈妈拉着宝贝做动作要舒缓。

8. 里面和外面

准备一个不用的包装盒和宝贝喜欢的一件小玩具。妈妈把玩具放在盒子里面,然后指着盒子跟宝贝说:"宝贝的玩具在里面。"随后请宝贝打开盒子查看,但不要把玩具拿出,多重复几次。让宝贝跟着妈妈说"里面"。妈妈再把玩具拿出来,放在盒子旁边,指着玩具说:"宝贝的玩具在外面。"让宝贝跟着妈妈一起说:"外面。"然后妈妈和宝贝把玩具放到盒子的"里面",并让宝贝边放边说"里面",随后再请宝贝把玩具拿出来,边拿边说"外面"。

效果:帮助宝贝掌握简单的空间方位。

温馨提示:包装盒选择纸制的为宜,这样宝贝在放玩具拿玩具的过程中不会被夹伤手。

9. 上上下下

在商场坐扶梯的时候,可以带着宝贝,来回多坐几次。在电梯上行的过程中,告诉宝贝:"上去喽。"电梯下行的过程中,提醒宝贝:"下去喽。"当妈妈和宝贝上下楼梯也可以进行,比如反复上下同一个台阶。

效果：妈妈会奇怪宝贝总爱反复坐电梯，对于他们这不但是好玩的游戏还能认识上下呢。

温馨提示：一定在有成人陪同的情况下进行该游戏，同时如果宝贝疲劳了注意休息，特别是上下台阶的游戏，要注意宝贝上下安全。

10. 站队

妈妈和宝贝在家里就可以进行。比如妈妈站在宝贝的后面，从宝贝背后搂住他说："宝贝在妈妈前面。"也可站到宝贝的前面，把手倒背着搂宝贝："宝贝在妈妈后面。"妈妈请宝贝做排到妈妈前面和排到妈妈后面的动作，并且反复强调宝贝方位的变化。

效果：启发宝贝以妈妈为参照感受"前面"和"后面"空间方位变化。

11. 变大变小

把松紧带两头打个结变个圆，爸爸妈妈和宝贝一起拉着松紧带把它拉个大圆又变个小圆。

效果：感受认识圆形。

12. 盖高楼

妈妈和宝贝分别用积木搭高楼玩，搭好后互相比较比较，看谁搭的积木比较高，谁搭的积木比较低。妈妈要故意低一点哦。

效果：感受到"量"的变化过程，感受理解高低。

13. 蛋宝贝比多少

准备2个小盆、4个煮熟的鸡蛋，一个小盆中放一个鸡蛋，另一个小盆中放 3 个鸡蛋，之后请宝贝数哪个盆里的鸡蛋多，哪个盆里的鸡蛋少。

效果：感受多少，发展感知能力。

14. 吹泡泡

准备吹泡泡玩具 1 副，家长吹泡泡给宝贝看，鼓励宝贝用手去抓。宝贝抓泡泡时，妈妈要告诉宝贝泡泡是圆圆的，并反复强调"圆圆的泡泡"。

效果：感知圆圆的。

温馨提示：在平整的场地进行。

小贴士：

宝贝的周围存在大量的空间、数量、形状，爸爸妈妈注意随时引导。

宝贝不能通过一次游戏就获得多少认识，爸爸妈妈在平时要多重复。

开展任何游戏都要注意培养宝贝的情绪，如果他有兴趣，可以多进行几次；如果他表现出不耐烦，可以做些其他事情。

游戏的过程中宝贝如果不会，妈妈可先做一遍再让宝贝操作，也可妈妈做前面的，给宝贝示范，然后再让宝贝做。

2—3 岁

1. 边走边数

妈妈拉着宝贝的手一起上楼梯，上之前妈妈喊"开始"，之后两人一起往上走，妈妈边上楼边领着孩子数："一级、二级、三级、四级……"数到 10 的时候，重新开始数，或者和孩子一起下楼梯，如此反复多次。游戏可以在不同情境中延伸，如可以利用喂孩子吃饭的机会和孩子一起数桌子上有几个碗等。

效果：可自然地培养宝贝数数意识与行为，并逐渐理解数字的意义。

温馨提示：上楼梯要注意对孩子的保护。

2. 纸牌接龙

准备一副扑克，妈妈指导宝贝按 1—5 的顺序从小到大依次排成一条龙。等宝贝熟悉之后自己动手进行纸牌接龙。

效果：认识数字 1—5。

3. 小手量量

准备一张长方形的报纸，让宝贝左右手配合交替对纸的长边和宽边分别测量，看看长边有几个小手长，宽边有几个小手长。还可以拿一张正方形的纸让宝贝量，感受正方形四个边一样长的特性。其实许多东西都可以拿来测量，如还可以引导宝贝用自己的脚作单位，从这边的墙壁走到那边的墙壁，看看这房间原来有几"脚"宽。

效果：积累初步的测量经验。

4. 水果篮

准备一篮水果，让宝贝分别从篮子里拿出 1 个苹果、2 个梨、3 个橘子、4 根香蕉。

效果：训练数数能力，强化实物点数的能力、口头表达能力。

5. 切苹果

准备一个苹果，让宝贝看着把它切成两半，再切成四半，切的过程中跟宝贝说:"妈妈要把一个大苹果,变成两个小苹果,再把两个小苹果变成四个更小的苹果。"如此让宝贝看着感受二分之一、四分之一。

效果:感受体验二分之一、四分之一。

温馨提示:切不可让宝贝切。

6. 谁的远,谁的近

妈妈、宝贝站一排拿两个同样大的球一起往远处扔,之后问宝贝,"妈妈和宝贝谁扔得远,谁扔得近",游戏可反复进行。

效果:感受远与近的概念,锻炼臂力。

7. 分一分

准备一些宝贝熟悉的东西,如糖果、布娃娃、饼干、牛奶、香蕉、皮球、积木、小汽车等,让宝贝分放在两个盒子里。刚开始妈妈可通过做示范给宝贝思路与线索,如边拿着香蕉放在一个盒子里边说"这是吃的",边拿着皮球放另一个盒子里边说:"这是用来玩的。"

效果:学习按物品的用途分类。

8. 哪个厚

准备一件衬衣,一件羽绒服,告诉宝贝衬衣薄薄的,羽绒服厚厚的,之后找厚薄明显的书,让宝贝说哪个厚哪个薄。

效果:学习比较厚薄。

9. 运水

准备一大一小两个塑料容器,大容器的容积最好是小容器的3—4倍,游戏开始,让宝贝在小容器中装满水,往大容器中倒,看看装满大容器需要几小碗水。

效果：培养初步的数量、容积大小、度量衡的概念。

10. 搭积木

准备一些积木，妈妈和宝贝围坐一起，一起拼搭三角形、正方形、长方形。

效果：培养初步的形状的概念。

11. 喵喵叫

准备小猫头饰或玩具一个，让宝贝扮小猫，妈妈依次让宝贝叫一声、两声、三声、四声，等宝贝熟悉后，随机让宝贝叫1—4声。做完游戏后，家长和幼儿对换角色继续游戏。

效果：理解1—4的真正含义，训练幼儿的听觉能力、反应能力、培养幼儿学习数学的兴趣。

12. 打电话

准备两个玩具电话，妈妈和宝贝相互打电话聊天，每次打电话前告诉宝贝妈妈的电话是多少，刚开始先给他一位或两位数的电话号码，等宝贝熟悉了，可以逐渐增加。

效果：认识运用数字。

13. 送片片回家

自制一些颜色、大小、形状各异的硬纸片或购买的游戏塑料片，再准备两个容器，引导幼儿分别按照大小、颜色、形状把片片分别送进两个容器中。

效果：学习按大小、颜色、形状分类。

14. 变化的小汽车

准备一个玩具小汽车和一个有盖的盒子，让宝贝把小汽车分别放在盒子的上面、下面、前面、后面、里面、外面，而且引导宝贝边做边说"汽车在盒子的上面"等。

效果：了解掌握上、下、前、后、里、外等方位。

15. 找颜色

在宝贝认识红色和绿色的基础上，引导宝贝找一找、说一说房间中哪里有红色，哪里有绿色，如妈妈的红围巾和红毛衣，宝贝的红皮球，妈妈买的红苹果等。

引导宝贝学习观察和区分。也可在带宝贝上街的时候，让宝贝去找找红色和绿色。

效果：认识运用红色、绿色。

16. 搭彩桥

准备红色、白色瓶盖若干，引导宝贝学习将两种颜色的盖子，间隔排列成一条彩带。

效果：学习初步的排序。

17. 找朋友

准备四双鞋，让宝贝看看，之后把它们打乱散放在地上，让宝贝给鞋子找朋友，配成原来的样子。

效果：学习配对。

18. 小兵归队

准备1—5的数字卡5张，按"1、2、3、4、5"的规律把它们排成一列，在让孩子看过后，将卡收起来，再重新按原来的规律进行摆放，但是所摆放的数字卡中有一张或几张被妈妈拿走。这时再让宝贝看少了哪张，哪个小兵没排队。

效果：认识1—5，并学习数字排序。

19. 摇铃

准备铃铛一个。妈妈摇铃铛，宝贝听妈妈摇了几下，可根据宝贝的能力逐渐增加摇的数量。当然也可以宝贝摇，让妈妈猜摇了几下，以提高幼儿的游戏兴趣。

温馨提示：铃声不宜过大，以免影响幼儿的听觉系统。

20. 瓶子排队

准备一些大小不同的瓶子或积木，请宝贝依照从小到大和从大到小的顺序把它们排成一列。

效果：学习按大小排序。

温馨提示：一开始排序的物品不要太多，可以先从3个开始，并根据宝贝的能力来增加排序的数量。

21. 圆圆的宝贝

准备宝贝生活中熟悉的物品若干，如皮球、苹果、乒乓球、橙子、积木、小汽车、毛绒玩具，以及一个塑料筐。把所有物品放在筐内，在上面盖块布，让宝贝把手伸进筐中摸出圆圆的宝贝来。

效果：感知圆形实物。

22. 捡树叶

准备一个塑料袋，和宝贝在散步的时候一起捡一些树叶，捡的时候有意一片一片地捡，并和宝贝一起说着"一片、一片、一片、一片……"捡完一袋后问宝贝树叶多不多，并告诉宝贝我们捡了许多树叶。

效果：感受1和许多。

23. 比轻重

准备几个体积大小相近的物品，如娃娃、小汽车、海绵、大苹果，让宝贝感受感受哪个重哪个轻。

效果：感受轻重。

24. 找不同

准备一些苹果和一个橙子，把它们混在一起，让宝贝从中找出不同，即橙子，并尝试让宝贝说说为什么不同。

效果：感受相似中的不同。

25. 魔术面团

准备一小块面团，妈妈和宝贝一起用手将面团分别变换成圆形、三角形、长方形。

效果：认识最简单最常见的几何形状。

> 小贴士：
>
> 进行数学游戏引发宝贝游戏兴趣非常重要。所以游戏开始前可以让宝贝先玩玩摆放出来的玩具或游戏材料，然后再自然地开始游戏。
>
> 在玩游戏的过程中，妈妈应引导宝贝边玩边说，这样能使他们清楚地知道自己做了什么，又是怎样做的，使宝贝的思维和语言都得到了相应的发展。
>
> 提供不同材料或改变游戏规则都会增加或降低游戏活动的难度和要求，所以随着孩子年龄的增大、能力的增强，爸爸妈妈可根据自己宝贝的发展情况随时调整游戏活动的材料和游戏规则，促进宝贝更好地发展。

35个球类游戏，弹出智慧

宝贝似乎天生就对"球"这种玩具感兴趣：出生不久，他就会用眼睛盯着红色的球看；会爬会走以后，他喜欢追着滚动的球玩……几乎所有的孩子都抵制不住球的诱惑。

球类游戏是经典的儿童游戏，给孩子带来了身心愉悦，更弹出了他们的聪明智慧。

0—1岁：

这一时期的宝贝刚刚开始认识世界，他们尝试通过触觉、视觉等各种感觉器官来认识和体会各种物体，初步体验自身的能力。形状单一但玩法多样的各种球，是宝贝最好的玩具之一。

> **球类推荐：**
>
> 适合这一时期宝贝玩的球主要有：能促进宝贝感觉器官发育的按摩球；重量轻，适宜宝贝单手抓握的乒乓球；适合宝贝双手抱住的小皮球；颜色鲜艳、丰富、大小适中的海洋球等。

1. 滚球

准备一个轻巧、干净的小皮球。宝贝躺在床上，妈妈拿着球在宝贝身上轻柔地滚动。也可以把宝贝放在球上，妈妈托着宝贝，轻柔地使宝贝随着球的滚动，前进或后退。

效果： 这个游戏不仅可以促进宝贝的血液循环，使肌肉柔软，还能发展宝贝的感知觉，帮助宝贝学会控制身体。

2. 吊吊球

准备一些乒乓球，用红色、橙色等鲜艳的布包好，系挂在床上或玩具架上，距离为宝贝举手抬脚就能触及的地方。当宝贝躺在床上或坐在婴儿车上，挥舞拳头或抬脚的时候，就能碰到球。你也可以在宝贝面前摇摆球，让宝贝看或击打。

效果： 彩色的球能刺激宝贝对颜色的敏感性；而从无意识地触碰到有意识地击打，则能锻炼孩子手、脚的运动能力和手眼协调能力。

3. 拍拍打打

准备两三个小号的按摩球。宝贝躺在床上，你在他的左手边、右手边、脚底下等各放一个球，让宝贝在随意的举手投足间去拍、抓、捏、踢、打球。

效果：宝贝在做抓、握、捏、拍球动作的同时，手部与球面的突出颗粒相互摩擦，不仅可以起到按摩的作用，还能促进血液循环，刺激触觉神经的发育。

4. 追猫猫

准备一个鲜艳的小皮球，放在宝贝前方 1 米左右，让正在学爬的宝贝趴在床上或木地板上，在你的帮助下往前爬着去够球。等宝贝会爬以后，你可以把球放在离他更远的地方，吸引宝贝以更快的速度爬过去，追到球。

效果：追球游戏能帮助宝贝练习爬行，提高两只小手的抓握能力，促进四肢和手部肌肉的发育。

5. 挠痒痒

准备一个按摩球。你拿着带"刺"的按摩球，从手心至手臂，再到肩膀，来回地给宝贝按摩。然后，以同样的方式将按摩球从小腹到胸口、从脚背至大腿来回按摩。按摩到脚的时候，可以特意在脚心挠一下宝贝，逗宝贝开心。当然只是一两下，不能让宝贝长时间地笑。在按摩的过程中，不要太用力，防止伤到宝贝。

效果：这种游戏能为宝贝提供丰富的触觉刺激，而且有助于稳定孩子的情绪。

6. 推一推，滚一滚

准备一两个彩色小皮球，让宝贝坐在床上或地板上，用小手把球往前推。在宝贝的推动下，小皮球会向各个方向滚动，这对宝贝非常有吸引力。也可以让宝贝爬着去推动球往前滚。

效果：在游戏中，宝贝可以了解球具有滚动的特性，还能增强手臂力量，提高爬行能力。

7. 乒乒乓乓

准备一些乒乓球，让宝贝拿着球往坚硬的地面上丢。乒乓球接触地面时发出的"乒乒乓乓"的响声会让宝贝感到很快乐，而且会激发宝贝一次又一次地把球扔到地上，故意制造出这种声音效果，且乐此不疲。

效果：这种丢球的游戏安全有趣，可以锻炼宝贝手臂的力量，让他感受乒乓球"乒乒乓乓"反复跳动的特性。

8. 洗泡泡澡

准备若干乒乓球或海洋球。宝贝在浴盆里洗澡的时候，你将乒乓球或海洋球一个一个地放入澡盆里。洗澡的过程中，同时拿几个球在宝贝身上轻柔地滚过，让宝贝体验玩水的乐趣。

效果：球在宝贝身上滚动，能让宝贝体验到快乐的触觉刺激，还能起到按摩的作用。

9. 踩高跷

准备一个大球，如篮球。你双手托住宝贝的肋下，让宝贝双脚踩在球上，用脚去滚球。开始时，宝贝可能会害怕，或者不知道怎么滚球。没关系，只要宝贝敢踩上去，你就及时鼓励他。

效果：这个游戏可以增强宝贝的下肢运动肌力和身体的控制能力。

10. 拾拾捡捡

准备一些乒乓球、海洋球、小皮球等便于宝贝抓握的小球，放在一个玩具筐里。再给宝贝另一个玩具筐或玩具小桶，教他将小球一个一个地捡起来，再放进筐里或小桶里。

效果：不断地捡、放球的动作，能很好地锻炼宝贝抓握物体的能力。

> **小贴士：**
>
> 1. 这个时期的宝贝喜欢把东西往嘴里放，所以球要每天洗净或消毒。
>
> 2. 宝贝在床上爬着去滚球时，大人一定要守在旁边，防止宝贝从床上摔下来。
>
> 3. 现在天气逐渐冷了，如果把宝贝放在地板上玩，要注意保暖，最好铺一块毯子，防止宝贝着凉。

1—2岁：

进入这一时期，宝贝渐渐地学会了行走，宝贝的活动范围增大，这使得宝贝能接触更多的球，他不仅可以用手玩球，随着小肌肉的发展进行一些相对来说比较精细的活动，还可以用脚踢球，在爸爸妈妈的陪伴下进行一些简单的情景游戏。

> **球类推荐：**
>
> 各种橡胶或塑料质地、宝贝能比较轻松抱起的常见球都可逐渐提供给孩子，可选择的球有：乒乓球、按摩球、海洋球、小皮球、网球、小篮球、足球、排球、大龙球、羊角球等。（也适用于2—3岁宝贝）

1. 运小球

准备两个盆，一个盆中什么也不放，一个盆中放乒乓球或海洋球若干，两球根据宝贝的走路情况间隔数米。游戏开始，让宝贝把一个有球盆里的球运到空盆里去。抓的过程中要鼓励宝贝使用左右手轮换抓，一次能多拿尽量多拿。

效果：运小球游戏给孩子提供一个锻炼提高行走能力的机会，还可以提高宝贝左右手抓握能力和五指协调运动的能力。

2. 小投手

准备一个小号按摩球，再在地上距离宝贝半米到一米处放一个大口径的容器，如包装硬纸盒，让小家伙把按摩球有目的地往盒里扔。扔的时候你最好配上音，如"准备，射——"，增加游戏的趣味性。

效果：投球游戏不仅能锻炼宝贝手臂能力，还能提高宝贝手眼远距离协调的能力。

3. 后滚球

准备一个小皮球。让宝贝双臂伸直，两手抱住球，把球高举过头顶，之后把球从颈后滚下去。游戏可反复玩。

效果：这个过程能促进宝贝手臂肌肉运动，锻炼双手控球能力。

4. 点点数数

准备大小不同、颜色各异的几种球，如乒乓球、网球、篮球等。按从小到大的顺序将球递给宝贝，递的过程中数着"1、2、3……"要求宝贝跟着做，在孩子玩熟后，还可以告诉孩子各个球都是什么颜色。刚开始球的数量、种类都应比较少，随着孩子年龄的增加，可以根据孩子认识情况逐步增加。

效果：通过游戏可让宝贝了解认识各种各样的球，同时可以培养数字的概念、小与大的概念、颜色的概念等。

5. 抛球

准备一个小篮球。你和宝贝相对站立，让孩子捧住小篮球，双手从胸前用力将球推给你。你蹲或坐在对面将球接住，然后递给孩子，让孩子反复抛。待孩子熟练后，可逐步拉大距离。

效果：可锻炼宝贝的手臂力量和运动的方向感。

6. 打保龄球

准备一个宝贝两只手能抱住的小皮球，在比较宽阔的地板上或者小区前方（刚开始可以是一米左右），立几个空的塑料瓶（易拉罐）做靶子，让宝贝对准方向，用力把球推出去，看看打倒了几个。刚开始可多放几个瓶子，宝贝距离塑料瓶的距离也要近一些，等宝贝熟练后，可逐渐增加难度，减少瓶子数量，延长宝贝与塑料瓶的距离。游戏过程中要注意观察宝贝推球的动作是否有方向性。

效果：这个游戏可以锻炼宝贝手部力量，促进孩子协调注视物体以及空间知觉能力的发展。

7. 对滚球

准备一个篮球或者足球，你和宝贝相距1米左右面对面坐在地上，双腿伸直分开，保持一定角度当球门。游戏开始妈妈边手推边说："宝贝，接球。"将球滚向宝贝，宝贝伸手拦住球，再把球滚向你。游戏过程中，还可以配合球的滚动加入一些情景话，如"射——，球进了"等，以增加玩游戏的趣味性。开始时，你和宝贝间的距离保持在1米左右，随着宝贝接球技能的提高，可以增大间距。

效果：这个游戏可以提高宝贝的手腕力量、手眼协调控制物体的能力，以及空间方向感。

8. 趴地推球

准备一个小皮球，请幼儿趴在墙壁前约半米处，将小皮球推向墙壁，并自己接住弹回来的球，如此再推向墙壁再弹回来再接住。如果幼儿操作得很好，可逐渐退到距离墙壁一米或者更远的地方进行。

效果：推—弹—接三个动作的连接完成有利于幼儿双手手指及手眼协调能力的成熟，且有助于幼儿视觉空间和专注能力的发展。

9. 海洋球里滚宝贝

购买一个适合家庭用的软体圆形海洋球池和若干5—6厘米直径的彩色海洋球，让宝贝尽情地在里面游戏、玩耍。家中没有这些材料的家庭可以带宝贝到早教中心玩，一些商场的游戏角里也配有大型海洋球场地，也可带宝贝到这里玩。在公共场合玩无形中为宝贝提供了一个接触同伴、开阔眼界的机会。遨游海洋球中是学龄前幼儿都很喜欢的游戏，只是不同年龄段玩的内容、难度、丰富性不同而已。

效果：在海洋球中尽情地畅游能对宝贝起到很好的按摩作用，还可综合锻炼宝贝爬、滚、走、扔、抓、抱、掷、抛等多项运动能力，使宝贝动作更灵活，更协调。

10. 玩转大龙球

准备一个大龙球，在你的配合和保护下让宝贝进行下列游戏：1）坐大龙。协助孩子坐上大龙球，让宝贝孩子做上下振动，你需要协助保持大龙球稳定。2）爬大龙。让孩子以腹部为支点，趴卧在大龙球上，之后你将孩子的两脚平举,让宝贝随着球的滚动做轻微的前后拉推。3)俯躺大龙。让孩子俯躺在大龙球上,头部抬高,视线向前,你由后方抓住幼儿双脚,配合大龙球的滚动,前后拉动。4)挤大龙。让孩子俯卧或趴在垫子上,你将大龙球放置在孩子身上,前后左右滚动或在中间轻轻挤压。

效果:玩大龙球能锻炼宝贝触觉,发展身体协调性,增强重力感的控制能力,同时对提高宝贝身体协调能力,锻炼发挥身体的自我保护功能具有重要的作用。

> **小贴士:**
>
> 1. 宝贝在玩任何游戏时,你都一定要在旁照看。
>
> 2. 给宝贝的球材质不宜太硬,需要打气的球切记气不要打得太足,以免反弹球击伤宝贝身体。
>
> 3. 球类游戏容易让孩子兴奋,所以最好在午睡以后再引导孩子玩球类游戏,时间不宜过长。而且一般进行球类游戏最好选相对比较宽阔的场所。
>
> 4. 在一定的情节中进行玩球游戏会让宝贝更感兴趣,宝贝能从中收获更多的快乐和健康。

2—3 岁

进入这个时期,宝贝各方面的能力更强了,他们不仅能爬、跑、跳、滚,做各种身体运动,还开始说一些简单儿歌,并开始进行一些简单的交往性、象征性游戏,将这些因素结合起来开展游戏,宝贝球类游戏内容更丰富、玩法更多样了。

1. 跳跳球

准备一个小皮球或者篮球,带宝贝在户外玩球,妈妈边拍球边问宝贝,球是怎么跳的,让宝贝像球一样双腿跳起来。

效果:这个游戏的活动目的很明确,就是让幼儿学习双腿跳,锻炼身体。

2. 球上涂鸦

准备画笔、颜料,以及乒乓球和小皮球等表面光滑,容易清洗的球若干,让宝贝以球为画纸,随意涂鸦,随意上色。画完后,洗干净,重新作画。

效果:球上作画可以让宝贝体验在不同材质上作画的感受,还可培养宝贝的发散思维和创造力、想象力。

3. 夹球

给孩子准备些纸球、海绵球、塑料球、药丸壳及宽头塑料夹子。让孩子用夹子练习夹纸球、海绵球,再练习夹塑料球、药丸壳、玻璃球等。在宝贝熟悉之后,可以增加难度,让宝贝尝试用镊子夹球。

效果:夹球游戏可以很好地锻炼孩子使用工具的能力,促进孩子小肌肉发展。

4. 抛"冬瓜"

准备一个重量轻而柔软的塑料小皮球,爸爸和孩子相距一定的距离面对面站立,让宝贝把球双手抛给爸爸,爸爸接住后把球扔回让宝贝接。刚开始妈妈可以拉着孩子两只手帮助孩子接住球,激发游戏兴趣。多次练习后鼓励孩子独立完成。爸爸和宝贝间的抛球距离可根据宝贝的完成情况适当地调整。

效果：这个游戏可以训练孩子手眼协调性和快速反应能力，还可密切亲子关系。

5. 打乒乓球

准备一个乒乓球，一副拍子，让宝贝随意在拍子上弹球、嬉戏。你也可拿个拍子和球和宝贝一起玩，给宝贝示范动作。

效果：这个游戏不仅可以提高孩子手眼协调性，培养孩子对事物运动方向的预测性，还可以训练孩子弹球的运动技巧，锻炼手臂力量。

6. 快乐羊角球

准备一个与宝贝身高适宜的羊角球，让幼儿双手抓住两个羊角，两腿夹住球，轻轻地蹦跳。玩的时候最好找几个同伴一起玩，这样同伴间可以展开竞赛，看谁跳得最快。也可以让宝贝边跳边学说一些简单的儿歌，如，"小白兔，蹦蹦跳，穿树林，过木桥，跑得快，跳得高，大家叫它蹦蹦跳。"骑的过程中要提醒幼儿把重心放在两腿上，防止摔倒。

效果：骑羊角球有利于发展幼儿跳跃能力和下肢力量，培养幼儿反应的灵敏性和身体的协调性。

7. 抢蛋吃

准备一些乒乓球和几把大一点的汤匙，把乒乓球放在洗菜的塑料筐里，妈妈和宝贝每个人手里拿一个大一点的碗。"比赛"开始，妈妈和宝贝都抢着用勺把球舀到自己的碗里，最后一起数一数看谁舀得多。当然妈妈要隐蔽地让着宝贝。如果有条件，最好找几个小朋友一起玩。

效果：这个游戏可以提高宝贝的手控制能力和手眼协调性，帮助宝贝建立竞赛意识，还可帮助宝贝提高点数能力。

8. 吹球进门

准备一个乒乓球，用积木或硬纸板搭一个小门当"球门"，把乒乓球放在距离"球门"20厘米以外的地方。妈妈趴下身体示范如何用嘴吹球进球门，然后鼓励宝贝尝试着做。

效果：这个游戏可以提高宝贝的肺活量，锻炼宝贝的坚持性。

9. 小猪顶球

准备一个中号柔软按摩球，并用硬纸箱在铺有地毯的地板上搭一个"拱门"，做小猪的窝。游戏开始让宝贝手膝着地爬行，且边爬行边顶着球跑，直到把球顶进自己的窝里。玩游戏之前，妈妈要讲清方法和要求，鼻子、嘴和脸不能碰到地，以防顶球时宝贝擦伤。

效果：这个游戏可按摩头部、锻炼四肢，培养幼儿的运动兴趣。

10. 跳击球

准备一个小号按摩球和一个能把球吊起来的网。把球装进网里并吊到房间里宝贝举手够不到，但跳一跳能碰到的地方，让宝贝跳起来用小手击打皮球。您要随孩子跳的高度调整球吊的高度。

效果：跳击球游戏可提高孩子双腿跳跃能力和手臂活动能力。

11. 创意玩法

将日常生活中的一些普通物品或者宝贝其他玩具搭配起来玩，单调的球类游戏可以玩出创意。如用废旧报纸帮宝贝卷一个纸棒，宝贝就可以打着小球前行，玩"赶小猪"的游戏；在海洋球池中为宝贝放一小块布，宝贝就可以以布当"网兜"，开展捞鱼游戏。当然这样创意不是妈妈给的，妈妈只是启发，创意需要宝贝在游戏中自己创造。

效果：培养宝贝的想象力以及发散性思维，同时综合培养各方面的运动能力。

12. 玩纸球

准备边长 10 厘米、20 厘米的正方形纸若干。宝贝学着妈妈的动作一起将纸搓揉成球形，之后，找些塑料袋把纸球塞进去，并用塑料皮套把口扎好。制作完毕，妈妈可以和宝贝一起自由玩滚球、抛球、踢球等游戏。

效果：能让宝贝学习搓、揉、滚、抛、传等动作，锻炼大、小肌肉发展。

13. 飞跑的球

找块长木板搭一个有坡度的斜坡，再准备一个小皮球，让宝贝把球放在坡的最高处，看看球会怎么样。如果家中没长木板，可以到小区周围找个安全、带几个台阶的斜坡玩。

效果：这个游戏能让宝贝明白，如果有斜坡，即使不推球、不踢球，球也可以飞跑起来。

14. 创意制作

圆圆的球像太阳，也像小朋友的脸，所以爸爸妈妈可以利用各种球，鼓励宝贝发挥想象进行创意制作，如准备一个白色的乒乓球，让宝贝在球上画上眉毛、眼睛、鼻子、嘴巴，再找四根喝酸奶用的吸管粘在球上，一个小人就这样做成了。进行游戏的过程中，家长要鼓励宝贝大胆想象，进行制作。需要提醒的是，日常生活中的许多废品，如牙膏盒、酸奶筒、废报纸等废品都是宝贝进行创意制作的好材料，家长要注意收集，以为宝贝进行创意玩球提供好的材料。整个过程中家长都要陪伴，当宝贝不能完成时，家长要提供帮助。

效果：利用球进行创意游戏能锻炼宝贝的动手操作能力，培养宝贝的创造力。

15. 筷子夹球

准备轻便、小巧、防滑性好的儿童专用筷子，以及一些纸球（用纸揉的）、海绵球、塑料球、药丸盖等，让孩子由易到难，从一个小盆中夹入另一个小盆中。

效果：通过这样不断地夹，孩子手部小肌肉、手眼协调的能力能得到很好的发展，而专注力、坚持性、克服困难的勇气也均能得到发展。

小贴士：

1. 随着年龄的增长，不同的球都在不断变换着角色以帮助宝贝成长发育，比如海洋球，当宝贝还在几个月或者1岁多的时候，对宝贝的作用主要在按摩以及锻炼各种爬、滚等动作。而当宝贝到了2岁多的时候，就可以具有情节地玩，还可以尝试和同伴一起玩，进而促进幼儿身体以及社会性的全面发展。家长要根据孩子年龄的发展情况通过借助辅助器械，创设游戏情境等形式丰富宝贝玩球形式，使孩子在游戏中获得更有益、更丰富的发展。

2. 同一种球，进行不同的游戏需要的尺寸、大小可能都不同，如大龙球，如果用作培养宝贝行走的依托与工具，那么就需要一个大号的，而如果是用来进行坐跳游戏，就需要小一点的。家长应根据具体需要进行选择。

35 个情绪游戏——让宝贝玩出好心情

积极的情绪引导能促进孩子认知的发展，激发孩子活动的兴趣，帮助宝贝建立良好的人际关系，促进健康人格的发展，实现 IQ、EQ 的全面发展，但是好情绪并不必然形成，一不小心，宝贝就会被坏情绪偷袭，有益的亲子游戏可以帮助宝贝筑牢成长防线，让宝贝玩出好心情！

0—1 岁（几个月的宝贝就有了情绪知觉，爸爸妈妈要重视孩子的情绪，通过亲吻、抚摸、拥抱、及时的回馈等使宝贝感觉自己很安全、很快乐，保持积极情绪，同时可通过多样视觉、听觉刺激游戏促进宝贝情绪认知能力的提高）

1. 亲亲宝贝

妈妈把宝贝抱在怀里，一边和他轻柔地说话，一边抚摸他的小脸蛋，逗弄亲吻他的小手、小脚等身体部位，让他充分感受妈妈的关爱。

效果：妈妈轻柔的话、温柔的抚摸与笑脸让宝贝感觉很安全，很惬意，并保持愉快的情绪。

2. 妈妈抱抱

宝贝烦躁不安、心情不好的时候，先播放出轻柔舒缓的音乐，然后温柔地抱起宝贝，轻轻抚摸他的背安慰他。

效果： 妈妈的爱与抚慰、轻柔舒缓的音乐能帮助宝贝排解情绪，安静下来。

3. 变脸

扶起宝贝，让他靠卧在床上，面向妈妈，妈妈像变脸似的转一次头后，面对宝贝做出不同的表情，如哈哈大笑、噘嘴，还可把手指放头上扮演小兔子，做的过程中可以配上语气，吸引宝贝注意，并增加游戏的趣味性，如可在转头的同时说"咦"，如果有的表情能够让宝贝有反应，不妨多重复几次，如果宝贝还无法做出反应，那也要多和他进行互动。

效果： 视觉和听觉方面的情绪刺激可以增加宝贝对面部情绪的感官经验，宝贝得到的感官刺激越多，情绪感知能力也越强。

4. 挠痒痒

温暖的家里，让宝贝躺在床上，抱着也可以，妈妈逗弄着宝贝，不时轻柔地抚摸、抓挠宝贝的脚心、腋窝旁、后背，逗宝贝开心地笑出来，游戏过程中可以配合上妈妈温柔欢快的声音。妈妈一定要把握好挠的度，一定要轻柔，不要刺激过度让宝贝感觉难受。

效果： 挠痒痒过程中妈妈轻柔地对宝贝身体的抚摸、触碰让宝贝感觉非常舒服、开心，同时宝贝笑、妈妈笑相互的反馈能让宝贝学习通过表情与人交流。

5. 笑一个

宝贝吃完奶或者睡醒后心情快乐的时候，边逗弄咿咿呀呀的宝贝，边摸着宝贝的脸让他笑一个，如果宝贝露出笑脸，妈妈及时笑着回馈宝贝。过一会儿后游戏反复进行，直到宝贝把自己笑的行为和妈妈口中的"笑一个"建立起联系。

效果：让宝贝学习开心地笑。

6. 百变声音

在日常生活中，根据当时的情景，随时选用与当时情景相符合的语气、表情和宝贝对话，如面带笑容温柔地说"宝贝真乖，好好吃饭饭"，严肃坚定地对想碰墙上电线插座的宝贝说"不能碰"，不了解宝贝的意思的时候用疑问的语气问宝贝"宝贝想要什么呢？"等。

效果：帮助宝贝理解不同语气可以表达不同的情绪，让他熟悉各种声音所表达的情绪内涵，并学会通过听声去了解他人的情绪状态。

7. 模仿宝贝

抱着宝贝，与他面对面模仿他的表情，当他快乐地微笑时，妈妈也报以微笑；当他惊讶时，妈妈也做出惊讶的表情；当宝贝生气地叫喊时，妈妈也跟着叫。当他意识到您的举动时，宝贝有可能会开心地乐起来，并主动变换表情来逗妈妈呢！

效果：面对面的模仿游戏，使成人将婴儿的情绪感受反映给婴儿自己，传达出成人对婴儿情绪感受的反馈。通过别人的反应，婴儿可以观察并学会多种情绪表达，并学会通过情绪来与别人沟通。

8. 做鬼脸

对着孩子做鬼脸，观看宝贝的反应，如瞪大眼睛，伸出舌头；鼓起腮帮子，两只手伸展开放耳朵两边；像小猪一样嘟起嘴。当宝贝好奇地用手触碰大人的嘴巴或者舌头时，动动嘟起来的嘴巴或舌头，吸引宝贝注意并模仿。

效果：通过听声并观察妈妈的表情，让宝贝从游戏中获得愉快的体验，并对人脸部表情的复杂与多变有个初步的了解。

9. 表情变变变

妈妈在头上蒙一块布，当宝贝用小手把妈妈头上的布拉掉的时候妈妈夸张地做出喜怒哀乐不同的表情，逗宝贝开心。日常父母可结合具体情境表现出不同的表情，让宝贝知道各种脸部表情所代表的意义。

效果：让宝贝感受表情的多样与丰富。

10. 学说表情词

妈妈教宝贝通过发声来表现不同的表情，如高兴时发"哈哈"的声音，生气时发"哼"的声音，哭时发"啊——"的声音，等宝贝学会后，可以随时让宝贝表现。如妈妈问："生气是什么样的？"宝贝相应地发出"哼"的声音。

效果：学习通过典型的声音表现简单的情绪。

11. 布置婴儿房

买有着不同表情的婴儿画贴在婴儿房的墙壁四周，让宝贝随时可以看得到，妈妈可以随时抱着宝贝一起指认一下不同婴儿画上的表情。

效果：帮助宝贝认识不同的表情。

1—2 岁（1—2 岁宝贝情绪识别能力逐渐增强，他们不仅能识别出2—4种情绪，还能说出自己的情绪，在自己亲历的事情与情绪间建立起联系，而随着语言能力的飞速发展，他们也开始尝试通过语言进行情绪表达）

1. 找表情

找一些杂志或者图书，引领宝贝一起观察里面人物的表情，让宝贝指出高兴的脸、难过的脸，或者其他表情的脸。

效果：让宝贝初步识别不同的表情与情绪。

2. 表情 sticker

准备一些有各种表情的 sticker，让宝贝分别辨认一下是什么样的表情，并和妈妈一起模仿表演一下 sticker 上的表情，还可在宝贝情绪不好的时候给宝贝衣服上贴个笑脸 sticker，提示宝贝高高兴兴游戏，不哭闹。

效果：让宝贝感知认识多样的表情。

3. 照镜子做表情

妈妈和宝贝一起站在一面大镜子面前，妈妈一边做各种表情，一边说出情绪的名称，让宝贝模仿。为增加游戏的趣味性，妈妈还可做出许多搞笑表情，让宝贝模仿，并启发宝贝做出他认为好玩的表情。

效果：感受表情的多变，认识表现多样的表情。

4. 和动物宝贝倾诉

当宝贝产生坏情绪时，妈妈拿一个孩子最喜欢的动物宝贝给他，让孩子抱着它，对它哭诉，并将自己的不开心讲给它听。

效果：没有生命的毛绒玩具在宝贝看来是有生命的，情绪不好时，对毛绒玩具的拥抱、倾诉能帮助宝贝摆脱伤心和焦虑的情绪。

5. 为什么高兴？为什么不高兴？

日常在做每件事情的时候，如被小朋友打了的时候，妈妈给买了新玩具的时候，宝贝想去外面玩妈妈却不让的时候，穿新衣服的时候，都问问宝贝"高兴不高兴""难过不难过""为什么"等。

效果：引导宝贝关注自身情绪及与事件的关系。

6. 图片表情

从杂志上剪一些不同表情的人脸图片，仅限高兴、难过的脸，随着宝贝年龄的增长可逐步增加愤怒的脸，看着这些照片，问孩子照片上的人分别有什么情感，向他讲述不同的表情和有这些表情的原因，如他在笑，他很开心；他在擦眼泪，所以他很难过；等等。

效果：加深宝贝对简单表情及相应情绪的印象与认识。

7. 心情说出来

随机根据日常具体事情进行情绪表达，让宝贝模仿学会用表达心情的词把心情说出来，如"宝贝高兴""宝贝要哭""宝贝生气""宝贝想妈妈"等，当宝贝模仿成人口语来表达情绪时，妈妈要及时给予肯定，并给予回馈，如宝贝说自己生气时，及时抱着宝贝问为什么生气，并帮助宝贝进行解决。

效果：让宝贝学习用"出声思考"，即口语表达自己的情绪，而不是用哭闹等肢体动作来表达。

8. 听快乐的音乐

平时多买一些律动儿歌给宝贝听，跟着愉快的节奏，妈妈可抱着宝贝跳舞，也可把宝贝放地上，让他自己跟着儿歌抖动起小屁股，美妙的音乐能让宝贝情绪长时间保持愉快。

效果：保持宝贝情绪愉快，防止坏情绪偷袭。

9. 听指令变表情

根据妈妈的指令宝贝做出相应表情，如"高兴""难过""哈哈大笑""哇哇哭"，也可以由宝贝来发出指令，妈妈变表情，刚开始内容要简单，以后逐渐扩展。

效果：帮助宝贝理解不同的表情，学会以恰当的方式表达不同的情绪。

10. 宝贝不哭

打针后、摔倒后、听到恐怖的闪电声后、亲人不在时，边安慰宝贝，边引导宝贝说出"宝贝不哭""宝贝不怕疼"进行自我安慰。

效果：尝试通过语言进行自我安慰与自我情绪调节。

2—3岁（2—3岁的宝贝情绪认知能力不断发展，已能认识5—6种情绪，同时由于口语的发展，他们的语言情绪表达能力也迅速发展，但是他们的情绪调控能力还很弱，对他人情绪也不能很好地理解，再加上"第一反抗期"出现，使得这一阶段的孩子情绪表现非常不稳定。爸爸妈妈要多通过游戏引导幼儿理解事件与心情的关系，并学习进行有效的情绪表达与排解）

1. 讲照片

在日常生活中随时抓拍宝贝不同表情的照片冲洗出来，让宝贝看着自己的表情讲述自己当时的故事以及自己的心情。妈妈还可启发宝贝做出更多搞怪的表情，妈妈拍下来洗出来后与宝贝一起分享。

效果：提高宝贝自我情绪识别能力，感受事件与情绪的关系。

2. 掷表情色子

准备较大方块的色子一个,每一面上有一个情绪脸谱,六个面分别为高兴、难过、哭泣、惊讶、愤怒、害怕。游戏开始家长和孩子轮流掷色子,看掷出的是什么表情,也可以根据掷的色子表情说一句相应表情的话或讲一件相应表情的事情。

效果:这个游戏能提高宝贝对表情情绪的识别能力,而且由于游戏时将表情与事件联系起来,还能提高宝贝对情绪的分析知觉能力。

3. 看录像讲心情

准备许多宝贝平日的生活照或录像,跟宝贝一起观赏这些图像,询问宝贝知道不知道自己在哪里,在干什么,宝贝高不高兴等。

效果:初步了解事件与情绪的关系,增强情绪认知能力。

4. 玩角色游戏

创造条件与情境和宝贝玩各种各样的角色扮演游戏,如娃娃家、商店、医院等,让宝贝在游戏中学习体验他人情绪、排解自己不满情绪。如宝贝非常害怕去医院,害怕打针,妈妈可以有意地引导和宝贝玩医生和病人的游戏,让宝贝通过游戏舒缓心中的恐惧与不满。

效果:角色游戏对宝贝情绪认知、表达、调控都非常有益。在游戏中宝贝会借助于动作、语言、角色扮演来体验积极情绪,发泄消极情绪,在内心产生一种满足和快乐的感受,还会通过角色扮演体会角色的心情,学会体验理解他人情绪,并逐步通过角色约束形成情绪控制机制。

5. 心情故事

中午休息时间或者晚上睡觉前,妈妈和宝贝一起安静地谈谈心情,妈妈可以先和宝贝说一些令自己高兴的事情和难过的事情，如宝贝抱着妈妈，妈妈很高兴。之后让宝贝谈谈自己高兴的事情和不高兴的事情，如玩具坏了，宝贝不高兴，今天去公园玩了，宝贝很高兴，等等。

效果：帮助宝贝了解自己情绪，理解情绪和事件之间的关系，并学会体察他人情绪。

6. 听故事猜心情

与宝贝一起看图画书的时候，和宝贝一起讨论猜测一下故事中角色的心情，如看着维尼熊吃到蜂蜜蛋糕时问宝贝，它吃到自己喜欢吃的好东西高兴吗？没有朋友和嘟嘟熊玩它是不是很难过？等等。

为什么这么玩？

通过对故事情节、线索的理解，能够初步学习猜测、体察别人的心情。

7. 心情角落

和宝贝一起在家用大硬纸盒布置一个心情角落，里面放上一些心情贴片、图书以及宝贝喜欢的布娃娃、毛绒玩具等，孩子在有情绪的时候可以到心情角落哭一会，或者和自己喜欢的娃娃说说话，窃窃私语倾诉一下自己的心情，还可以把表达自己心情的贴片贴到心情角落的墙壁上。

效果：帮助宝贝进行情绪表达与释放。

8. 戴面具，说情绪

妈妈画一些表示不同情绪的面具，如高兴、难过、生气。游戏开始妈妈分别带上不同的表情面具，说出相应的心情，如"宝贝自己吃饭了，妈妈很高兴，亲亲宝贝""宝贝不理妈妈，妈妈很难过，宝贝抱抱妈妈！"之后将面具交给宝贝，鼓励宝贝模仿妈妈说出自己现在的情绪和希望抒发情绪的方法。

效果：让宝贝学习表达情绪，抒发情绪。

9. 心情画

宝贝高兴或者发怒的时候，可以拿给他纸笔，让孩子随意涂鸦画出来自己的想法与心情，妈妈可以和他一起涂鸦，或从旁抚慰，耐心地听宝贝讲出自己的心情画。

效果：引导宝贝将内心感受、想法、概念、思考转换成视觉符号，用涂鸦表达想法，排解与发泄情绪感受。

10. 睡前谈心时间

父母陪着孩子入睡前，和他一起说说今天最开心与最讨厌的事。父母可以先说说自己高兴或不高兴的事情，倾泄一下自己的情绪，之后让孩子表达一下自己的内心感受，当宝贝说到自己不高兴的事情的时候，妈妈要帮助宝贝寻找解决办法，排解不满情绪，

效果：学习了解思考自我心情，并通过与妈妈的交流寻求不满情绪的抒发与排泄。

11. 赶走坏情绪

平时在给孩子讲故事时，可以有意选择一些与宝贝"坏情绪"有关的故事让宝贝听，如吃药时大哭大闹，理发的时候躺地上哭着不起来，去幼儿园的时候哭闹着不让妈妈走等，让孩子感同身受发现自己的不对，模仿学习正确的行为。

效果：通过故事人物的榜样作用，减少坏情绪的发生。

12. 唱情绪歌

根据快乐歌歌曲旋律改编歌词唱给宝贝听，如"如果感到快乐你就拍拍手，如果感到生气你就呼呼气，如果感到悲伤你就跺跺脚"以此类推，妈妈唱的时候宝贝可以跟着唱"拍拍手"，并做出相应的动作。

效果：培养孩子合理表达和发泄各种情绪的能力。

13. 户外运动

当宝贝哭闹以及情绪不良的时候，带宝贝到户外和妈妈一起追着跑着打闹一番，或者踢踢小皮球，玩玩追影子游戏，只要让宝贝尽情运动起来即可，一会儿宝贝就忘记烦恼，恢复平静了。

效果：帮助宝贝转移注意力，释放不良情绪。

14. 张冠李戴

故意做出一些违背"常规"的事情来逗宝贝开心，如故意把"爷爷"叫成"奶奶"，故意拿着"衣服"对宝贝说穿"裤子"，故意把"喝水"说成"喝饭"，等等，宝贝会觉得又奇怪又好玩。

效果：发展宝贝的幽默感。

0—1岁的宝贝情绪一般比较稳定，哭闹多与生理需要有关，如想睡觉了，肚子饿了或者肚子疼了，爸爸妈妈要照顾好宝贝的生活，令宝贝觉得安全、舒服。如果宝贝出现不安情绪，父母可以通过与宝贝身体的接触，如抚摸、紧抱等动作，令宝贝感受到别人的关注和爱护。

> 2—3岁的宝贝迎来了人生"第一个反抗期",当大人的意愿与宝贝的自主意见不一致时,当自己想独立但又能力不足时,宝贝很容易哭闹,发脾气,情绪不良,帮助认识自己的情绪表现,并学习发泄与排解对宝贝形成良好的个性非常重要。

科学游戏——让宝贝做小小科学家

小宝贝天生对周围的世界充满好奇心和探究欲望。他们是不是总有很多问题:"这是什么?""为什么会那样呢?"而且对于很多事情他们都想要探索一下。这些特点和我们的科学家不断求知的精神非常吻合,可见宝贝是具备探索科学的天生气质的。但是提到"科学"二字,很多爸爸妈妈会感觉很神秘或者很深奥,其实不然,平凡的日常生活中时时是探究之时、处处是探究之地,和孩子一起仰望深邃的星空时,观察忙碌的蚂蚁搬家时,捡拾飘落的树叶时……甚至日常洗澡、起床看天气时都是开展科学游戏的好机会。家长留心一点、敏感一些,自己的孩子就能成为小小科学家。

叶子

1. 不同形状的叶子

收集两三种植物的叶子仔细观察它们都长什么样?有什么特征?是什么颜色的?都长什么形状?比一比,看一看,并尝试把它们的形状画下来。

效果：认识叶子，了解叶子形状的多样性。

2. 会变的叶子

和宝贝逛公园的时候，引导宝贝看看公园里树上的叶子和地上的叶子有什么不同？有什么变化？之后从植物上摘一片绿色的叶子，问宝贝猜猜过几天叶子会变成什么样？到了秋天，可和宝贝一起再看看树上的叶子发生了什么样的变化。

效果：知道叶子离开植物就会变黄变枯萎。

温馨提示：为帮助宝贝记忆，可把枯萎前叶子的样子拍成照片对照观看变化。

种子

1. 种子的秘密

找几粒玉米种到花盆里，浇上水，然后让宝贝猜猜盆里的玉米会怎样，并隔两天提醒宝贝观察一次，给盆里浇点水，直到长出神奇的小苗苗。

效果：了解种子发芽及其过程。

2. 水果盒

准备一个盒子，里面放上苹果、香蕉、梨、葡萄、西瓜等，让宝贝看一看外表，说一说它们的名字，闻一闻它们的气味，尝一尝它们的味道，并切开看一看它们的籽有何不同。

效果：认识常见的水果。

3. 分豆豆

准备红豆、绿豆、黑豆、黄豆若干，让宝贝认一认、挑一挑、分一分。

效果：感知豆类的多样，认识多种多样的豆子。

植物

1. 蔬菜篮

平常妈妈准备做饭收拾菜的时候，可让宝贝站在旁边，一起看看家里的菜篮子都有哪些菜，让宝贝看一看，摸一摸。妈妈要特别提醒宝贝，蔬菜和水果不一样，一定要在锅里弄熟了才能吃。

效果：认识了解家常蔬菜。

2. 蒜宝贝

妈妈和宝贝一人一头蒜，妈妈引导宝贝把蒜的皮剥掉，然后把蒜宝贝放在一个浅盘中，盘中放入水没过蒜的一半，然后与宝贝一起等待蒜宝贝长出蒜苗苗。

效果：认识蒜，知道放到水中的蒜能长出蒜苗苗。

3. 各种各样的植物

常带宝贝到小区、植物园转转，感受一下大自然中各种各样的植物，了解植物的多样性与丰富性，知道有高高大大的树、有低矮的漂亮的花，有在地上长的小草等。

效果：丰富宝贝对植物多样性的认识。

4. 各种各样的花

无论家里还是户外，找一个开着各种各样花的地方，让宝贝观看，看的时候可问宝贝，花朵是什么颜色的？每个花瓣的形状是不是都一样？大小是不是一样？

效果：认识花朵，了解花朵的一些特征。

温馨提示：为方便宝贝观察，可在家里种些花，这样宝贝就能随时观察了。

5. 不一样的树枝

与宝贝一起掰两个枝叶，分别插在两个矿泉水瓶子里，一个瓶子里放着水，另一个瓶子里没有水，之后让宝贝进行持续观察，看看哪个枝叶先枯萎。

效果：知道植物有水能长得更好。

多样的动物植物　在与动植物的接触中，宝贝观察它们的外形特征，运动多种感官了解其基本特征与特性，逐渐增加对动植物的认识，感受了解生物的多样性，探究生物基本外在特性与习性，了解生物与周围环境、人类的相互关系，并建立相应的情感。

动物

1. 找蚂蚁

在带孩子散步的过程中，留心小区周围路旁、大树底下的蚂蚁和蚂蚁洞，引导宝贝认识蚂蚁，观察蚂蚁长什么样，是怎么生活的（一个一个的还是一群一群的），它整天在忙着干什么？当它找到食物的时候怎么办，是马上就吃了还是干别的事情？等等。

效果：认识蚂蚁，了解蚂蚁特征及习性。

2. 养小鱼

准备一个小鱼缸，里面养两条小金鱼，放置在家中宝贝方便看到的地方，供宝贝日常随时观察，在给小鱼换水、喂食的时候妈妈也要带上宝贝,并尽可能地让宝贝做一些事情,如喂小鱼吃东西等。

效果:了解认识鱼及其生活习性。

温馨提示:平常妈妈从菜市场买回鱼时,可鼓励宝贝摸一摸、碰一碰。

神奇的天气变化　结合日常生活有意识地引导宝贝感受天气的多样性与多变性,认识风云雷电、白天黑夜,感受风吹日晒,了解春夏秋冬的明显变化等,还可尝试了解日常自然现象及其与人类生活的关系等。

风

1. 风在哪里

当风吹到身上把衣服撩起时,当地上的白色塑料袋高高飞起时,告诉宝贝这是风在吹。日常妈妈可随时引导宝贝感受发现风的存在,如大树摇摆说明有风、红旗飘起来说明有风、家里的窗帘被吹起来了说明有风等等。

效果:感受发现风的存在。

2. 玩气球

准备一个气球,把它吹起来,然后把口对准宝贝的手让它瘪下去,通过气体吹手的感觉,感受气球里空气的存在。

效果:感知空气的存在与功用,激发孩子探索空气的兴趣。

3. 制造风

妈妈告诉宝贝家里也有风,激发宝贝和妈妈一起找找家里的风在哪里,如可带宝贝用嘴吹一吹、用扇子扇一扇制造风,也可把电风扇打开吹吹风。

效果：知道可以通过多种方式制造风。

天气

1. 下雨了

下雨天，带宝贝到户外看看下雨的情景，妈妈可引导宝贝用手接雨点感受感受，如果雨不大，还可带宝贝到雨中快速跑一圈，体验一下雨淋到身上湿湿的感觉。

效果：知道天气的多变，感知下雨时的天气情况。

2. 漂亮的雪花

下雪天，带宝贝到户外看看雪是什么样子，摸一摸雪，团个雪球扔一扔，在雪地里走一走，听听走上去咯吱咯吱的声音，之后拿个小盆弄一盆雪，让宝贝仔细看看盆里的雪会有什么变化。

效果：认识雪，了解雪的基本特征。

3. 天气预报

准备一张写有天气预报的表贴在家里的墙壁上，并准备太阳、乌云、小雨、大雨等表示天气情况的图卡备用，引导宝贝每天起来先到外面（也可是阳台）看看今天的天气，然后把相应的图卡贴到天气预报表中相应的位置。如外面是太阳，就把太阳的图卡贴上，如果下雨，就贴下雨的图卡，妈妈还可引导宝贝去提醒爸爸上班时带上伞。

效果：学习感受天气预报。

4. 照顾娃娃

准备一个布娃娃和娃娃穿的衣服、帽子等若干。平常天气变暖或变冷妈妈给宝贝增减衣服的时候，或者宝贝自己感觉热或冷想换衣服的时候，引导宝贝给家里的娃娃也换换衣服，冷的时候把衣服穿上，把帽子戴上，热的时候则帮娃娃把衣服脱了。

效果：知道要随天气变化增减衣服。

日月星辰

1. 白天黑夜

早上醒来，让宝贝看看亮着的窗户和户外的太阳，告诉宝贝现在是白天，可以吃饭、可以去外面玩；晚上，再让宝贝看看窗户外黑黑的夜空，引导宝贝认识晚上太阳不见了，睡觉去了，而天上则会出现月亮和星星。为帮助宝贝更好地理解，妈妈还可准备关于白天和黑夜的图片各一张（如白天天空中有太阳、白云、小鸟，人们上班、上学，商店开门营业，大街上人来人往；晚上则黑乎乎的，天上只有星星和月亮，人们都在睡觉）。

效果：知道白天和晚上及其特征。

2. 星星月亮

在一个比较晴朗的夜晚，妈妈可带宝贝来到户外，一起看看天上的月亮、星星。妈妈可告诉宝贝，到了晚上月亮和星星就出来了。如果能坚持观察，可引导宝贝发现月亮有时弯弯、有时圆圆的变化规律。

效果：认识星星和月亮典型特征，知道晚上它们会出现。

3. 我喜欢太阳

把废旧的大纸箱连接起来，制作成一个黑暗的"隧道"或者"山洞"。带宝贝到户外晒晒太阳，然后让宝贝钻爬纸箱，感受没有光亮的不方便。

效果：感受太阳的重要性。

温馨提示：这个游戏适合于气温适中的日子，这样幼儿会感受到温暖的太阳很舒服。太炎热会让幼儿难受，太寒冷不利于在户外游戏。

四季变化

1. 奇妙的四季变化

每个季节，都带宝贝到户外多走走多看看，看看春夏秋冬外面都有什么变化。如春天树上的叶子出来了，绿了，秋天叶子黄了，冬天树上叶子没有了，为了帮助宝贝对比，妈妈可把各个季节的变化照下来，帮助宝贝形象地回忆对比。

效果：了解四季，初步感受四季的不同与变化。

影子

1. 追影子

带宝贝出去玩时，引导宝贝在阳光下和路灯下看妈妈和自己的影子，随着人体的移动，影子也在移动。妈妈可以忽快忽慢，让宝贝来追；也可以让宝贝跑，妈妈去追，踩到后可引导宝贝大叫："我踩到妈妈的胳膊了！""我踩到妈妈的腿了！"

效果：认识影子，感知影子与物体的关系。

温馨提示：游戏时，要及时提醒宝贝不要跑得过快，以免摔倒，并注意周围的环境、地面等，以保证安全。

2. 影子游戏

在夜晚的灯光下，用手在家中的墙壁上做各种类似动物形体的影子给幼儿看，并手把手教幼儿学着做。玩的过程中妈妈可突然把灯关了，问宝贝还能不能玩了？怎么样才能继续玩游戏？如此让宝贝建立光与影子密切关联的意识与经验。

效果：体验影子游戏的快乐，知道影子与光的关系。

奇妙的物理现象　引导宝贝在亲身操作与接触中认识各种常见材料，如沙、水等的物理特性，结合日常生活感受探寻各种浅显、有趣的物理现象，如冷热、轻重、磁铁及其磁性等。

水

1. 洗澡

宝贝半躺在浴盆中，妈妈把水冲在宝贝身上，让宝贝听听水的响声，还可用水冲冲宝贝后背，让宝贝体验水在背部流动的感觉。

效果：在玩水中感受水的流动性，具备对水的感性体验。

温馨提示：每次洗澡时间不应过长，水温要适度，以免宝贝感冒。

2. 喝水的纸

准备一个盆，一块塑料布、一大块卫生纸，盆里放少些水。游戏开始，妈妈让宝贝猜猜："在盆里放入塑料布还是卫生纸能让水变少？""塑料布和卫生纸哪个会喝水？"然后分别在水中放入塑料布和卫生纸，看看谁能喝盆里的水。

效果：感受纸的吸水性。

温馨提示：纸和水的量要适宜，以能让宝贝明显看到水的变化为准。

3. 吹泡泡

准备一小盆水、洗衣粉、小勺子、吸管等材料。游戏开始，妈妈拿小勺子把适量的洗衣粉放入盆水中，搅拌至水中出现很多泡泡，然后妈妈把吸管的一头在水中浸透，让宝贝吹吸管的另一头，当宝贝看着另一头神奇的泡泡时，一定非常高兴。如果宝贝不知道怎么做，妈妈可先示范。

效果：体验玩泡泡的快乐，感受液体表面张力的变化过程。

温馨提示：一定要向宝贝强调是吹，而不是吸。

4. 冰水变变变

准备一小杯水和宝贝一起放到冰箱冷冻间，一段时间后拿出来，让宝贝看看杯子里的水变成什么样了，之后把冰放暖和的房间里，看看冰会有什么变化。

效果：知道在冷的地方水会变成冰，而在暖和的地方，冰会变成水。

5. 小手告诉你

准备两盆水，一盆温热水、一盆凉水，让宝贝把小手分别放在里面感受一下，然后妈妈分别问宝贝："小手，小手，告诉妈妈，哪盆是热水？""小手，小手，告诉妈妈，哪盆是凉水？"

效果：感受水的冷热。

溶解

1. 盐水和糖水

准备一小勺盐和一小勺糖，和两杯凉白开，先让宝贝仔细观察盐和糖的样子，猜猜看哪个是盐，哪个是糖。之后把盐和糖分别放在两杯水中，观察盐和糖的变化，等它们溶化后，让宝贝分别尝一尝再说说哪杯是盐水，哪杯是糖水。

效果：初步认识盐、糖，并感受它们的溶化现象。

2. 不见了

准备一杯温水和几块冰糖，杯子为透明玻璃杯。游戏前先让宝贝分别尝尝糖和水，并让宝贝猜猜看，把冰糖放到杯子里，冰糖会怎么样？游戏开始，让宝贝把冰糖放到水里，然后妈妈慢慢地用小勺搅拌水，让宝贝仔细观察冰糖在水中由大到小、由小到没的变化。

效果：初步感知溶解。

沉浮

1. 给宝贝在澡盆洗澡的时候，在盆里放几个小吹塑玩具和一把不锈钢勺，让宝贝随意玩玩，吹塑玩具总漂在水面上，但勺子却总沉在水底，妈妈可有意问宝贝"勺子到哪里去了？"引导宝贝注意沉浮现象。

效果：了解沉浮，知道有的东西会浮到水上，有的会沉到水底。

温馨提示：如果天气不合适，就别让宝贝在澡盆里玩，而是准备一盆水让他玩。

沙子

1. 好玩的沙

准备幼儿玩沙用的小桶、小铲等小型塑料工具以及小篮子一个。游戏开始妈妈让宝贝在沙池里尽情地游戏玩耍，之后妈妈让宝贝给妈妈运沙子，引导宝贝在拿篮子运沙时发现沙子流动、松散的特点。

效果：认识沙子，感知沙子流动、松散等基本特性。

2. 堆沙堡

与宝贝玩沙，堆沙堡，堆的过程中妈妈可引导宝贝思考怎么样能让沙堡又高又结实又好看，之后妈妈用适当的水把沙子弄湿，再和宝贝一起堆，看看能堆出什么样的沙堡，在对比中发现湿沙的特点。

效果：在干沙与湿沙的对比中，感知了解湿沙易塑形的特点。

温馨提示：游戏结束要及时给宝贝做卫生清洁。

声音

1. 各种各样的声音

晴朗的天气里，带宝贝到户外，听听各种各样的声音，如听听小鸟叫的声音、流水哗啦啦的声音、刮风呼呼的声音、汽车嘀嘀的响声、草丛中蛐蛐的叫声等等。

效果：感受多样的声音。

2. 叮叮当当

准备玻璃瓶、瓷碗、不锈钢盆等若干，放在桌子上，让宝贝拿小勺子随意敲敲打打，体验不同的声音。随着宝贝年龄的增大，妈妈可问宝贝盆为什么会有声音，不敲会不会响，引导宝贝在敲与声音产生间建立联系。

效果：感受声音的多样，体验敲与声音产生的关系。

温馨提示：瓷器、玻璃等易碎，要注意安全。

3. 制造声音

妈妈拍拍手、跺跺脚、敲敲门制造出好听的声音，然后让宝贝想想，还有什么办法能产生声音，如可提示宝贝通过拍拍腿、跳一跳、拍拍桌子等多样的方式制造好听的声音。

效果：尝试通过简单的方式制造声音。

磁铁

1. 磁铁吸吸吸

准备一块磁铁和一些家中闲置的小铁锁、蝴蝶铁夹子、门闩等，让宝贝拿着磁铁吸一吸这些东西。然后鼓励宝贝拿着磁铁石在家中四处吸一吸，看还能吸到什么。

效果：感知了解磁铁吸铁的特性。

2. 有趣的磁铁

准备两块条形磁铁，保持一定距离摆在一条线上，之后让宝贝拿其中的一块慢慢靠近另一块的一端，感受两块磁铁快速相吸或相排斥的奇妙感觉。如果需要，妈妈可先给宝贝示范一下。

效果：初步感受磁铁相吸、相斥的现象。

滚动

1. 谁会跑

在家中平滑的地板上放几个大小各异的圆形积木和方形积木。游戏开始，妈妈问宝贝，哪些积木能够自己跑，让宝贝自己滚积木进行尝试。然后让宝贝把会跑的和不会跑的积木分开放置，并分别说说为什么能跑，为什么不能跑，引导宝贝发现圆形物体能滚动的特征。游戏结束，妈妈还可引导宝贝想想，还有哪些东西能跑？

效果：初步感知能滚动的物体的特征。

温馨提示：如果家中没有积木，可用圆形和方形的饮料瓶代替。

运动的小车

1. 飞跑的小车

准备一个玩具小车和一块木板，还有一些积木。用积木把木板稍微垫高，角度约30—40度，然后妈妈让宝贝把车放到斜坡的最上方，马上宝贝就会看到小车从坡上飞跑起来。

效果：感受坡度对小车的速度的影响。

2. 快和慢

在光滑的地面，让宝贝推动小车向前滑行。随后在地面上铺上废旧的毛巾，再让宝贝推小车滑行。宝贝会发现车在毛巾上跑得很慢。

效果：感受不同地面对小车的影响。

3. 小车跑起来

准备一辆玩具小汽车（非电动）放在地板上，然后问宝贝怎么才能让车跑起来，宝贝会用手去推，让小车跑起来。玩的过程中妈妈要有意引导，让宝贝意识到小车动起来是因为自己推了。

效果：感知力与运动的关系。

小贴士：

观察是宝贝进行科学发现的主要方式，家长要创造各种机会引导幼儿进行观察。记住，无论在哪里观察，家长都最好首先给孩子准备一个放大镜，它能很好地帮助孩子进行细致的、用肉眼无法进行的观察。在朝夕相处的过程中，家长要根据家庭教育特点，引导幼儿进行随机的、偶然的观察，感受各种科学现象。

成人的指引提问可以指引幼儿的思维方向，为幼儿点燃思维的火花。所以，当孩子在观察的过程中，成人要适时介入，向孩子提出各种指向科学发现的问题，如它长什么样？是什么颜色的？它是软的还是硬的？光滑的还是粗糙的？干的还是湿的？闻起来怎样？形状是什么样的？它是活的吗，为什么？等等。

从小养成宝贝良好的记录习惯非常重要。在进行科学游戏的时候，切记提前帮宝贝做一个记录本，以方便宝贝随时记录自己观察到的、听到的、感觉到的、闻到的、尝到的等通过各种感觉途径获得的感受。孩子还不会写字，所以家长的帮助非常必要，你要帮助孩子把孩子的言语记下来，或者也可以引导孩子自己通过绘画的方式把自己的发现记录下来。此外还可以利用照相机、录像机等帮助孩子进行记录。如为了直观地让宝贝看到植物播种—种子发芽—小苗苗长大—小苗上长出花骨朵儿—开花—凋谢—枯萎的整个过程，可用照相机把当时的状态拍下来有序地呈现给孩子。

动物园、博物馆、天文馆、农场、社区科学馆等都是幼儿学习科学的好地方，家长可多带孩子去。但是需要注意的是，通常这样的地方可观察的事物太多，不要试图通过一次参观就让幼儿认识所有的东西，这对孩子来说太多了，要细水长流，多带孩子去，最好养成一种习惯。而且参观的时候要尽量找人不是特别多的时候，人多不利于孩子认真细致地观察。

小贴士：

"动手做"是一种由美国科学家总结出来的教育思想和方法，旨在使学生以科学的方法学习知识，强调学习方法、思维方法、学习态度的培养。体现其思想和方法的教学活动在美国已经开展了十多年。1992年，法国学者、诺贝尔物理奖获得者乔治·夏帕克先生倡导在法国开展这项科学教育改革，1996年法国引入这个项目，命名为"LA MAIN A LA PATE"其含义是"动手和面团吧"，简称LAMAP，由法国科学院付诸实施，由于法兰西科学院在法国的崇高地位，实验得到许多单位的协作支持，目前在教育部的支持下，已在全国形成了一个实验网络。

强调以亲自动手的方式进行科学学习是当今世界一个极其重要的发展方向和趋势。自20世纪的60年代起，美国教育改革进行了十年后，似乎成效不大，而"动手做"教育模式的成功，被认为是找到了一条成功的道路。在美国、法国、英国、加拿大等许多国家，都把科学探究作为基础教育科学课程目标和内容体系的最关键和最基本的要素。美国的"Hands-on"和法国的"LAMAP"，出发点一样，在培养学生学习方式和态度的同时，也培养他们对待生活的方式和态度。

经过多年准备，我国教育部和科学技术协会于2001年5月共同倡导、发起并推动了中国的"做中学"（Learning Through Doing）科学教育改革实验计划，希望通过项目的实施倡导一种全新的学习方式，促进我国科学教育的发展，实现素质教育的目标。

家居用品游戏——让宝贝在寒冷的冬日玩出热情与智慧

寒冷的冬天，应该适当减少宝贝在户外的活动量，宝贝只好在家庭中游戏。由于室内场地的限制，妈妈们往往担心室内的游戏会令孩子感到枯燥和没有新意。其实冬天的家庭生活也可以是丰富多彩的，有限的家庭空间一样能成为宝贝快乐的游戏天地，只要父母们开动脑筋就会发现，家里的许多家居物品，如枕头、被子、床单、靠垫、鞋子、毛巾等都能成为宝贝游戏的好道具。陪宝贝腻在家里，一起爬枕头、滚被子、扔靠垫都会惹来一阵阵笑声，寒冷的冬日宝贝一样能享受暖洋洋的游戏乐趣！

> 宝贝对枕头、被子、床单等床上用品有种天然的亲切感和依赖感，看见它们宝贝就能感觉到温暖，所以利用这些家居用品玩冬天游戏是很适合的。枕头、被子、床单等柔软、安全，以这些物品为道具进行各种游戏，能让宝贝感觉到家的温馨与温暖，亲子关系的和谐与融洽，也能使宝贝在愉快的游戏中获得各方面有益的发展。
>
> 桌椅、毛巾、拖鞋等用品也是孩子们很熟悉的物品，以它们为载体开展游戏让宝贝感觉很亲切，而对这些居家用品的另类使用方式，能有效激发宝贝的创造力、想象力，让宝贝在寒冷的冬日玩出热情与智慧。

枕头、靠垫

1. 摇摇船

准备一个圆柱形的枕头，让宝贝趴在枕头上，肚皮始终贴着枕头，妈妈缓缓地前后左右移动枕头，让宝贝像小船一样前后摇摆，感受身体平衡。

效果：前后左右摇摆枕头能锻炼宝贝身体控制和协调平衡能力。

适合年龄：0—3个月

2. 靠一靠

找几个枕头堆起来，让宝贝靠在上面，之后再找几个枕头围在宝贝左右侧及身前，这样宝贝既不会往后倒，也不会往左右倒，能安全地靠着枕头坐着。

效果：靠一靠的游戏看似简单，却有利于帮助宝贝完成从躺到坐的过渡，而也正是这一靠让宝贝的可视空间增大了很多。

适合年龄：3—6 个月

温馨提示：当宝贝靠坐的时候最好在他身前的枕头上放个小玩具，这样宝贝能自娱自乐地玩较长时间。

3. 翻山越岭

在宝贝起床、枕头被子还乱糟糟的时候，妈妈可把被子和枕头堆成山状，形成障碍，引导宝贝爬上去又爬下来。妈妈可以在前面用玩具引逗宝贝，也可以在后面扮老鹰追宝贝，促使宝贝快爬。宝贝爬上山后可在妈妈的保护下站在高高的枕头山顶上享受胜利的喜悦。

效果：这一游戏有利于宝贝在爬越障碍的同时练习爬行、锻炼身体平衡能力。

适合年龄：6—12 个月

4. 勇攀高峰

把家里的靠垫由大到小、由平整到不平整垒在一起成山状，把宝贝喜欢的玩具放在"山顶"，再把宝贝放在垫子上，让他在软绵绵、晃悠悠的垫子上努力往上爬，以拿到"山顶"上的玩具。

效果：这个游戏能强健肌肉，促进身体协调、平衡发展，同时在软和的小山上通过自己的努力探索新的空间会让宝贝感到新奇和快乐，情绪愉快。

适合年龄：6—12 个月

5. 乌龟搬家

准备一个很轻的枕头放在宝贝背上，让宝贝背着枕头从床的一头爬到另一头，爬的过程中要努力不让枕头掉下来。为了活跃气氛，妈妈也可以背一个枕头和宝贝一起爬，进行比赛。

效果：这个游戏可以帮助巩固爬行能力，同时提高宝贝对身体的把握控制能力。

适合年龄：1—1岁半

温馨提示：不管宝贝是手脚并用地爬上去，还是在你的帮助下一步步登上去，你都要向宝贝表示祝贺。而且游戏最好在铺着软垫的地板上玩，以免宝贝摔下来。

6. 过河

把家里的靠垫摆成一竖行，每块靠垫之间有10—20厘米的距离。游戏开始妈妈告诉宝贝现在我们要过河，靠垫就是桥，只有踩到靠垫上才掉不到河里。妈妈可以和宝贝一起玩。

效果：这个游戏可以帮助宝贝练习跨过障碍，同时锻炼身体平衡能力。

适合年龄：1岁半—2岁

温馨提示：刚开始妈妈可拉着宝贝的手让他过河，等宝贝熟练后妈妈就可以逐渐放手了。

7. 枕头大战

起床后趁着床还没收拾，爸爸、妈妈和宝贝可以温馨一刻，一起拿着枕头互相扔着玩。

效果：扔枕头是一种大运动，有利于宝贝全身锻炼，同时也能密切亲子关系，让爸爸妈妈和宝贝都享受家庭的快乐。

适合年龄：1—2 岁

8. 骑马儿

准备一个枕头让宝贝当马一样骑着在床上玩，宝贝可以边骑边嘴里叫着"驾——"。

效果：这个游戏可以锻炼下蹲起立能力以及手脚协调能力。

适合年龄：2—3 岁

9. 搭一搭

准备枕头和靠垫若干，和宝贝一起利用这些柔软的"大积木"进行各种各样的搭建。如在两个靠垫上面放一个长枕头就成了一座小桥；把枕头一个连一个摆在一起就是一条小路，也像长长的列车；两个枕头竖着靠在一起就是小猫的家，也像一座小山。

效果：游戏可锻炼宝贝的动手操作能力，更能培养宝贝的想象力和创造力。

适合年龄：2—3 岁

10. 跳跳袋鼠

准备一个枕头，把枕头芯抽出来，只留下枕头套备用。游戏开始让宝贝双脚伸入枕头套里面，双手则拽着枕头套的另一头，之后，告诉宝贝自己现在是小袋鼠了，并引导宝贝像袋鼠一样双脚跳跃着来到妈妈身边。

效果：这个游戏可以让宝贝进行跳跃练习，并学习控制身体、掌握平衡。

适合年龄：2—3 岁

小贴士：

1. 枕头和靠垫是宝贝进行运动游戏的好道具，其实，利用枕头爸爸妈妈还可以引导宝贝比较"一样""大小"，认识枕头靠垫的"颜色""形状"，帮宝贝积累初步的数学概念。

2. 开展任何游戏都要注意培养宝贝乐观、坚强、友好、快乐的品质和情绪，为宝贝形成积极的生活态度奠定基础。

被子

1. 拉雪橇

准备一条被子，让宝贝趴在上面。游戏开始，妈妈慢慢拉着被子移动，这个时候趴在被子上的宝贝会反射性地紧紧抓住被子，以保持住身体的重心。爸爸和妈妈可轮流在两边拉。

效果：游戏可锻炼孩子对身体的掌控能力。

适合年龄：0—6 个月

2. 钻洞洞

准备被子一条，爸爸和妈妈分别在被子的两头捏住被子的两只角，将被子变成"洞"状。之后将宝贝放在被子"洞口"的一端，让宝贝从洞里钻出来，如果宝贝不肯，爸爸妈妈要在"洞口"另一端呼唤宝贝，或者用些玩具引导宝贝钻进洞里去。

效果：钻洞洞游戏发展宝贝手脚协调爬的动作，培养探索精神和勇敢面对黑暗的勇气。

适合年龄：6—12 个月

3. 荡秋千

准备一块毛巾被，宝贝躺在被子上，爸爸和妈妈各抓住被子的两个角，左右晃动宝贝。妈妈可以边荡边念儿歌，如"摇啊摇，摇啊摇，摇到外婆桥"，这个游戏最好在睡前进行，因为来回的晃荡能起到摇篮的作用。

效果：这个游戏可以加强宝贝的平衡感觉，也有助于宝贝入睡。

适合年龄：6—12 个月

4. 捉迷藏

把宝贝放在床上，妈妈准备一块毛巾被，全身躲在里面并呼唤"宝贝，妈妈呢？"发出声音引起宝贝注意，诱导宝贝找妈妈，之后探出一小部分脸高兴地告诉宝贝"妈妈在这里"。当然也可把毛巾被的一角蒙在宝贝头上，问宝贝"宝贝在哪里呢"，当宝贝自己或者在妈妈的帮助下把被角拿开时，宝贝会非常开心。游戏可反复进行。

效果：这个游戏可以训练宝贝记忆力，发展对物体存在的推测力和感受力。

适合年龄：6—12 个月

5. 旋转棉被

准备 1 张小棉被，让宝贝趴在上面，且把头抬起来，妈妈拉起棉被的一角，沿着顺时针方向旋转一圈，之后再逆时针方向转一圈。

效果：这个游戏能对宝贝进行前庭刺激，促其身体协调平衡发展。

适合年龄：6 个月—2 岁

温馨提示：妈妈的拉动不要太猛，不然会让宝贝眩晕难受。

6. 滚筒

准备一条适合宝贝的被子,让宝贝把被子裹在身上变成"滚筒",随意地在宽大的床上滚来滚去,爸爸也可裹上一条被子,与宝贝一起滚,享受两个"筒"碰撞在一起的快乐。

效果:这个游戏可以锻炼宝贝翻身滚动的能力以及对身体的掌控能力。

适合年龄:2—3 岁

小贴士:

爸爸妈妈要注意宝贝的运动量不宜过大,衣服也不要穿得太少,以免过热出汗或过冷着凉,在与宝贝玩被子游戏的时候,爸爸妈妈要始终在旁边,确保宝贝没有被被子盖住窒息。

床单

1. 床单翻身

准备一条床单让宝贝仰卧或者俯卧在床单上,妈妈拉着被子的一边,轻轻地带着宝贝一起翻转过去,待宝贝熟悉之后,会知道妈妈的意图,自然而然地随着床单一起翻转。

效果:游戏能帮助宝贝学习翻身的动作。

适合年龄:3—6 个月

2. 拉拉扯扯

准备一条床单,叠成短条状,让会站但还不会迈步走的宝贝拽着床单的一头,妈妈拽着床单另一头,妈妈拉着床单往前走,宝贝在床单的牵引下学着迈步行走。

效果：这一游戏可促使宝贝在新奇有趣的游戏中自然地迈开双脚，学习行走。

适合年龄：9—12 个月

3. 小猫过河

准备一条床单，在床上铺平，孩子站中间。游戏开始父母各执床单的两个角抖动床单，宝贝则在床单抖动形成的像波涛一样的"波涛"中快乐地走、跑、跳、爬、滚。游戏刚开始床单不离开床，等孩子熟悉以后，可增加游戏难度将床单及宝贝一起抬离床面，并继续抖动床单，宝贝可以四处翻滚，以保持平衡。

效果：这一游戏能够加强宝贝的平衡感，锻炼宝贝综合运动能力及勇敢的性格。

适合年龄：1—3 岁

4. 欢乐跳高

准备一条床单、响铃、小号按摩球等轻巧、安全的玩具若干。游戏开始，爸爸妈妈手拉床单相对站立，将床单拉到距离孩子头一定距离的地方，上面可以放上响铃等玩具，然后鼓励孩子自由跳跃，用手、头努力触碰床单上面的玩具。

效果：这个游戏可综合培养宝贝跳高、跑、钻等多面的运动能力。

适合年龄：2—3 岁

温馨提示：床单上的玩具一定要很轻、很软，这样即使掉下来也不会伤到宝贝。游戏最好在铺着软垫的地板上进行，这样宝贝即使摔倒也不会被伤到。

5. 降落伞

准备一床双人床单，爸爸妈妈各抓住床单的两个角做一上一下的动作，床单上扬时，幼儿做钻进来的动作，床单下降时，幼儿马上钻出去。为增加游戏的趣味，爸爸妈妈可突然用床单将孩子罩住。

效果： 这个游戏可帮助宝贝练习钻、跑的动作，锻炼孩子的胆量。

适合年龄： 2—3 岁

> **小贴士：**
>
> 1. 利用床单进行游戏要注意宝贝的头部和四肢不要被扭到。
>
> 2. 游戏进行的地方要铺上柔软的被子或者毯子，做好宝贝的保护工作。
>
> 3. 可准备一些具有诱惑力的小奖品，以激励宝贝的参与性。

毛巾

1. 拔河

让宝贝躺在床上，妈妈准备一条长毛巾，拿着长毛巾的一端，并协助宝贝用双手抓紧毛巾的另一端。妈妈稍微施力，把毛巾往上提，宝贝感受到力量，也会尝试用力拉住毛巾。等宝贝有了经验和能力后，改换宝贝的姿势，让宝贝靠着枕头坐着，继续玩拔河游戏。

效果： 这个游戏可增强宝贝双臂、腹部、背部的力量。

温馨提示：

·当宝贝松手不愿意抓紧毛巾时，表明他累了，这时应停止游戏。

·游戏过程中妈妈不可太用力，稍微用力让宝贝感觉到力量即可。同时要注意力度变化，有时放轻一些，有时用力一点，以帮助宝贝感受不同的力度。

适合年龄：3—6 个月

2. 兜肚肚

准备一条毛巾，铺在床上，让宝贝趴在上面，腹部贴着毛巾，然后用毛巾兜起宝贝腹部，让宝贝尝试用双手及双膝向前爬行。

效果：宝贝开始爬行时可能很费力，腹部无法离地，爸爸妈妈用柔软的毛巾把腹部提起有利于宝贝练习手膝爬行，并渐渐地学会爬行。

适合年龄：4—6 个月

温馨提示：游戏一开始可能要完全兜住宝贝胸腹部，以让宝贝有机会活动他的双手双腿，但别让宝贝的手脚也腾空哦，等宝贝懂得弯起膝盖时，就可以略微放下宝贝的身体，让宝贝自己用力向前爬。还有千万别在宝贝刚吃完奶或食物之后马上进行这个游戏。

3. 找玩具

准备一块成人毛巾和一个小玩具，让宝贝看着把玩具藏在毛巾下面，之后妈妈问宝贝"玩具在哪里？"宝贝会尝试自己动手把毛巾拿开，找到玩具。为增加游戏的趣味性和新奇性，妈妈可一次换一个玩具让宝贝找。

效果：这个游戏的目的很明确，就是让宝贝明白在看似简单的游戏中明白"事物客观存在"这样高深的道理。

适合年龄：6—12 个月

4. 取玩具

准备一块长毛巾，毛巾的一头靠近宝贝，另一头放着宝贝喜欢的小汽车。宝贝坐或者站在桌边，但不能用手够着小汽车。当宝贝想要玩具但得不到而求助妈妈时，妈妈慢慢拉动毛巾将玩具拉到身前。然后照原样将毛巾和小汽车放好，让宝贝模仿做。

效果：发展宝贝手的抓、握、拉的动作，启发宝贝的思维能力，学习通过使用工具达到行为目的。

适合年龄：1—2 岁

5. 捕鱼儿

爸爸手拿一块大毛巾假装睡觉当捕鱼人，妈妈和宝贝当小鱼在爸爸身边轻轻地走来走去。爸爸突然双手抛出毛巾并大声喊："捕鱼喽！"妈妈和孩子要及时躲闪。

效果：游戏可发展孩子走、跑的运动能力及有意识的躲闪能力。

适合年龄：1 岁半—2 岁

温馨提示：爸爸的行为不可太过突然，否则会吓着宝贝。

6. 摸一摸

让宝贝坐在床上，找一些宝贝熟悉的玩具放在手能够到的地方，之后准备一块长毛巾，把宝贝眼睛蒙上，让宝贝在身边四处摸一摸，摸到一个玩具之后告诉妈妈这个玩具是什么。

效果：这个游戏可促进宝贝感知觉以及记忆力的发展。

适合年龄：1 岁半—2 岁

7. 抢尾巴

准备长毛巾 2 条，妈妈和宝贝各在腰后挂一条。游戏开始，妈妈和宝贝互相追逐，努力把对方的尾巴抢下来。

效果：这个游戏可锻炼宝贝奔跑和有效躲闪的能力，同时能激励宝贝动脑思考想办法解决问题。

适合年龄：2—3 岁

温馨提示：游戏最好在宽阔的地板上进行。

8. 小斗牛士

准备一条成人毛巾，爸爸当斗牛士，宝贝当"牛"进行斗牛游戏。活动开始爸爸拿着大毛巾抖动，宝贝则扮成"牛"状对着毛巾冲过来，当快过来时爸爸快速地把毛巾举起，让"牛"从毛巾下通过。等宝贝熟悉游戏后，可以和爸爸互换角色来玩。

效果：游戏可锻炼孩子动作的灵敏性和思维的敏捷性。

适合年龄：1 岁半—3 岁

9. 卷毛巾

准备一块适合宝贝使用的小方毛巾，让宝贝从一边开始卷到另一边。刚开始妈妈可以先示范着卷几下，然后让宝贝像妈妈一样卷。等宝贝卷得比较熟练后，要求宝贝卷得更紧一些、更密一些。

效果：卷的动作既训练宝贝手腕的灵活性同时也训练两只手的配合能力，也培养了孩子一定的自理能力。

适合年龄：2—2 岁半

10. 毛巾变变变

准备一块正方形毛巾，让宝贝随意地叠一叠、团一团、卷一卷。如果宝贝无意间将毛巾对折，妈妈说："呀，变成长方形毛巾了。"如果宝贝把毛巾按对角折叠，妈妈要告诉宝贝："毛巾变成三角形了。"如果妈妈看不出宝贝叠的什么，可以问宝贝："宝贝叠的是什么？"要宝贝讲一讲，并鼓励他继续叠出更多的东西。为了更充分地调动宝贝的想象力，还可以考虑给宝贝一些道具以丰富游戏内容，如一次性小纸杯等，拽着小毛巾的中心，把它塞到纸杯里面，毛巾就变得既像火炬，又像盆花了。

效果：这个游戏可在充分锻炼宝贝双手的操作能力的同时，培养宝贝的发散性思维，并给宝贝渗透初步的关于图形的概念。

适合年龄：2—3 岁

11. 毛巾滚球

准备一条长方形的毛巾和一个小皮球，将皮球放在毛巾中间。妈妈与宝贝各自抓住长毛巾一端的两个角，依次提高毛巾的两只角，让球在毛巾上滚来滚去。如果宝贝刚开始不能很好地与妈妈配合，妈妈可以边抬手边说"妈妈滚，宝贝滚"，提醒宝贝。如果宝贝能力强，还可以同时喊"一、二"，抬起毛巾，把球抛到空中再尝试接住。

效果：游戏能帮助宝贝学习有目的地控制自己的身体，与别人进行配合活动。

适合年龄：2—3 岁

小贴士：

1. 不同用途的毛巾形状、大小、颜色各异，要根据游戏的具体需要有针对性地选择。

2. 游戏中要密切关注宝贝的反应，对于活动量大的游戏一定要控制宝贝的运动量，以免宝贝疲劳。

鞋子

1. 小脚踢踢

最好在宽敞的客厅进行这个游戏。准备一双废旧的拖鞋，放在地面上让宝贝踢着玩。妈妈也可以在一旁喊着"一、二、三，踢——"。别看这个活动简单，但小家伙却会喜欢它。

效果： 游戏能够发展宝贝踢的动作与能力。

适合年龄： 1—1 岁半

2. 走小桥

准备若干双拖鞋，一双双首尾相接连接成一列，鞋与鞋之间不要有间距，搭成一座拖鞋桥。成人在前，小宝贝在后，一起走在拖鞋桥上，要努力不掉到桥外。

效果： 拖鞋桥造成的狭窄行走空间能很好地培养宝贝的平衡感。

适合年龄： 1 岁半—2 岁

温馨提示： 游戏前先检查一下场地是否有异物。

3. 大鞋和小鞋

不少宝贝会把穿爸爸妈妈的鞋当成乐趣，马上就可以满足他的愿望了。准备爸爸、妈妈和宝贝的拖鞋各一双。爸爸的鞋和妈妈的鞋最好有明显的区别，请宝贝看看并指出哪双是爸爸的，哪双是妈妈的，哪双是宝贝的，还可请宝贝穿穿爸爸妈妈的鞋，感觉一下和穿自己的鞋的不同。

效果： 这个游戏能让孩子建立不同的鞋和适合的人之间的对应关系。

适合年龄： 1 岁半—2 岁

温馨提示： 宝贝试穿大人鞋的时候，家长要注意保护，同时所有让宝贝穿的鞋子都要舒适、干净。

4. 钓鱼

准备 2—3 双拖鞋，不规则地散落在地面上当鱼。注意保证拖鞋的正面朝上。游戏开始给宝贝一个"抓痒痒挠",让宝贝拿着"抓痒痒挠"勾拖鞋的鞋面钓鱼玩。钓完鱼以后,妈妈还可以和宝贝一起数数钓到多少条鱼。

效果:这个游戏针对幼儿的手眼协调能力设计,并锻炼他们手活动的灵活性。同时还能培养宝贝一定的数数能力。

适合年龄:2—3岁

5. 快乐爬行

选择宽敞的客厅进行游戏。准备3双左右的拖鞋。孩子和爸爸、妈妈一起脚穿拖鞋,手穿(伸进)拖鞋,手、脚着地爬行。

效果:这个游戏不同于1岁前小宝贝的匍匐前行,而是手脚爬,能让宝贝的四肢更有力量,手脚更能有效配合。

适合年龄:2—3岁

温馨提示:给宝贝的拖鞋得大小合适,"手穿"的拖鞋要尤其舒适,避免太硬划伤宝贝的手。游戏完,提醒宝贝认真地洗手。

6. 踩石柱

准备一些拖鞋,将拖鞋分散放在河中适当的位置当石柱,石柱之间适当隔开一点距离,要求宝贝踩着石柱走,当然刚开始妈妈可以给宝贝进行示范。如果一不小心没踩到拖鞋,就表示掉进小河里,要重新过河。

效果:踩拖鞋需要宝贝判断好拖鞋的位置再调整身体的动作,可以发展身体协调能力,此外"石柱"间的距离还能让宝贝学习跨的动作。

适合年龄:2—3岁

温馨提示:游戏范围内别有杂物,地面防止太光滑。

7. 不见了

准备3—4双颜色各异的拖鞋，排列在地面上。让宝贝先观察一会儿，然后闭上眼睛。妈妈数"1、2、3"将其中一双拖鞋藏起来并让宝贝睁开眼睛看，回答什么颜色的拖鞋不见了。

效果：训练宝贝的记忆力，并掌握关于不同颜色的名词。

适合年龄：2—3岁

温馨提示：宝贝的记忆力有限，关注不到太多的数量，这个游戏可以先从3双拖鞋开始，再增加到4双，最多不能多于5双。

8. 穿鞋子

准备若干种类型各异的鞋子，如球鞋、皮鞋、布鞋、凉鞋、拖鞋。游戏时，妈妈给孩子穿上一双鞋子，指着鞋子说："鞋子。"让宝贝穿着鞋子走一走，然后把鞋子脱掉再穿上另一双，还说"鞋子"。反复多次，逐渐使他明白尽管这些东西大小、外形、质地不同，但都是鞋子，可以穿在脚上来走路。

效果：这个游戏可让宝贝认识类型不同的鞋。

适合年龄：2—3岁

9. 找一找、搭成对

准备2—3双宝贝的干净鞋子，妈妈请宝贝闭上眼睛后分别将一只只鞋子放在房间中地板上的各个角落。之后请宝贝睁开眼睛，把每只鞋子找出来，并配成对。

效果：这个游戏可让宝贝学习对物体进行配对，同时训练宝贝有目的行动的能力。

适合年龄：2—3岁

> **小贴士：**
> 进行这类游戏要选择柔软舒适一些的拖鞋，以防硬硬的拖鞋让宝贝的手、脚接触时感觉不舒服。

桌椅板凳

1. 扶椅子走

沿着一面墙摆一排椅子。游戏开始让宝贝扶着一头的椅子站立，然后教他怎样利用这些椅子慢慢地把自己从一把椅子移动到另一把椅子。为了激励宝贝，可以把他最喜欢的一个玩具放到最远的那把椅子上，等宝贝走到那儿拿到玩具，要为他鼓掌叫好。之后可再找一个玩具放到另一端的椅子上，让宝贝再走回去。

效果：这个游戏能有效帮助初学步的宝贝练习行走。

适合年龄：9—12个月

温馨提示：椅子如果是木制表面一定要光滑，不能有毛刺，否则会伤到宝贝柔嫩的皮肤。

2. 找妈妈

准备一把椅子，让宝贝站在离椅子1米左右的地方，妈妈蹲下躲在椅子后面，一边拍手一边说："宝贝，快来找妈妈。"等宝贝快要走到小椅子旁边时，把椅子挪到旁边，张开双臂迎着宝贝，并不断鼓励宝贝往妈妈身边走。

效果：帮助初学走步的宝贝练习走路，并培养向定向走的能力。

适合年龄：1—1岁半

温馨提示：游戏场地周围最好没有闲杂物品，避免宝贝走不稳的时候碰倒。

3. 坐马车

准备一个小板凳，请宝贝分腿骑在上面，像骑马一样手脚配合拉着板凳向前，嘴里喊着："驾，驾，驾！嗒，嗒，嗒！"骑马的感觉会让宝贝觉得很快乐。

效果：这个游戏能锻炼宝贝手腿力量以及手腿协调运动的能力。

适合年龄：1岁半—2岁

温馨提示：板凳如果是木制表面一定要光滑，不能有毛刺，否则会伤到宝贝的小屁股。如果是塑料小板凳就更好了。

4. 爬椅子山

准备一把大人坐的牢固的椅子，放稳了。拍拍椅子座用游戏的口吻说"宝贝，来爬到山顶坐坐吧！"让宝贝面向椅子爬上去再转身坐下。宝贝在爬椅子的过程中可能会回头望大人寻求支持，在孩子迟疑的时刻大人不要急于去扶他，一定要用鼓励的表情和肯定的语言为宝贝增加勇气。

效果：让宝贝练习简单的攀爬并培养宝贝勇敢尝试的精神。

适合年龄：1岁半—2岁

温馨提示：孩子进行游戏时成人一定要扶稳椅子，并在旁边做好保护。

5. 汽车过山洞

选择家里高度最高的饭桌进行这个游戏，有条件的话最好在桌子的地面铺一层地垫。游戏开始成人和宝贝一起爬着钻过桌子底下，且边爬边和宝贝一起喊"嘀嘀嘀——，开汽车"。

效果：这个游戏需要宝贝和其他人协调进行，有助于宝贝社会性的发展，而且手膝爬对于宝贝是一种有效的全身运动的方式。

适合年龄：1—1岁半

温馨提示：游戏前提醒宝贝小心碰头。还可以用柔软的布把四个桌腿都包裹起来，让宝贝的游戏更安全。

6. 玩具搬家

准备一个小塑料椅，上面放个宝贝喜欢的玩具，让宝贝拉着小椅子把玩具拖运到预定的地点。

效果：这个游戏能培养宝贝有方向地拖动物体行进的能力，同时还可以锻炼四肢的力量与协调控制能力。

适合年龄：1岁半—2岁

温馨提示：宝贝行进的区域不能有障碍物。

7. 椅子排排队

把家里高矮或者大小不同的椅子放在一起，让宝贝说说哪个高，哪个矮，哪个大，哪个小。并且在妈妈的帮助下给椅子由小到大，由矮到高排排队。妈妈还可以带宝贝一起说"这个比那个高"这样相对复杂的句子。

效果：这个游戏让宝贝很直观看到大小、高矮这样的相对关系，并且初步学习含有主谓宾补的句型。

适合年龄：2—3岁

8. 皮球过隧道

宝贝和妈妈面对面隔开一定距离坐在地板上，中间放一把有一定高度的椅子。游戏开始妈妈拿一个小皮球穿过椅子滚到宝贝面前，之后宝贝再把球穿过椅子滚给妈妈。开始宝贝要离椅子近一些，等宝贝可以熟练地完成时，可适当增加宝贝和椅子之间的距离。

效果：这个游戏可锻炼宝贝按照一定方向滚动物体的能力。

适合年龄：2—3岁

9. 找桌腿

在桌子底下游戏，对宝贝而言别有一番趣味。这个游戏还是利用家里最高的饭桌进行，也因为它桌面下的空间更大。游戏开始宝贝钻在桌子下面，妈妈站在桌子旁边，妈妈用手敲四条桌腿中任何一个桌腿上方的桌面，宝贝根据声音爬到相应的桌腿旁边，抓住桌腿。

效果：这一游戏能锻炼宝贝的方位感以及快速反应的能力。

适合年龄：2—3岁

温馨提示：桌角最好都有防撞角，而且桌腿也要光滑为宜，也可用柔软的布把四个桌腿包裹住。并事先嘱咐宝贝小心碰头。

10. 跳水健将

准备一个小矮椅子，让宝贝站到上面，家长拉着宝贝的双手喊"一、二、三，预备——跳！"引导宝贝双脚一起大胆往下跳。

效果：这个游戏可帮助宝贝积累双脚跳的经验，锻炼宝贝勇敢的品质。

适合年龄：2岁半—3岁

温馨提示：游戏要在妈妈的保护下进行，还可在椅子下面放块软垫子，以保护宝贝的双腿。

11. 抢椅子

准备一把小椅子放在地板上。游戏开始爸爸在一旁放音乐，妈妈和宝贝围着椅子走或伴随着音乐跳，爸爸音乐一停止，妈妈和宝贝马上找椅子坐下，谁先抢到谁为赢。刚开始玩的时候，宝贝也许会不能马上适应游戏规则，但进行一两次他就能明白了。宝贝做得还不错时，一定要告诉他，他很棒。

效果：这一游戏能锻炼宝贝的应变能力，还能培养宝贝按照一定的规则做事情。

适合年龄：2 岁半—3 岁

温馨提示：游戏过程中成人要故意让着宝贝些。

小贴士：

游戏前，爸爸妈妈先检查一下家里的桌椅板凳是不是牢固，确保螺丝以及一些衔接的地方不会有松动。对于有规则的或者难一些的游戏，爸爸妈妈可以先给宝贝示范一下。

---

43 个传统游戏，感受妈妈的快乐童年

传统经典游戏经久不衰，伴随着一代代人走过美好的童年，但在当今电视、电脑、电动玩具充斥幼儿视线的今天，传统游戏渐渐淡出幼儿的生活。关掉喧嚣的电器，带宝贝一起重温妈妈记忆中的游戏，而且边玩边改造、边创新，对宝贝来说是一件非常有意义的事情，不仅能锻炼宝贝身体，萌发宝贝智慧，还能带给宝贝无尽的快乐。

0—1 岁——在爸爸妈妈的帮助下，感受身体运动及亲子共同游戏的快乐

1. 拉大锯

宝贝面对妈妈两人相对而坐在床上，宝贝拉着妈妈的手坐在妈妈合并的双脚上，游戏开始妈妈边说儿歌，边随节奏拉着宝贝做前俯后仰像拉锯一样的动作。儿歌内容为"拉大锯，扯大锯，姥姥门前看大戏，你也去，我也去，就是不让二妞去"，妈妈可随机地对儿歌内容进行修改，如将儿歌后一句改为："妈妈去，宝贝去，就是不让爸爸去"或者"妈妈去，爸爸去，带上宝贝一起去"等。

效果：感受儿歌的节奏，锻炼身体俯仰的运动能力。

2. 坐飞机

妈妈脱掉鞋坐在床边或者凳子上，宝贝面向妈妈坐在妈妈脚上，游戏开始，妈妈两手拉着宝贝的手，两脚则上下、左右晃动，宝贝则跟着妈妈的脚一起晃动。

效果：发展宝贝的运动能力、平衡能力，密切亲子关系。

3. 同步走

妈妈穿柔软的鞋站立，之后让宝贝面向妈妈站立，两只小脚分别踩到妈妈的脚面上，妈妈边弯腰扶着宝贝边往前走，带动宝贝往后退。

效果：锻炼宝贝的行走能力以及对身体的掌控能力。

4. 拨浪鼓

叮叮咚咚的拨浪鼓是每个婴儿宝贝的最爱，妈妈一定要记得给宝贝买一个，让宝贝拿着它尽情地晃动，如果买不到的话，我们也可以自己制作一个，如可以以香皂盒作鼓身，以细而结实的绳加圆橡皮泥作小锤，由里而外系在盒身两侧，最后用透明胶将废旧的铅笔或者画笔粘贴固定在盒子上作握手。这样一个小拨浪鼓就做好了，妈妈不妨一试哦！

效果：锻炼宝贝手与手臂活动的灵活性，感受自身动作与物体变化之间的关系以及声音的产生。

5. 不倒娃娃

吹一个小气球，在用绳把气球的口系住之后，在气球上画上娃娃的五官，并把气球粘或者绑在比气球大的皮球上面，这样自制的不倒娃娃即大功告成。游戏的时候，把不倒娃娃呈现给宝贝，告诉宝贝，这个娃娃不会睡觉，怎么让它睡觉呢？鼓励宝贝把不倒娃娃按倒，但是娃娃却总是会不停地又站起来！

效果：激发宝贝有目的的动手能力，感受物体运动的奇妙。

1—3 岁——通过多样的游戏发展宝贝走、跑、跳、掷、敲、滚等全面的运动能力，以及语言表达及运用能力

1. 抬花轿

妈妈和爸爸用右手握住自己的左手腕，再用左手分别握住对方的右手腕，形成一个方形的"轿子坐"，之后蹲下，让宝贝分别把左右脚伸进妈妈和爸爸环形的臂弯中，屁股坐在"轿子"上，等宝贝坐稳后，妈妈和爸爸站起来四处走动，妈妈和爸爸可以上下晃动手臂，让宝贝享受一颠一颠的感觉。

效果：综合发展宝贝平衡、空间知觉等多方面的能力，体验亲子游戏的快乐。

2. 赶小猪

适合宝贝高度及抓握的小棍一根，小篮球或小皮球 1 个。在宽阔的户外或家庭中，妈妈在地上画根线或者一个圆圈表示小猪的家，让宝贝用小棍把篮球小猪赶回家。刚开始宝贝把握不好，小猪的家最好用线表示，只要球过了线即可，慢慢地妈妈再增加游戏难度，让宝贝把小猪赶回圆圈的窝中。

效果：锻炼手臂的运动及掌控能力。

3. 撒网捕鱼

爸爸和妈妈相对而立，双手高举相握形成渔网，宝贝扮演"小鱼"从渔网下不停地游过。当从渔网下跑过的时候，宝贝要快速地躲过渔网，以防渔网突然下来把自己网住。为让游戏更加形象，更富情境，妈妈和爸爸还可以拿一块四方的纱巾或布单作渔网道具，把小鱼罩在里面。

效果：锻炼宝贝走、跑以及躲闪的能力。

4. 滚"轮胎"

准备同样大小、形状（长方形）的酸奶盒若干，把它们一头相套、一头相叠做成环装"轮胎"，并用宽塑料胶带将它们固定好，这样宝贝就可以放心地滚着玩了。做酸奶盒"轮胎"需要三四十个酸奶盒，妈妈只有平常注意收集，才能满足宝贝玩"轮胎"的愿望。

效果：锻炼宝贝滚、推等运动能力。

5. 踢毽子

在超市买一个毽子，让宝贝把毽子放在脚面上，并抬脚和腿把毽子高高地踢起，也可把毽子用绳子系好，挂在无障碍的位置和合适的高度，让宝贝随意抬脚把毽子踢得来回晃动。毽子有多种多样，不仅能买，也可自制，如可用硬塑料纸、小石头和橡皮套自制，方法就是把小石头放在塑料纸中，用橡皮套绑好，之后把没绑着的塑料纸剪成细条状，并加以修整。

效果：锻炼宝贝有目的地抬腿、踢物体的能力，锻炼眼、脚的协调能力。

6. 开火车

爸爸、妈妈和宝贝依次站成一列，后一个抓着前一个的后衣襟，爸爸双手做转方向盘的动作。游戏开始，由三个人组成的列车启动，爸爸带动妈妈和宝贝四处行走。走的过程中妈妈和宝贝可以有节奏地问爸爸："开，开，开火车，开到哪里去？"爸爸回答："开到北京去。"妈妈和宝贝继续问："开到北京干什么？"爸爸可以答："去看鸟巢去。"等等。说的过程中，还可以带动宝贝学火车的声音，如"咔嚓嚓，咔嚓嚓，呜——"。游戏结束，爸爸可以说："到站了，请下车。"游戏可反复进行，角色也可互换。

效果：发展语言应答能力，锻炼集体同步行走能力。

7. 抢椅子

准备两把小椅子，爸爸、妈妈和宝贝一起进行抢椅子的游戏，游戏开始，三个人一起边说儿歌边围着椅子转，等说到最后一个字的一刹那，一起抢椅子，谁没抢到谁表演节目。如果没有合适的椅子，可以改为抢着往地上画的圈里站。等游戏熟练后，妈妈可以带领宝贝一起边说儿歌边做相应的动作，提高游戏的趣味性。爸爸妈妈要记得有意让着宝贝哦！

效果：锻炼快速反应能力。

8. 瞎子摸"象"

妈妈和宝贝一个当瞎子，一个当"大象"，玩瞎子摸象的游戏，当然妈妈最好先当瞎子，让宝贝当"大象"，方便宝贝了解游戏规则。游戏开始，妈妈把眼睛蒙上，然后四处摸宝贝，摸到哪里就高兴地和宝贝说"这是宝贝的头""这是宝贝的耳朵"等，之后把宝贝的眼睛蒙上，宝贝来摸妈妈，摸到什么就说什么，并问妈妈对不对。当宝贝熟悉游戏后，可以把游戏升级为"瞎子找象"，即把宝贝的眼睛蒙上，妈妈则站在离宝贝不远的身旁，让宝贝通过摸索去找妈妈，为方便宝贝寻找妈妈可通过发声给予线索，让宝贝根据声音去寻找。

效果：锻炼幼儿的触知觉、听觉、记忆力及快速反应能力。

9. 走高跷

准备两个废旧的小型洗衣粉筒，将筒上自带的提手卸去，换上两根弹力带，以能合适地绑住宝贝的小脚为宜。高跷做好后，妈妈帮助宝贝把脚踩到洗衣粉筒上，用弹力带绑好，这样宝贝就可以"腾云驾雾"喽。刚开始妈妈一定要拉着宝贝的双手以防摔倒，慢慢地可以换着拉一只手，直到慢慢放开手。

效果：锻炼平衡能力、高难度行走能力。

10. 捉迷藏

游戏最好在宝贝熟悉的家中进行。游戏开始，爸爸蒙上宝贝的眼睛，妈妈则藏起来，之后在房间里走来走去寻找妈妈，如果宝贝找不到，妈妈可用声音提醒宝贝，如"宝贝，妈妈在这里"，让宝贝循着妈妈的声音找到妈妈。在找到的一刹那，妈妈可惊喜地和宝贝说："哇，宝贝找到妈妈了。"宝贝年龄小，找的过程中爸爸要全程跟着宝贝，不让进出各个房间的宝贝脱离爸爸视线。

效果：锻炼宝贝的反应能力、对声音和方位的判断能力和自我控制约束能力。

11. 抓尾巴

妈妈用皱纹纸剪成长条状当作尾巴，塞到妈妈和宝贝的裤子中。游戏开始，妈妈让宝贝来追妈妈，把妈妈身后的尾巴拽下来，妈妈也作势去抢拽宝贝的尾巴，谁先拽下对方的谁胜。妈妈要故意让着宝贝哦！如果家里没有皱纹纸，还可用布条、丝巾、小长毛巾当尾巴用。

效果：综合练习躲、闪、追、跑、抓等多方面的运动能力。

12. 老鹰捉小鸡

爸爸、妈妈和宝贝一起玩老鹰抓小鸡的游戏，如可由爸爸当老鹰，妈妈当母鸡，宝贝当小鸡，爸爸想办法抓住宝贝，妈妈则让宝贝拉住自己的衣服躲在自己身后，并伸开双手尽可能挡住爸爸，带着宝贝前后左右地躲闪，等熟练后，可以随意互换角色。爸爸抓住宝贝的时候，可以形象地发出"啊呜"的声音，并把宝贝抱在怀里。

效果：发展宝贝灵活躲闪能力。

13. 雪糕化了

当妈妈带宝贝到宽阔的户外时玩这个游戏。一个人追一个人跑，当跑的人说"雪糕"的时候，要保持一动不动，趁追的一方不注意，跑的一方说"化了"，然后继续逃跑。妈妈和宝贝可以轮换角色进行游戏，玩的过程中，妈妈要启发宝贝一起想象并做出各种"雪糕"冻住的样子。

效果：通过跑、追锻炼大肌肉运动能力，同时发展幼儿灵活控制自己的能力。

14. 玩火柴棒

小小火柴棒非常简单，但却非常神奇，千变万化，不仅能拼搭出长方形、正方形、三角形等各种形状，还能拼出不同的数字，多样的物体形状，令人百玩不厌，与宝贝一起利用火柴拼搭是多年来智慧妈妈的选择。在火柴日渐远离人们生活的今天，游戏依然能继续，如酸奶吸管就是非常好的选择，妈妈平时可多积攒一些。

效果：发展宝贝数字能力及空间想象力。

15. 七巧板

千万别小看简单的七块图形，将它们随意拼搭，我们能看到人、动物、物品、建筑，甚至太空形象的千变万化，是发展宝贝智慧的很好的玩具，相信您的宝贝也一定会被这一经典游戏的魅力吸引的！七巧板玩具不用买，我们完全可以依照七巧板的样子用硬纸板、剪刀、尺子和画笔为宝贝制作一个，快快动手吧！

效果：发展宝贝动手能力、想象能力、创造能力，启发智慧。

16. 金锁银锁

妈妈打开手掌手心朝下，宝贝手握拳头，只伸出一个手指来顶在妈妈的手掌中央，之后妈妈和宝贝一起念儿歌："金锁银锁，嘎啦啦一锁。"念到最后"锁"字的时候，妈妈的手掌突然合拢，宝贝则尽力迅速地将手指拿开，以避免被妈妈的手掌锁住。如果宝贝手指逃开了，宝贝赢，如果被抓住了，就和妈妈一起念："开开开，开锁喽。"妈妈将宝贝的手指放出。

为增加游戏的趣味性，不仅游戏的角色可以互换，五个手指甚至脚拇指也都可以尝试，宝贝一定会和妈妈乐作一团的！

效果：锻炼宝贝的语言表述能力以及快速反应能力。

17. 跳格子

在家里的地板格上连续写上大大的 1—5 的数字，让宝贝一个一个从 1 跳到 5，再从 5 跳到 1，也可在地板格里逐个画上喜羊羊、懒羊羊、灰太狼等宝贝喜欢的动画角色，让宝贝跳着到每个动物的家里做客。

效果：发展宝贝跳跃能力。

18. 玩沙包

收集一些家里各色各样的布头，给宝贝做几个大小不等的沙包，沙包里面的填充物可以是碎布条，也可以是小米、玉米等，让宝贝随意扔着玩，可以扔到远处，也可以扔给妈妈，玩腻了还可以把沙包顶在头上，扛在肩上、背在背上、夹在双腿中间走走、跑跑、跳跳。

效果：综合发展走、跑、扔、平衡等多项运动技能。

19. 炒黄豆

妈妈和宝贝双手相拉相对而立，边念儿歌"炒、炒、炒黄豆，炒完黄豆翻跟头"，边有节奏地向左右协调摆手，当念到最后一句时，妈妈和宝贝一起举起一侧的手臂，从手臂下钻过，翻转身体成背靠背状，之后继续念儿歌并再次从手臂下翻转，还原姿势。游戏可反复进行。妈妈和宝贝可以一起创编多样的儿歌，如"炒、炒、炒花生，炒完花生就翻身"。由于妈妈和宝贝身高有差距，翻手臂时会有难度，为此，妈妈和宝贝可以在两手之间握两条绳或者丝巾围巾，以延长手臂，方便翻身。

效果：锻炼身体的柔韧性及两人合作配合运动的能力。

20. 二人三足行

用绳子将宝贝的一条腿和妈妈的一条腿绑在一起，之后妈妈和宝贝一起边喊"一二一"边往前行进。

效果：锻炼行走能力，学习与他人通过合作共同完成任务。

21. 吹羽毛

通过画线或其他合适的方式将平坦的桌子一分为二，妈妈和宝贝分别坐到线的两边，之后把准备好的羽毛放在线中间，妈妈和宝贝都努力把羽毛吹到对方的桌面上。当然了也可以把羽毛拿在手中，抬头把羽毛往高处吹。

效果：锻炼肺活量，感受羽毛的轻柔。

22. 玩气球

买一些大小不等的气球，吹足气后系好口备玩，宝贝可以系根长绳拉着玩，可以踢气球玩、踩气球玩、顶气球玩，还可以和妈妈一起像玩排球似的相互打气球玩、可以把气球放在水里拍打着玩。

效果：锻炼多种运动能力，感受气球飘逸、轻盈的特性。

23. 点豆豆

妈妈和宝贝对面而坐，宝贝手心向上伸出一只手，妈妈则拿一只手的一个指头在宝贝手中点，做点豆状，边点边说儿歌："点豆点豆，红豆绿豆，你拿我拿，一抓一大把。"

等说到最后一个字的时候，宝贝快速地握手去抓住妈妈的手指，妈妈则快速地抽手指，避免被抓到。等熟练后妈妈和宝贝互换角色。

效果：锻炼宝贝快速反应能力及手臂屈伸灵敏度。

24. 捻捻转

找一个小一点的药瓶盖，橡皮的、硬塑料的都可以，在瓶盖的正中间扎个小眼，把牙签插进去，这样一个简易的捻捻转就做好了。玩的时候，妈妈可以先示范着转，然后让宝贝尝试着转。做捻捻转的方法有很多，比如用牙签和黄瓜圆片、牙签和圆胡萝卜片等都可以做成。

效果：锻炼手指活动的灵活性，发展捻的动作。

25. 节节高

妈妈和宝贝可以惬意地坐在床上玩这个游戏。游戏开始，妈妈先伸出一只手的大拇指，其余四指呈抓握状，然后妈妈引导宝贝也像妈妈一样伸出一只手的大拇指，其余四指则握住妈妈伸出的大拇指，之后妈妈和宝贝的另一只手依次像刚才一样叠加，形成节节高的样子。等到妈妈和宝贝的四只手都用完后，游戏循环进行，即不断把最下面的一只手抽出叠加到最上面，等熟悉后，妈妈和宝贝可以不断增加抽出最下面手的速度，看看谁的反应更快。

效果：锻炼宝贝手指运动的灵活性及快速反应能力。

26. 吹青蛙

用纸叠一只青蛙放在平滑的桌面上，之后妈妈引导宝贝在宝贝的身后吹青蛙，把青蛙吹得跳起来。

效果：帮助锻炼肺活量。

27. 找东西南北

用纸叠几个东西南北，可以分别在里面写上 1—8 的数字，或者贴上 8 个动物的头像、8 种不同表情、8 类人的头像等等，这样传统单纯找东西南北的游戏就有了更多内容，您可以和宝贝尽情地找来找去。

效果：锻炼手指运动能力，丰富多样认知。

28. 砍白菜

妈妈和宝贝相对而蹲扮作"白菜"，爸爸则扮成"砍白菜人"围着白菜转。转的过程中一家人边拍手边念《砍白菜》儿歌，当念到最后一字时，爸爸用手在一颗"白菜"的"根部"即腿部砍一刀，之后"白菜"站起并跟在"砍白菜人"身后，之后砍菜人继续砍，直到砍完后拉着"白菜"去卖。游戏角色可以互换，游戏内容也可以灵活变动，如还可以玩"拔萝卜"的游戏，即拔萝卜的人把萝卜从臂弯处拔起。砍白菜的儿歌为："砍、砍、砍白菜，白菜长个圆脑袋；爸爸（妈妈）过来砍一刀，明天送到菜场卖。"（咔嚓！）

效果：在角色游戏中培养宝贝语言、合作、运动综合能力。

29. 轱辘轱辘

在胸前做绕线动作后，分别做出不同的手指动作，如轱辘轱辘剪，即在绕双拳后，伸出食指和中指，做出剪的样子；轱辘轱辘一，即在绕拳后伸出一个手指头。妈妈可鼓励宝贝自我想象做出多样的手势。

效果：培养手口一致的协调能力与手指的运动能力。

30. 弹杏核

准备一些干净的杏核，随意地撒在桌面上，让宝贝用食指拨动一个杏核去碰击其他的杏核，刚开始，妈妈可引导宝贝弹杏核间距离短的，这样孩子能建立自信，慢慢地再弹远一点的。

效果：能锻炼宝贝手指灵活运动能力与手眼协调能力。

31. 挑棍

准备一把雪糕棍或者吸管，在距离地板半米处松手，让它们随意散落在地上，之后让宝贝在尽量不动其他棍的前提下，把散落在地上的棍一根根拾起来。

效果：锻炼宝贝手部控制能力及高度集中的注意力。

32. 玩扑克牌

扑克牌是成人非常喜欢玩的游戏，但其实只要仔细挖掘，宝贝一样能玩扑克游戏，如我们不仅可以让宝贝进行梅花、红桃、黑桃、方块的分类，还可以让宝贝从1—10进行数字排序，还可以进行士兵站队游戏，玩法就是从1—5的扑克牌中偷偷抽取一张，让宝贝看哪个士兵偷懒了，让宝贝找出来。

效果：发展数学能力、动手能力。

33. 纸飞机

在整天玩电动飞机的同时，爸爸不妨"低碳"一下，为宝贝叠一架纸飞机，画上机翼、机头等，让孩子在宽阔的空间中尽情地玩耍，让纸飞机飞得又高又远，别看纸飞机简单，它对宝贝身体的锻炼可一点不亚于电动飞机哦！

效果：锻炼手和手臂的力量。

34. 数字拍手歌

"你拍一，我拍一"的儿歌拍手游戏伴随我们一代代长大，如今拍手游戏依旧在继续，只是拍手时所唱儿歌的内容却出现了很多个版本，有关于安全教育的、有关于习惯培养的等等。妈妈可以根据需要选择适合的儿歌让宝贝学唱，如果可以的话也可以和宝贝一起来创编一个，虽然编得不怎么样，可是宝贝一定会很开心的！

效果：发展语言能力、儿歌创编能力，锻炼与他人配合进行手部运动的能力。

3—6 岁——借助更强健的身体及智力进行更为复杂、更有竞争性，也更有挑战性与合作配合性的游戏

1. 跳绳

跳绳玩法简单、老少皆宜，是锻炼身体的极佳方式，随着宝贝身体的成长，4 岁多就可以让宝贝学习跳绳了。现在市场上卖的橡胶绳适合初学者用，而且可以调节绳的长短，非常适合宝贝。跳绳玩法也有多样，有双腿跳、单腿跳、双腿变化跳、两人一起跳、两手交叉跳等等，当然妈妈和宝贝还可以一起创新玩法。需要说明的是，有的妈妈为了方便，随便在家找根麻绳就让宝贝跳，这是不合适的，硬绳更为适合初学者用。

效果：锻炼全身，学习手脚协调一致运动。

2. 下棋

五子棋、跳棋、军棋，甚至围棋变化无穷，充满挑战，不仅需要动手还需要动脑，是许多男孩子钟爱的智力游戏，餐前饭后或者宝贝在体力运动后想休息的时候爸爸与宝贝对坐一起杀一盘是很惬意的事情，不仅发展智慧，也密切父子关系。这些棋类玩具在市场上很容易就能买到，妈妈一定别忘了多备几盒哦。

效果：动手动脑，开发宝贝想象思维、动态思维能力。

3. 挑花线

挑花线是 60 后、70 后妈妈们小时候非常喜欢的一个游戏，玩这个游戏所需的材料非常简单，只要一根不粗不细的棉绳、毛线绳，两端系在一

起即可。将绳子套在手上，妈妈以手指编成一种花样，宝贝则用手指接过来，翻成另一种花样，之后妈妈再在此基础上翻出花样，如此交替进行，直到不能再编下去为止。常见的花样有"面条""花手绢""飞机""牛眼"等。挑花线不仅有两人的，还有单人的，一只手撑线，另一只手配合，可以挑出多样的图形，如五角星、降落伞等，妈妈和宝贝还可以动手动脑，创新出不同的玩法哦！

效果：锻炼眼力和手指、手关节的灵活性，发展想象思维。

4. 剪窗花

准备正方形和圆形的纸若干，和宝贝一起将它们对折，然后拿宝贝用的小剪刀有规律和无规律地剪出不同的图案，之后将纸展开，让宝贝看看纸的神奇变化。熟练之后，我们可以将纸对折两次，然后再剪，让宝贝看看纸有什么神奇的变化。

效果：锻炼宝贝手指精细化运动能力，感受纸的对称。

温馨提示：

不同的游戏适合哪个年龄阶段并不是绝对的，很多游戏都是适合多个年龄段的，宝贝年龄小，我们可以通过改变玩法与游戏规则，降低游戏难度，而随着宝贝年龄的增长，我们可以灵活地增加游戏难度、活动强度。如同样是踢毽子，1岁多的宝贝可以把毽子放脚面上一个一个踢，而随着年龄的增长，可以进行连续踢、花样踢、与他人合作踢。

传统的一些游戏在安全性方面存在隐患，在改编运用幼儿传统游戏的过程中，妈妈一定要注意选择，同时，应对游戏动作的设计、场地的选择、玩具的使用与制作等方面加强安全性的检查。如幼儿

> 身体柔软，骨骼正处于发育过程中，幼儿以手支地，两腿由妈妈抬起的"推小车"游戏就应慎玩，避免宝贝受到身体伤害。跳绳的时候也一定要选择在草坪、泥土地上进行，切莫在硬性水泥地上。

三类游戏，让宝贝注意更持久，学习更有效

注意是宝贝认识世界的第一道大门，是感知觉、记忆、学习和思维等不可缺乏的先决条件，"是学习的大门"。但是许多宝贝却做事总是三分钟热度，让爸爸妈妈们很困惑。不用着急，注意力是可以从小培养的，以下 30 个注意力培养游戏，能有效帮助宝贝在不知不觉中练就"定海神力"。

玩具、物品、身体类

（借助宝贝的一些小玩具和日常用品，以及人体声音、动作等与宝贝展开的游戏，这类游戏更多适合年龄更小的婴儿）

1. 移动的玩具

准备一个颜色鲜艳、大小适中的、按压的时候能发声的塑料玩具作为用具。游戏时让宝贝仰躺在床上，妈妈一只手拿着玩具轻轻地左右上下移动，不时按压玩具，让玩具发出声音，吸引宝贝注意，玩具要处在距离宝贝 20—30 厘米的地方，妈妈移动的幅度也要小，节奏也要比较慢。

效果：吸引宝贝集中注意，追随物体。

适合年龄：0—3个月

2. 与宝贝轻声细语

妈妈在宝贝精神状态好的时候，边逗弄宝贝，边微笑俯视宝贝，对宝贝说话。如妈妈可以边亲宝贝的小手边对宝贝说："宝贝的小手手。"可以指着一旁的爸爸说："这是爸爸。"

效果：宝贝对妈妈的声音很敏感，妈妈温柔地与宝贝交流虽然得不到宝贝有声的回馈，但也能吸引宝贝的注意，促进宝贝注意力的发展。

适合年龄：0—6个月

3. 来抓吧

准备一个能吸引宝贝的玩具接近宝贝手边，但不让他抓到，而是不断地拿玩具碰宝贝的手，逗引他来抓取，当然不能总让宝贝拿不到，不然他会失去耐心。

效果：这个游戏不仅可以锻炼宝贝持续的注意力，而且还可以锻炼宝贝手、眼协调运动能力。

适合年龄：3—9个月

4. 妈妈在这里

爸爸抱着宝贝，宝贝面朝爸爸身后，妈妈站在爸爸身后以爸爸头为中心左右呼唤宝贝："宝贝，妈妈在这里。"当宝贝把头转向妈妈时，妈妈冲着宝贝"哇唔"一声，之后，妈妈再转到另一侧去呼唤宝贝，宝贝再次根据妈妈的声音寻找妈妈，如此反复。

效果：妈妈的呼唤能唤起宝贝的注意，并长时间吸引宝贝的注意。

适合年龄：5—9个月

5. 找出来

准备好几种玩具或一些日常物品放在一起，之后妈妈下命令，宝贝根据命令从中逐个找出妈妈说的玩具。如妈妈让找出小汽车，宝贝就找小汽车，妈妈让找小勺子，宝贝就找出小勺子。

效果：寻找的过程就是一个吸引宝贝注意力高度集中的过程。

适合年龄：1—3 岁

6. 谁不见了

准备几个动物玩具，毛绒的、塑料的都可以，游戏开始让宝贝和这几个动物玩具玩两分钟，玩的过程中，妈妈问宝贝，它们都有谁，之后妈妈拿掉其中的 1 到 2 个动物，并问宝贝："谁不见了？"让宝贝说出。刚开始，动物数量 2—3 种即可，慢慢地再逐渐增加。

效果：吸引宝贝集中注意力去查看、回想、寻找。

适合年龄：1—2 岁

7. 顶沙包

准备两个干净的沙包，妈妈和宝贝从客厅的一端出发，把沙包顶在头上运到客厅的另一端，看看谁先到。妈妈还可以让宝贝顶着沙包绕着家里的桌子转圈，转的过程中，妈妈还可以带头说儿歌，让宝贝边顶沙包走边说儿歌，增加干扰因素。

效果：此游戏可以训练孩子的平衡能力，还能提高宝贝注意力及抗干扰能力。

适合年龄：2—3 岁

8. 配对

收集各种大小不同、形状各异的空塑料瓶的瓶身和瓶盖若干，瓶盖的大小要区分明显。游戏开始妈妈把瓶子上的盖子拧下，和瓶子分别放置，之后让宝贝给每个瓶子找到大小合适的盖子。宝贝如果不会拧盖子，只要求宝贝盖上即可。

效果：让宝贝在动手操作中学习集中注意细致观察，同时锻炼小手的肌肉。

适合年龄：1—2 岁

9. 夹纸球

准备一双宝贝用的筷子，再用报纸搓若干纸球备用。游戏开始，请宝贝用筷子把桌上的纸球一个个夹到提前准备好的碗或者罐子中。

效果：锻炼宝贝手部的灵活性，提高注意的持久度。

适合年龄：2—3 岁

10. 拍手唱歌

妈妈与宝贝面对面坐着，一起边拍手边唱歌或者边拍手边说有节奏的儿歌。

效果：拍手与歌的配合有利于培养宝贝持续的注意力。

适合年龄：2—3 岁

11. 我说你做

妈妈说指令，宝贝做出相应的行动，如拍手、蹲下、扭屁股，在此基础上，妈妈可以和宝贝玩更有趣的做相反游戏，即宝贝做出与妈妈所说相反的行为，如妈妈让笑，宝贝则做出哭的表情，妈妈让站起来，宝贝则蹲下，妈妈让向前，宝贝则退后等。

效果：能提高宝贝的快速反应能力和高度集中的注意力。

适合年龄：2—3 岁

12. 串蝴蝶夹子

准备一盒小蝴蝶夹子和一根鞋带，让宝贝用鞋带把蝴蝶夹子一个个串起来，串成一串漂亮的蝴蝶夹项链。宝贝还小，最好不要拿小珠子让他串，以防危险。

效果：锻炼小肌肉的发展。

适合年龄：2—3 岁

> **温馨提示：**
>
> 日常给宝贝玩玩具的过程中不要一次性提供过多的选择。许多玩具固然可以让宝贝有选择性，但是选择性太多，反而容易令他眼花缭乱，不能专注地玩。
>
> 成人的参与有利于宝贝专注地玩游戏，有成人的陪伴宝贝持续游戏的时间也更长。

拼图、插具、棋牌类

（拼图、插具、棋类是许多孩子尤其是男孩子的最爱，许多宝贝甚至能达到十分入迷的程度，玩起来，二三十分钟都不停止，这类游戏具有独特的吸引宝贝专注的魅力，玩的时候需要宝贝精神高度集中、投入，是培养宝贝注意力的很好载体）

1. 快乐拼图

市场上有着琳琅满目的拼图，而且有简单的、有复杂的，有人物的、动物的、图画的、地图的，等等。妈妈一定要给宝贝买几盒，让孩子拼着玩，拼图独特的魅力会吸引宝贝非常专注地投入其中。刚开始，宝贝可玩大块的、由3—4块积木组成的拼图，慢慢地再拼复杂的。

效果：锻炼宝贝的思维能力及整体、部分的匹配感知能力，同时发展坚持性与注意力。

适合年龄：2—3岁

2. 百变插具

插具无穷的变化能力与动手操作特性能吸引宝贝长时间投入其中，妈妈可为宝贝多买一些备在家里，插小蘑菇的、插赛道的都可以。

效果：百变的插具不仅锻炼宝贝动手能力，更能吸引宝贝长时间留恋其中。

适合年龄：2—3岁

3. 自制跳棋

这个游戏的材料妈妈可以自制，在一块比较大的白色硬纸上画上蛇状的1—10的数字条，数字一个一个间隔排列，组成跳棋的样子。游戏开始，妈妈找个玩具小人做棋子让宝贝从1到10逐个跳着玩。

效果：学习认识1—10，培养注意力。

适合年龄：2—3岁

4. 扑克排排看

游戏前妈妈准备1—5的五张扑克牌，与宝贝一起练习从1—5依次排列，之后妈妈故意把次序弄乱，让宝贝按1—5的顺序排好；也可以妈妈故意抽去一张，让宝贝找找哪个小兵不见了？

效果：感知认识数字1—5，提高专注力与注意力。

适合年龄：2—3岁

5. 五子棋

3岁前的宝贝还不会玩五子棋，但是利用黑白分明的棋子，还是可以引导宝贝进行一些游戏的，比如可以让宝贝白子、黑子一个一个交替着排成一排，可以两个白两个黑交替着排成一列，还可以用白子围一个大圆、黑子围一个小圆等。

效果：颜色分明的棋子简单、易操作，可以拼出不同的线条、图案，能有效吸引宝贝的注意。

适合年龄：1—3岁

6. 打扑克

宝贝和妈妈各拿1—5五张纸牌，妈妈随便从自己的牌中抽一张出来放在桌上，然后让宝贝从自己的牌中找出比妈妈桌上的牌大的牌，"打住妈妈"，之后，宝贝出一张牌，让妈妈拿出一张更大的牌，打住宝贝，谁坚持到最后，谁赢。

效果：感受1—5数字的大小关系，激发宝贝持续的注意力。

适合年龄：1—5岁

7. 找纸牌

游戏前先找出1—10和宝贝一起认识、诵读，等熟练后，妈妈和宝贝一起从整把扑克中找出更多的1、更多的2、更多的3……并把它们都放到一起，直到找到四个1、四个2、四个3……四个10，而且都有着不同的颜色、不同的图案。

效果：初步感受认识1—10，感受初步的分类，同时在持续的寻找过程中发展坚持性与专注力。

适合年龄：2—3 岁

> **温馨提示：**
>
> 如果宝贝还不能操作游戏，妈妈可先示范，并指导宝贝游戏，直到宝贝能自如地玩。

语言、数字类

（阅读需要理解、数字需要计算，有关语言、数字的游戏需要宝贝回忆、记忆、理解、排序等多方面思维能力的加入，所以能很好地培养宝贝的注意力、集中力）

1. 听故事、答问题

在孩子看图画书的时候，妈妈陪伴在侧，与宝贝一起阅读，并不时提出一些问题让宝贝回忆与思考。如"故事中都有哪些小动物？""你最喜欢谁？""你觉得它做的对不对？"等等。

效果：问题的牵引与提示能吸引宝贝持续思考，并长时间地把注意力放在图书上。

适合年龄：1—3 岁

2. 错背儿歌

妈妈教宝贝读儿歌，等到宝贝比较熟悉的时候，妈妈和宝贝分别把儿歌读给对方听，妈妈给宝贝读的时候，故意把儿歌中的一句读错，看宝贝能不能听出来。如果宝贝能听出来，给宝贝点赞，并鼓励宝贝把正确的儿歌说出来，教给妈妈。

效果：大声朗读，本身就训练注意力，让宝贝边听边找错，更是有利于宝贝高度集中注意力。

适合年龄：2—3 岁

3. 看一看、找一找

妈妈与宝贝一起看一幅有很多物品的图片，看的过程中妈妈有意让宝贝找出一些不突出的、不是轻易能发现的物品，如果宝贝找出来了，妈妈可高兴地夸赞宝贝："哇，宝贝真厉害！"激励宝贝继续尝试寻找其他物品，当然寻找的难度要根据宝贝年龄与具体能力而定。

效果：寻找的过程就是一个注意力高度集中的过程，有任务的牵引宝贝往往能坚持活动很久。

适合年龄：1—3 岁

4. 有什么

准备一页画有几种宝贝熟悉物品的图片，让宝贝看几分钟，之后把图片合上让宝贝一一回忆出图中的物品。如果宝贝实在想不出了，妈妈和宝贝可以一起看一次图片，然后接着猜。为了增强游戏的趣味性，激励宝贝游戏，宝贝每说出一种物品，妈妈都可以奖励宝贝一个小靓贴。

效果：锻炼宝贝的回忆力与持续的注意力。

适合年龄：2—3 岁

5. 找不同

准备两幅简单而类似的图，让宝贝把两幅图中的不同点找出来。需要注意的是，让宝贝用来找不同的图一定要简单、画面要大、不同点也要比较突出。

效果：提高宝贝的注意力与仔细观察、对比画面的能力。

适合年龄：2—3 岁

6. 依次报数

玩这个游戏前，先让宝贝熟练地学会诵读 1—10。游戏开始，妈妈和宝贝你 1，我 2，你 3，我 4，依次报数，也可以把爸爸加进来，一家人依次报数，直到 10。其间，爸爸或者妈妈可以故意报错数，让宝贝找出错误。熟悉之后可以倒着报数。

效果：学习诵读 1—10，了解 1—10 的顺序和倒序。

适合年龄：2—3 岁

7. 走迷宫

准备一些画有迷宫的图片，让宝贝找着玩，当然对于 2—3 岁的宝贝来说迷宫图片一定要简单，太难的只会让宝贝更加没有耐心。

效果：走迷宫寻找出口的过程就是一个吸引注意力高度集中的过程，容不得宝贝半点走神，所以能很好地锻炼宝贝注意力的发展。

适合年龄：2—3 岁

8. 复述故事

在多次给宝贝讲述一个他喜欢的故事后，尝试让宝贝把故事讲给妈妈听，为帮宝贝顺利讲完，讲的过程中妈妈可通过"故事里面都有谁？""他们之间发生了什么事""地点在哪里？""最后怎么样了？"等涉及故事人物、时间、地点、过程、结果的关键要素的提问引导宝贝把故事完整讲完。

效果：复述故事有利于宝贝语言能力的提升。

适合年龄：2—3 岁

9. 看图片说经历

清闲的时候，妈妈拿出家里的相册与宝贝一起浏览，当看到宝贝的照片时，妈妈可以让宝贝讲一讲这是什么时候的照片，当时宝贝在干什么，发生了什么有趣的事情。

效果：回忆与讲述能让宝贝安静下来，集中注意力思考，当然还能发展宝贝的语言表达能力。

适合年龄：2—3 岁

10. 合作画画

准备白纸和画笔备用。游戏开始妈妈先用一种颜色画一些简单的线条或图形，之后让宝贝用另一种颜色的笔沿着妈妈的笔迹再画一遍，把妈妈的画盖住。

效果：为了跟上妈妈的笔迹，宝贝必须集中精力把握好笔认真画，这对提高宝贝注意力大有好处。

适合年龄：2—3 岁

11. 闹中听钟声

白天，在宝贝很闹、不能安静下来的时候，与宝贝一起安静一刻，坐在沙发上仔细地听家中闹钟的嘀嗒声，刚开始坚持听着嘀嗒声看分针走完一圈，慢慢地如果宝贝能坚持，可以看着分针走完两圈，甚至更多。

效果：白天听嘀嗒声是比较难的事情，需要忽视外在影响才可能办到，是培养注意力高度集中的好办法，可以提高孩子在嘈杂环境中的注意力。

适合年龄：2—3 岁

12. 复述别人的话

日常生活中妈妈在和宝贝交流的时候，或者一家人在一起聊天的时候，妈妈可突然问宝贝："宝贝，刚才妈妈说什么了？""爸爸让妈妈拿什么东西？"引导宝贝复述别人的话。

效果：让宝贝复述别人的话可锻炼宝贝日常注意倾听别人谈话的习惯。

适合年龄：2—3岁

> **温馨提示**：
>
> 宝贝越小注意力越短，新生儿注意力是5—10秒，3个月宝贝注意力1—2分钟，6个月是2—3分钟，1岁半是5—8分钟，2岁是10—12分钟。2—3岁时最长的时间是10多分钟，3岁左右能够坚持20分钟左右。所以，不要以成人的标准过分指责宝贝注意力不强，要根据宝贝年龄特点量力而培养。
>
> 宝贝的注意力与兴趣点密切联系，当宝贝注意力不强时，父母应该首先反问一下自己让宝贝做的事情是不是宝贝喜欢的。

44个手指游戏，练就一双小巧手

宝贝的智慧跳跃在指尖上，手是促进、体现宝贝智慧的重要器官，妈妈坚持与宝贝一起进行手指游戏，通过游戏刺激手部活动的复杂性、灵活性、精巧性，不仅能帮宝贝练就一双小巧手，更能激发宝贝大智慧的产生。别看只有两只手、十个手指，只要妈妈用心，十个手指一样能玩出千变万化，一样能玩出精彩、玩出快乐，玩出智慧，让宝贝变成手巧而心灵的孩子！

0—1岁（婴儿期是人的各种机能发展都处于萌芽和混沌的时期，也是各机能快速发展的时期，手也一样。从刚出生时的拳头紧握，到手伸展开被动地抓握物体，到主动、有目的地接触多种物体，宝贝的小手运动能力逐渐发展起来。这一时期刺激宝贝手部发展的游戏主要在于为宝贝提供不同质地、材质的玩具让宝贝充分地触摸、拍打，以刺激手的发展与运动）

1. 手部按摩

宝贝仰躺在床上，妈妈轻柔地为宝贝做手部按摩，如可以把宝贝两个胳膊伸展开，再交叉到胸前，还可以逐个摸摸、拉拉、拽拽宝贝的小手指，让它们反复地伸开又弯曲。

效果：活动宝贝手部肌肉，锻炼手指的灵活性。

2. 玩具架

宝贝仰卧位时，在其上方15—25厘米处支个玩具架，悬吊一些色彩鲜艳、有声响的玩具，让宝贝在伸展、挥舞小手的时候无意碰触，妈妈也可以拿着宝贝的手帮助宝贝主动去拍打、触摸。

效果：通过无意的碰撞，初步感受手与物体运动的感受。

3. 握一握

把妈妈的食指放在宝贝紧握的小手中，之后妈妈用自己的手指带动宝贝做摇手动作，妈妈可做出试图从宝贝手中把手指抽出来的动作，刺激宝贝进行反射性的抓握。慢慢地，妈妈还可在宝贝手中放一些带声响的柄状抓握玩具，让宝贝无意抓握，并感受自己的动作与玩具响动之间的关系。

效果：刺激宝贝抓握反射，发展宝贝抓握能力。

4. 戴手套

在抱着宝贝的时候准备一只孩子用的小手套套在宝贝一只手上,让宝贝发现手的变化、感受戴上手套所产生的不便,激发宝贝用另一只手去够取、抓弄手套。如果宝贝不用另一只手去拿掉手套,妈妈可给予帮助,把没带手套的手放在戴了手套的手上,激发宝贝动手。游戏玩法可以多样,如果没有合适的手套,还可以在颜色鲜艳的袜子上剪五个窟窿套在宝贝手上,让每个手指从窟窿中露出来。

效果: 吸引宝贝发现自己的手,关注自己的手,激发宝贝动手欲望。

5. 抓住它

拿宝贝喜欢的、色彩鲜艳的玩具放在宝贝的手旁,或碰他的手,引诱他抓。等宝贝能坐起来后,可把玩具放在宝贝头上方,诱使宝贝来抓。

效果: 激发宝贝主动动手抓握物体。

6. 摇摇乐

准备大小适宜适合宝贝抓握的空药瓶若干,里面分别装上绿豆、黄豆、大豆,然后把盖拧紧,让宝贝摇着玩。如果宝贝只用一只手摇,妈妈要引导宝贝也用另一只手摇。

效果: 发展双手摇的动作,学习从一只手到另一只手传递,感受声音的多样。

7. 扔东西

扔东西可是宝贝的爱好,那么就让他尽情扔着玩玩吧,家里的钥匙串、乒乓球、废旧的塑料小瓶、纸团等都是不错的材料。听着钥匙串落到地上的声音、看着乒乓球在地上乒乒乓乓乱跳、看着扔到地上的小瓶骨碌碌跑，宝贝会兴奋得乐不可支，一次一次不厌其烦地反复玩。当然，要避免宝贝形成什么东西都随时拿起来扔的习惯。

效果：学习探索所扔物体的特性，锻炼手臂力量，感受自身的力量。

8. 撕纸

准备卫生纸、柔软的废旧报纸若干，让宝贝坐在床上随意撕扯、揉弄。注意不要把整卷卫生纸都给孩子，这样太浪费，还要注意别给宝贝过硬的纸，以免划伤宝贝皮肤。

效果：锻炼宝贝撕的技能，以及两手协调配合技能。

9. 拍手歌

抱着宝贝无聊的时候，妈妈用自己的两只手分别握着宝贝的两只手玩读儿歌做动作游戏，如边说儿歌"小手小手抱抱，小手小手摇摇，小手小手飞飞，小手小手藏起来"边做相应动作，其中说到"小手小手"的时候有节奏地拍手，之后分别做"抱抱、摇摇、飞飞、藏起来"的动作，虽然宝贝不会说，刚开始也不会主动拍，不会做各种动作，但妈妈高兴的心情、眼神、有节奏和韵律的声音会感染到宝贝，等慢慢熟练后，妈妈一说儿歌，宝贝就能配合地做出相应的动作了。

效果：在妈妈的帮助下学习有节奏地拍手和做动作，感受亲子游戏的快乐。

10. 按键盘

找一些带有按钮的玩具让宝贝按或抠着玩，比如玩具手机、废旧遥控器、数字玩具车等都可以，当然在宝贝按压的时候玩具能发声就更好了，这能刺激宝贝持续摆弄。

效果：促进宝贝手指抠、按等小动作的发展。

11. 抠出来

准备一个硬纸盒，妈妈在盒上扎几个如圆珠笔般大小的孔，然后用彩色皱纹纸搓一些纸绳放在硬纸盒子里头，只在扎好的孔处留一个小头，鼓励宝贝用小手把纸绳头从盒子里抠出来，并把纸绳抽出来。材料可以灵活运用，比如放入盒里的绳可以用包装用的彩带条替代，只要安全即可。

效果：锻炼宝贝手部精细动作，尤其是拇指和食指的配合。

12. 手语

日常生活中可随机教孩子学习掌握一些简单的手语，如两手抱拳表示恭喜，摇手表示再见，拍手表示欢迎等。等宝贝记住后，妈妈可随机问宝贝："怎么样恭喜？""怎么欢迎爸爸？""爸爸要走了，宝贝和爸爸再见。"让宝贝做出相应的动作。

效果：发展宝贝摇、拍、两手相握等动作技能，同时通过多次训练能让宝贝知道手的动作能代表一定的意思，能通过手和他人交流。

温馨提示：

√有的宝贝非常听话，不用人抱，妈妈也乐得其所。但是研究表明，总让宝贝躺着不利于宝贝手部动作的发展，因为平躺状态下，宝贝所能接受到的激发宝贝动手的刺激很有限，且两只小手不易合在一起，而把宝贝抱在怀里或者让他依靠在床上，保持半直立的姿势，宝贝的手和手臂会时而张开，呈现出好像要去玩的状态，时而合在一起，两只小手进行互动。

√用来刺激宝贝手指运动的玩具最好是软硬塑料和橡胶制品，而且大小要适合宝贝抓握和拍打，也要做好玩具的卫生。

√游戏时间不要过长，避免宝贝疲劳。

1—2 岁（1岁以后，宝贝的手指更灵活了，妈妈可引导宝贝进行一些敲、打、装、倒、捏等涉及多项技能的手指游戏。此外这个时期宝贝不仅会行走了，也学会说话了，借助语言与动作，妈妈可与宝贝开展多样化的、相互配合的游戏）

1. 敲敲打打

将废旧易拉罐、塑料瓶、金属碗、盆、塑料杯子、积木、小鼓等各类材质的干净物品放置在床上，让宝贝拿着金属小勺随意地敲打，感受不同材质发出的声音。等宝贝慢慢长大后，可以将数学融入游戏中，妈妈敲一下，宝贝也敲一下，妈妈敲两下，宝贝也敲两下。

效果：发展宝贝有意的敲打技能，并在此过程中感受不同材质的不同声音。

2. 拉小车

准备一辆玩具小车，车前系根绳子，让宝贝拉着小车在家里四处走走，玩的过程中为增加游戏的趣味性，妈妈可问宝贝要去哪里？现在到哪里了？该拐弯了吧？如果没有合适的车，用空的鞋盒子代替小车也可以，这样盒子里面还可以放一些玩具小人呢！

效果：锻炼小手拉的技能，以及手眼协调掌控物体的能力。

3. 装纸球

用废旧纸撕一些纸片、纸条，搓成小纸球，然后让宝贝把小纸球都装到准备好的干净容器中，最好是塑料的、装过糖果的容器，然后再倒出来，反复玩耍。

效果：发展宝贝有目的的装、倒能力，锻炼手部的灵活性。

4. 拨算盘

准备一个适合宝贝用的算盘，让宝贝两只手一个一个地拨弄，从下面拨到上面，再从上面拨到下面，拨的时候妈妈要引导宝贝用不同的手指拨，使每个手指都得到锻炼，还可以边拨边数1、2、3、4、5。

效果：锻炼手指的灵活性，培养宝贝初步的点数能力。

5. 五指碰头

从拇指到小指，再从小指到拇指，妈妈依次伸出手指和宝贝相应的手指碰头，边碰边说："拇指妹妹碰碰头、食指姐姐碰碰头，中指哥哥碰碰头，无名指宝贝碰碰头，小指弟弟碰碰头，最后，五个手指一起和妈妈的手指碰头。"为了游戏的顺利进行，妈妈可在游戏前先教孩子认识不同的手指，并给每个手指指定角色，如无名指是宝贝，而拇指、食指、中指、小指分别为妹妹、姐姐、哥哥、弟弟，游戏进行中，妈妈不要着急，而要耐心地等宝贝找对相应的手指，并多次反复进行游戏。

效果：训练手指运动的灵活性，同时让宝贝初步了解兄弟姐妹不同的角色。

6. 毛毛虫

母子惬意地躺在床上嬉戏，相互拿五指当毛毛虫在对方的身上爬，如妈妈可以指导宝贝的两只小手从妈妈的小腿爬到大腿，再从肚子爬到脖子甚至脑袋上，也可以骑在妈妈背上在妈妈背上爬。

效果：发展双手抓挠的技能，密切亲子关系。

7. 手指歌谣

妈妈和宝贝相对而坐，伸出双拳，一起边说儿歌边做如下动作，说到哪个手指哪个手指伸出来做相应动作，宝贝可以用自己的两只手相互玩，也可和妈妈的手玩，如在说到中指碰碰的时候和妈妈的中指碰一碰，说到小指的时候和妈妈的小指一起勾一勾。

（拇指拇指竖竖，食指食指摇摇，中指中指碰碰，无名指无名指弯弯，小指小指勾勾，手掌手掌拍拍）

效果：锻炼手指的灵活性，丰富语言能力。

8. 我说你做

妈妈说出命令，宝贝做出相应的动作，如"摸摸脑袋""拍拍腿""揉揉肚子""揪揪耳朵和鼻子"。

效果：学习做出不同的动作，同时认识身体的不同部位。

9. 我问你指

日常生活中随机地对宝贝进行提问，让宝贝用手指指出来。妈妈可针对家庭中的人物进行提问，如爷爷在哪里呢？爸爸呢？还可针对人体的五官进行提问，如宝贝的头在哪里？脚丫在哪里？妈妈的鼻子在哪里呢？

效果：学会指认事物。

10. 手指爬高高

五个手指从左至右或者从右至左依次搭在前一个手指上，形成叠高状，如可从食指开始，往后每一个手指都搭在前一个手指上，边做边说出手指名称。刚开始宝贝不熟练时妈妈可以帮助宝贝把后一个手指放在前一个手指上面。

效果：锻炼手指活动的灵活性。

11. 蛇臂

两手十指交叉，双臂交替上下形成像蛇匍匐前进一样的形状，刚开始做起来可能有些僵硬，但等宝贝能熟练地操作后就非常像了。刚开始妈妈先做示范，做的过程中妈妈可以问宝贝："妈妈的胳膊像什么？像不像蛇？"

效果：锻炼手腕关节和手指活动的柔韧性、灵活性，以及左右手相互配合的能力。

12. 卷一卷

准备毛巾、毯子、纸等材料，和妈妈一起玩玩卷的游戏，为了方便卷，可以在卷的时候拿一个圆状物体做轴，如圆积木或者牙膏管就可以，等宝贝熟悉以后可以撤去轴的帮助来卷。

效果："卷"既训练手腕、手指的灵活性，又锻炼两手的配合能力。

13. 捏面团

妈妈做饭和面的时候，也给宝贝一块面团，让她随意地揉捏、搓压，不论宝贝捏成什么样，妈妈都要问宝贝："宝贝捏的这是什么呀？真好！"鼓励孩子不断地玩，并尝试变出花样。

效果：发展宝贝手指的多种运动技能，激发宝贝想象力。

14. 快慢变变变

妈妈和宝贝一起听指令快速或者缓慢地做出相应的动作，如"快快地摆手，慢慢地摆手""快快地摇手，慢慢地摇手""快快地握手，慢慢地握手""快快地拍手，慢慢地拍手"，玩的过程中，妈妈可以突然地变化快慢，以增加游戏的趣味性。

效果：锻炼手指运动能力和快速应变能力。

15. 涂涂画画

在婴儿房中，专门辟一块地方，可以是一面墙，也可以是一面平滑的柜面，在适合宝贝高度的墙面或柜面上贴上一张大白纸，让宝贝自由地拿画笔、画棒在上面涂鸦，也可以妈妈在上面画上简单的物体的框架，让宝贝尝试着涂上颜色。如妈妈画上苹果的轮廓，让宝贝给苹果上色，如果宝贝不会，妈妈可手把手地教宝贝。游戏可反复进行，等纸画满后，妈妈可重新换上新纸。

效果：提高手眼协调能力，锻炼手指、手腕的灵活性。

> **温馨提示：**
> 随着腿的站立与行走，宝贝主动用双手去探索世界的行为成为现实，宝贝对任何事物都充满了好奇，家里的任何东西、任何地方都可能成为宝贝探索的对象，妈妈要经常排除家中的安全隐患，既为宝贝提供自由的探索空间，让宝贝充分地活动双手，又要保护好宝贝的安全健康。

2—3 岁（随着年龄的增长，他们双手配合逐渐默契，手部动作也逐步精细，形象模仿、思维和想象能力也快速发展，所以，这个时期他们不仅能进行一些更为细致的手指游戏，还能用手指模仿、表现许多人和物，甚至能想象着做许多创意动作与手工）

1. 缠线圈

准备绳一根，缠绳用的轴一个，轴可以是牙膏盒，也可以是香蕉，合适即可。妈妈指导宝贝一手拿轴，一手往轴上慢慢缠绳。刚开始，妈妈和宝贝可以配合进行，如让宝贝拿着轴，妈妈缠，或者妈妈拿轴，宝贝缠。

效果：发展宝贝缠的动作以及两手配合活动能力。

2. 模仿小动物

十个手指看似简单，却能模仿出很多种动物，如两只手的中指、食指竖起来放在耳朵两侧扮演成小兔子；两只手的五个手指在胸前一张一合张牙舞爪的扮演可怕的小老虎；拇指顶住太阳穴，其余四手指做扇状上下扇，就成了可爱的小狗；两手拇指食指相对，其他手指握拳，上下做翻动就成了啄食的小鸡；手呈钩状反向放于额头部就成了淘气的猴子；两个手臂放在身体两侧，手掌快速扇动就成了勤劳的蜜蜂……每模仿到一种动物，妈妈都可以启发宝贝配合声音和肢体动作进行相应的表演，如扮演小兔子的时候，可以在家里跳来跳去；扮演小狗的时候可以汪汪汪地叫。

效果：学习通过手指动作扮演小动物。

3. 看动作猜意思

妈妈不说话只用手比画着做出不同的动作，让宝贝猜妈妈正在干什么？妈妈要挑选日常生活中宝贝熟悉的行为让宝贝猜，如妈妈可用食指中指的一张一合做出剪的动作，用两手抹脸做出洗脸的动作，用食指当棍做出敲鼓的动作，手掌伸开、五指并拢做切菜的动作，等等。当然了，宝贝也可以做出很多动作让妈妈来猜。

效果：发展手部的多种运动能力以及模仿和想象能力。

4. 猜拳

经典的剪刀、包袱、锤是每个宝贝都喜欢玩的游戏，妈妈不妨也和宝贝一起来玩玩，有的宝贝，在玩游戏之间，妈妈要先锻炼宝贝自如地做出剪刀的动作。

效果：训练孩子的反应能力和手指动作的精确性。

5. 手指报数

宝贝手握拳状，妈妈依次喊1、2、3、4、5，宝贝跟着妈妈的声音从拇指到小指依次伸出，左右手都要参与游戏，当然也可以宝贝叫，妈妈伸手指。

效果：锻炼手指的灵活性，感受1—5序数的变化。

6. 幸福歌

妈妈和宝贝边唱《幸福歌》边做相应的动作。当唱到"如果感到幸福你就拍拍手"时拍拍手，唱到"如果感到幸福你就笑一笑"时，伸出两个食指从嘴角往上划，做微笑状，唱到"如果感到幸福你就大声叫出来"时，双手举起来做欢呼状。当然了，做动作时表情也要做相应的配合。

效果：游戏中培养手眼协调性以及快速反应能力。

7. 手指人

把一只手的中指和食指放在另一只手的手背上，像走路一样一前一后分别移动两个手指，可以慢慢移动着走，还可以快速移动着跑，还可以两个手指一起跳一跳，玩的过程中，要听妈妈口令做相应动作，如妈妈说停宝贝就及时停，妈妈说走宝贝就走。

效果：锻炼手指活动的灵活性。

8. 手指拍照

两只手的食指和中指伸出来放在一起，做照相状，透过手指组成的相框宝贝可以给家里的各个人拍照。

效果：锻炼手指的灵活性。

9. 手指一家

在宝贝一只手指头上分别画上爸爸、妈妈、哥哥、姐姐、宝贝的小人头，等宝贝记住后手握拳状，妈妈随机问："爸爸在哪里？""哥哥在哪里？"让宝贝把相应的手指伸出来，伸出来的时候可以边伸边做出回答："爸爸在这里，哥哥在这里。"妈妈和宝贝可以分别玩，可以妈妈问，宝贝伸手指，也可以宝贝问，妈妈伸手指。如果不会画，妈妈可以在图书、报纸上剪能显示个人特征的头像贴在手指上。

效果：锻炼手指灵活性，认识家庭角色成员。

10. 叠高高

妈妈把自己的手掌朝下放在膝盖上，然后让孩子把手放在自己的手背上，之后妈妈再把自己的另一只手放在宝贝的手上，让宝贝也把另一只手放在妈妈的手上面，这样妈妈和宝贝的四只手交叉形成了手塔。这时妈妈将最下面的手抽出放在用妈妈和宝贝的手叠高的手塔最上面，并指导宝贝像妈妈一样，将手塔最下面的手抽出放在妈妈的手上面。

如此反复。刚开始时，游戏速度要慢些，等宝贝熟悉后可以逐步增加游戏的速度。

效果：锻炼手的灵活性与宝贝的反应能力。

11. 大门开开

准备各类 sticker 若干，可以是表情的，可以是小动物的，也可以是宝贝常见的水果蔬菜的，但每类都需要够十个。游戏开始，妈妈让宝贝闭上眼睛，把准备好的 sticker 贴到宝贝手指头上，然后让宝贝将双手手指相对合在一起，好像五扇关闭的门，之后让宝贝睁开眼睛，并从拇指到小指逐个将双手手指大门打开，露出贴在手指上的 sticker。游戏要缓慢进行，每打开一扇门后，妈妈都要问宝贝，大门要开了，看看是什么？引导宝贝进行辨认。

效果：锻炼双手手指灵活配合、控制与活动能力，认识 sticker 中画的内容。

12. 折纸

准备一些长方形、正方形、圆形的纸让孩子学着叠图形玩，感受图形间的变化，如将正方形对折就变成了长方形，再对折再次成为一个小正方形，而如果对角折则成为一个三角形。

效果：发展手部精细动作，感受不同形状之间的变化。

13. 玩插具

准备各种形状、类型的插片若干，与宝贝一起进行拼插、连接，组合出不同的形状。刚开始宝贝只能进行简单的堆高、拼接，但慢慢地就能进行比较复杂的拼插了。这个游戏宝贝能玩到五六岁。

效果：发展宝贝手眼协调能力、对手的控制能力、想象力以及空间知觉能力。

14. 包馄饨

把柔软的皱纹纸剪成碎纸片当馅，把废旧报纸剪成正方形当皮，进行包馄饨的游戏。游戏开始妈妈先给宝贝演示如何包馄饨，即把碎纸片当馅放在正方形纸皮里，并把正方形的四个角拧在一起，之后让宝贝学着妈妈的样子学做馄饨。

效果：发展宝贝捏、拧等多个精细动作。

15. 我喂你吃

准备塑料大勺一个，蛋糕盒一个，在蛋糕盒四周剪出大小适中、形状各异的洞，象征不同动物的嘴巴，之后和宝贝一起用皱纹纸团出小纸球若干，游戏的时候，让宝贝用勺子把纸球喂给不同的嘴巴吃。

效果：锻炼宝贝用勺子自己吃饭的能力。

16. 给娃娃穿衣服

准备一个布娃娃和适合布娃娃穿的衣服若干，让宝贝当妈妈照顾布娃娃，给娃娃脱衣服、拍娃娃睡觉，帮助娃娃起床，给娃娃穿衣服、叠衣服等。

效果：在自然的游戏中发展宝贝多项动手能力，尤其是发展宝贝自己穿脱衣服的能力。

17. 粘粘贴贴

妈妈先准备一些皱纹纸条、棉花絮，并用彩纸剪出若干大小不同的三角形、圆形、正方形、长方形纸片，之后准备好胶水和 A3 大小的白色打印纸，让宝贝把纸条和纸片随意组合粘贴在白色打印纸上。粘的过程中，妈妈可问宝贝："宝贝粘的什么呀？"引导宝贝把自己的创意讲出来。

效果：锻炼宝贝粘、贴等精细动作，发展想象思维。

温馨提示：

2—3 岁宝贝模仿及装扮游戏能力迅速增强，所以妈妈在和宝贝进行游戏的过程中，要多通过语言把宝贝引导到一个有情节的假想情境中，这样能大大增加游戏的趣味性，延长宝贝游戏的时间。

"水" 游戏，让宝贝玩出清凉夏日

炎炎夏日，酷热难耐，与"水""水果"来个亲密接触是最好不过的了，它们能带给宝贝由内而外的清凉。不仅如此，借助一些小物品，发挥一些小智慧，我们不仅仅能让宝贝玩出清凉，还能玩出快乐、玩出智慧。

一、快乐水世界（借助一些小物品和宝贝的感知觉玩水的游戏，不仅能发展宝贝的操作运动能力，还能让他们初步感受认识水的一些性质）

1. 抓住水中的玩具

宝贝洗澡的时候，在澡盆里放一些吹塑玩具，如小鸭子，小青蛙、小皮球等，让宝贝拍打着玩，并尝试把从自己身边漂走的玩具抓回来。

效果：锻炼手眼活动的一致性、协调性。

适合年龄：6—12 个月

2. 水中行进

在浴缸或大点的浴盆中放一些毛巾并注水进去，之后让宝贝进入浴缸，让宝贝踩着毛巾从浴缸一头走到另一头。刚开始妈妈可以扶着宝贝走，等熟练后可以让宝贝像解放军一样独自踏步走。

效果：感受在水中走路的奇妙，体会走路过程中水的滑动与阻力。

适合年龄：1—1 岁半

3. 下雨了

洗澡的时候，妈妈一边拿毛巾为宝贝擦身体，一边拿没有拧过的毛巾给宝贝背上、胳膊上、手上淋水，边淋边说："宝贝，下雨了，下雨喽！"妈妈也可用扎过几个小孔的塑料袋装满水淋洒在宝贝的身上。

效果：感受水的流动性。

适合年龄：1—2 岁

4. 船儿远航

与宝贝用锡箔纸折一些纸船，然后把它们放在水盆里让纸船游，为让纸船快速地游，妈妈可与宝贝一起对着纸船吹气，把纸船向水盆的另一边吹去。

效果：体会游戏的快乐，感受水浮力的存在。

适合年龄：1—3 岁

5. 水的声音

妈妈与宝贝通过多种方式寻找水的声音，如可以准备一盆水和一个空矿泉水瓶，当把矿泉水瓶摁到盆底灌水的时候会发出"咕噜、咕噜"的声音；将装了半瓶水的水瓶拿出盖好盖，来回晃动，水会发出闷闷的"轰轰"声；打开盖，将水从瓶中倒回盆中，会出现大声的"哗"声；将家里的水龙头放大，水的声音是急促的"刷——呲——"声；而妈妈搭在衣架上的衣服留下的水发出的声音则是"滴答、滴答"。妈妈可以和宝贝一起夸张地说说这些声音词汇。

效果：倾听水的不同声音。

适合年龄：1—3 岁

6. 照镜子

在金属水盆里装上水，然后让宝贝往水里看，在盆中看见自己，妈妈可在旁边问宝贝："宝贝看见谁了？妈妈在哪里？宝贝的鼻子在哪里？"等。

效果：感受水中成影的奇妙。

适合年龄：1—3 岁

7. 水漩涡

洗澡的时候在澡盆里，或者水盆里，妈妈引导宝贝用手指在盆里画圆圈，跟随着手指的转动，水里会出现一个个旋转的小漩涡。宝贝不会的时候，妈妈可以抓着宝贝的手指在水里转动。

效果：感受水的流动与转动。

适合年龄：9 个月—3 岁

8. 让水溢出来

准备多半盆水以及小石块、乒乓球、矿泉水空瓶、装满水的矿泉水瓶若干。游戏开始，妈妈请宝贝猜猜什么东西放到水里水会从盆里溢出来，并逐个尝试，看看宝贝的猜测对不对。游戏的过程中妈妈可与宝贝一起讨论为什么乒乓球和矿泉水空瓶不能让水溢出来，而石块和装满水的瓶子能让水溢出来。

效果：感受物品在水中的沉与浮，知道有的东西能浮在水面，有的却沉在水底。

适合年龄：2—3 岁

9. 谁会喝水

准备海绵、卫生纸、塑料纸以及同样的三小半碗水备用，游戏开始，妈妈指着准备好的海绵、卫生纸以及塑料纸让宝贝猜："谁会喝水？"然后分别将三种物品放入碗中片刻后拿出，看看哪个碗中的水没被喝干？

效果：初步了解不同物质的吸水性。

适合年龄：1—3 岁

10. 七彩音乐水瓶

准备所装水量各不相同的矿泉水瓶 7 个，游戏开始，妈妈与宝贝一起分别将 7 种颜料放入 7 个水瓶，拧好盖子，晃动均匀制作成七彩水瓶。之后将 7 个水瓶按水量由少到多排列，让宝贝拿小棍或筷子逐个敲打瓶身，倾听不同瓶子发出的声音的不同。

效果：感受制作不同颜色水的快乐，初步了解水的多少影响瓶子发出的声音。

适合年龄：2—3 岁

11. 水宝贝搬家

准备塑料袋、塑料网篮、纱布袋、小杯子和两个脸盆备用，其中两个脸盆中一个水盆中有水，另一个水盆中没水，游戏开始妈妈告诉孩子水盆里的水宝贝要搬家，请宝贝用准备好的工具帮忙把盆里的水运到另一个盆中去，每种工具都试过后，妈妈要问宝贝："什么工具能帮助水宝贝搬家？网篮为什么不能运水？"引导宝贝思考原因。

效果：感受水松散、流动与可渗透等特性。

适合年龄：1 岁半—3 岁

12. 水上乐园

把适合洗的玩具车、塑料小动物和小娃娃、小皮球、插具都放到一个装水的大盆里，让它们在水里尽情游泳。宝贝可以拍打、推等推动皮球、娃娃、小动物在水里游泳，还可以推着玩具车在水底潜水而行。妈妈可以通过随机对话与宝贝进入游戏情境。如果方便，可以把宝贝也放进盆里，让他与小玩具一起在水里嬉戏。

效果：感受水中游戏的快乐，体验不同物体在水中的沉浮。

适合年龄：1—3岁

13. 调制饮料

准备红糖、牛奶粉、果汁粉适量和三杯同样的白开水，让宝贝把准备好的东西分别装/倒入杯子中并搅拌均匀，然后分别尝尝它们的味道。

效果：了解品尝不同味道的水饮品。

适合年龄：2—3岁

14. 会变的水

准备一小杯水，水里放个小勺子，妈妈和宝贝一起将杯子放到冰箱里，之后妈妈让宝贝猜冰箱里的水一会还在不在？会变成什么样子，数小时后，和宝贝一起把杯子从冰箱里拿出，看看水变成了什么样子？看着被冻住的勺子，妈妈可以神秘地告诉宝贝，过一会，杯子里的冰还能变成水，小勺子还能从杯子里拿出来，并与宝贝一起慢慢感受由冰到水的神奇变化。

效果：感受水与冰相互的变化与转化。

适合年龄：1—3岁

15. 飞走的水

睡觉前准备一个小盆，盆底放一些水，之后妈妈告诉宝贝把水放在阳台上，看看明天盆里的水还在不在，第二天当宝贝发现盆里的水不见后，妈妈可启发宝贝思考，盆里的水哪里去了？

效果：知道时间长了，水会跑掉。

适合年龄：1—3 岁

16. 不同地方的水

让宝贝在家里四处找找，看哪里有水？都是用来干什么的？如果宝贝找不到，妈妈可以适当提醒，如饮水机里有水，是用来喝的；厨房水龙头里有水，妈妈用水做饭、洗菜；厕所马桶里有水，可以把脏东西冲走。

效果：了解水的多样用途。

适合年龄：2—3 岁

17. 小小喷泉

准备同样大小的小杯 6—10 个，最好是塑料的，放在脸盆里，并按由下到上逐次递减一个的方式叠放成锥体状，之后拿一个盛满水的大容器从上面慢慢将水注入锥体小杯中，形成喷泉状！

效果：感受水由上而下、由高往低的流动。

适合年龄：2—3 岁

18. 玩具向前冲

水盆中斜着放块搓衣板，妈妈依次将重量轻、水能推动的矿泉水瓶、塑料玩具放在搓板的中部，让宝贝用小盆接水并从搓衣板的上方倒水，用水下流的力量将玩具冲到水盆中。刚开始妈妈可以示范玩法，相信宝贝一会就会迫不及待地上手的！

效果：感受水流的力量。

适合年龄：1 岁半—3 岁

19. 吹泡泡

妈妈洗衣服的时候，准备一个小瓶子和一根吸管，瓶子里面灌一些洗衣粉水，让宝贝吹泡泡玩。宝贝太小，把握不好自己，有时候一不小心会去"吸"管，而不是"吹"，建议妈妈到市场上给宝贝买只能"吹"的吹泡泡工具让宝贝玩，这样会更安全，玩法也更多样。

效果：感受水的张力。

适合年龄：1—3 岁

温馨提示：

虽然夏天天气热，不用担心宝贝玩水着凉，但是宝贝下手无轻重，玩得高兴了，免不了让家里"发大水"，所以玩之前一定要防患未然，限定好活动区域，或者直接将游戏搬进盥洗室。

玩水是每个宝贝都喜欢做的事情，但是玩水并不意味着可以浪费水，在玩的过程中，妈妈要自然地向宝贝渗透水很宝贵，要节约用水的观念。比如有的宝贝爱玩水，洗手的时候总是停在水龙头前久久不肯离开，水龙头也开得很大，对这样的行为，妈妈一定要结合生活慢慢予以纠正。

二、水果玩出来（水果不只能吃，还能玩、能创造，果皮、果肉、果籽每个部分都可能成为宝贝手中的创意玩具、学习伙伴）

苹果

1. 表情娃娃

彩笔若干，苹果若干，妈妈和宝贝边商量，边在每个苹果上画上不同的表情，制作苹果表情娃娃，如哈哈笑的娃娃、难过的娃娃、哭闹的娃娃等，画完后把表情娃娃一个个排在一起，引导宝贝一个个表演一下娃娃的表情。

效果： 认识、感受多样的表情。

适合年龄： 1—3 岁

2. 苹果一家亲

从废旧图书上剪下爸爸、妈妈、宝贝的头像，粘贴在不同的苹果上，组成苹果一家亲，爸爸、妈妈、宝贝可以各自拿着贴有自己图像的苹果进行角色对话与表演。

效果： 拟人化的水果角色表演让宝贝感觉很新奇，通过对话与表演能促进宝贝社会性的发展。

适合年龄： 1—3 岁

3. 变颜色了

把苹果一分为二地切开，与宝贝一起看看苹果的纵切面，并把苹果放在阳台上，过半天后带宝贝到阳台上看苹果发生了什么变化，过一两天后再带宝贝看看苹果变成了什么样。

效果： 初步了解切开后的苹果在空气中随着时间逐渐变化的过程。

适合年龄： 1—3 岁

4. 快乐果印

准备一些彩色颜料放在桌上，桌上铺纸，游戏开始妈妈将苹果肉切出不同的形状，如圆形、长方形、三角形等，之后妈妈引导宝贝拿着这些不同形状的果肉块蘸上自己喜欢的颜料印在纸上，等宝贝玩熟练了可以用这些不同形状的印搭配出不同的图案呢！玩的过程中妈妈要提醒宝贝小心蘸颜料，防止弄脏自己。为了预防幼儿在蘸颜料时滴得到处都是，可以提前在颜料盒里放块海绵，透过海绵蘸颜料会干净很多。

效果：享受印的快乐，激发动手能力与想象力。

适合年龄：1—3 岁

5. 果皮饰品

妈妈巧妙地削苹果，把果皮最好保留成一长条环形状，这样妈妈可以把果皮小心地缠到宝贝脖子上当项链，还可以缠到手上当手链。

效果：感受水果的清凉，体验创意玩法的乐趣。

适合年龄：1—3 岁

香蕉

1. 香蕉变变变

准备一个大大的香蕉，让宝贝看它像什么，并学着做一做。如立着的香蕉像驼背的老奶奶，宝贝可以学着像香蕉一样弯腰走一走；而把香蕉平放，则像一个弯腰睡觉的人，宝贝可以躺床上学学香蕉的样子；手拿着香蕉放在耳朵和嘴的附近，香蕉又变成了电话，妈妈和宝贝可以一人一根香蕉玩打电话的游戏。妈妈还可以启发宝贝进行想象，香蕉还像什么，方便的话可以学一学，做一做。

效果：锻炼宝贝的想象能力。

适合年龄：1—3 岁

2. 向日葵

香蕉皮若干，画有圆圈的白纸一张。游戏开始，妈妈指导宝贝将香蕉皮一片片以圆圈为界摆在圆的四周，这样一个漂亮的向日葵就做好了，也可以看作黄色的太阳。如果觉得香蕉皮太长，可以剪掉一半。

效果：发展宝贝动手能力及想象力。

适合年龄：1—2岁

3. 香蕉"糖葫芦"

香蕉剥皮后，妈妈引导宝贝用勺子的弧度将香蕉左切一下、右切一下切出几个球状香蕉来，然后再用细一点的吸管把它们串在一起，做成香蕉"糖葫芦"，以吃糖葫芦的方式吃香蕉会让宝贝感觉很过瘾。

效果：通过"剥""切""插"的动作锻炼宝贝手的协调性，同时体会创意吃法的乐趣。

适合年龄：1岁半—3岁

4. 撕一撕、拼一拼、编一编

剪去头和尾的香蕉皮若干，小剪刀一把备用。游戏开始妈妈先和宝贝把香蕉皮撕成一条一条的，之后妈妈启发宝贝用这些条拼各种各样的图案玩，如正方形、三角形、多边形，还可以纵横交叉、交错编织成花篮等。

效果：发展宝贝思维、锻炼多种手部运动能力。

适合年龄：1—3岁

橘子

1. 葫芦娃

牙签一根，大橘子一个，小橘子一个。妈妈指导宝贝用牙签把大橘子和小橘子串起来，再用画笔在小橘子上画上可爱的五官，这样一个小葫芦娃就做好了。当然，如果喜欢，还可以和宝贝一起做个纸帽子给娃娃戴上。

效果：体验制作与创造的乐趣，发展想象力。

适合年龄：2—3 岁

2. 掰一掰、拼一拼

准备橘子一个，游戏开始，妈妈与宝贝一起把橘子的皮剥开，里面呈现出一个由许多小瓣组成的完整橘子，妈妈可以引导宝贝把橘子瓣一个一个掰开，然后再一个一个凑起来，恢复成一个完整橘子的形状。玩的过程中，妈妈要有意引导宝贝发现，一个橘子是由许多个小橘子瓣组成的。

效果：锻炼宝贝动手能力，并在此过程中感知一个和许多。

适合年龄：1—3 岁

3. 创意拼搭

桌上铺塑料布，将橘子横向切成薄片，再拿剪刀将橘子皮剪成细条状。游戏开始，妈妈拿着切好的橘子瓣问宝贝像什么，并尝试与宝贝一起拼搭，如可用圆圆的橘子瓣当眼镜片，用橘子皮剪成的丝做眼镜架，拼成一个眼镜；还可以用橘子片做车轮，用橘子皮丝做车架，拼搭成自行车等。

效果：锻炼宝贝动手能力及想象力。

适合年龄：2—3 岁

4. 橘皮作画

准备橘皮、彩笔若干，让宝贝以橘皮为"纸"随意在橘皮两面涂鸦，画出自己喜欢的画，讲给妈妈听。还可以用废旧、不出水的彩笔在橘皮上扎着玩，刚开始，宝贝可能只是扎一些零散的小孔，慢慢地引导宝贝扎出连续的小孔线，甚至小孔图案。

效果：锻炼宝贝想象力及精细动作能力。

适合年龄：1—3岁

5. 橘塔

把橘子当积木，以由下至上逐渐递减的方式垒成高塔状，如底部放四个、第二层放三个、第三层放二个、第四层放一个，形成锥状塔，具体塔层及数量可根据宝贝具体能力而定。除此之外，妈妈还可以换个思路，和宝贝一起拼搭橘子院子、橘子停车场等。

效果：锻炼垒高、平衡能力。

适合年龄：1—3岁

水果大杂烩

1. 指认水果

把橘子、苹果、香蕉、梨、西瓜、桃子等混放在一起，让宝贝指认，妈妈说一样，宝贝就将相应的东西从众多水果中用手指出来。具体水果数量根据宝贝情况而定，如刚开始可以从2种水果开始，以后慢慢增加种类和数量。

效果：丰富宝贝对水果的认识。

适合年龄：9个月—2岁

2. 盲人吃水果

准备一些水果放在桌上，游戏开始，妈妈让宝贝用手把自己的眼睛蒙上，之后妈妈摸索着寻找自己想吃的水果。如果宝贝有兴趣，妈妈可以用手把宝贝的眼睛蒙上，让宝贝猜猜自己手里摸到的水果是什么。宝贝在猜的过程中，妈妈还可以提醒宝贝不只能用手摸，还可以用鼻子闻一闻拿到的水果。如果宝贝不喜欢被蒙上眼睛，可以换种玩法，将水果装到袋子里，让宝贝隔袋取物。

效果：学习通过触觉、嗅觉辨别不同的水果。

适合年龄：1岁半—3岁

3. 粘粘乐

妈妈和宝贝一起画一些人、动物轮廓的画，之后让宝贝拿种子当五官粘贴在轮廓里。如在鱼的轮廓里粘个苹果籽当鱼的眼睛等。当然如果宝贝不喜欢受限制，可以让他随意地粘着玩，只要宝贝高兴即可。

效果：提高宝贝粘贴、画等动手能力，强化对人和动物五官的认识。

适合年龄：1—3岁

4. 果籽找妈妈

在家人吃完苹果、梨、西瓜、葡萄、荔枝等果核很明显的水果后，妈妈有意和宝贝一起把它们的籽收集起来、晾干备用。游戏开始妈妈准备好多种水果，之后分别拿着果籽问宝贝："哪个水果妈妈的肚子里的宝贝是这样的？"让宝贝辨认，为加深认识，可切开准备好的水果让宝贝再看一看。

效果：认识不同水果的果籽。

适合年龄：2—3岁

5. 喝果汁猜水果

把西瓜、苹果、橘子榨汁，装到不同的透明杯子里，让宝贝分别尝尝，并说出是什么水果的味道。刚开始可以选择颜色、味道明显不同的水果，让宝贝品尝猜测，而随着宝贝年龄的增长，可以逐渐增加难度，如可以给宝贝颜色相似的水果汁，如苹果和梨、西瓜和草莓、橙子和橘子等，让宝贝比较，也可以让宝贝闭着眼睛喝果汁进行猜测。

效果：通过味觉辨认水果。

适合年龄：1—3 岁

6. 找朋友

从苹果、梨、橙子、西瓜上各切下一小块，问宝贝："这是什么水果，叫什么？它是从哪个水果上切下来的？它的朋友是谁？"让宝贝逐个配对、还原。宝贝配对后，妈妈及时鼓励，并反复强化宝贝认识："对了，它的好朋友是苹果。"

效果：认识不同的水果，学习配对，感受整体与部分的关系。

适合年龄：1—2 岁

7. 五彩果盘

准备一次性盘子一个，将紫色的葡萄、黄色的橘瓣、红色的小西红柿、白色的荔枝（剥皮后）一圈圈或者一层层摆好，边摆边让宝贝逐个说各种水果的颜色。

效果：学习拼摆果盘，认识颜色各异的水果。

适合年龄：1—3 岁

8. 创意拼盘

创意拼搭、玩法无限，不同的水果相互拼搭可以玩出好多游戏，如以两个大小不同的圆形苹果片分别做脸和身体，以火龙果的果皮做头发，可以拼出福娃来；以芒果做身体，以香蕉皮做尾巴，以西瓜籽做眼睛，能拼出一条黄色的鱼等。拼搭之前，为了启发宝贝的想象力，妈妈可以先拿着水果问宝贝："它像什么？"

效果：锻炼动手能力及想象力和创造力。

适合年龄：2—3 岁

> **温馨提示：**
>
> 水果是宝贝很爱吃的东西，所以在玩的过程中妈妈一定要注意宝贝卫生，吃水果的时候一定要保证水果和宝贝手的干净。同时要告诉挑水果吃的宝贝，每种水果都是我们的好朋友，都能帮助我们身体强壮，所以每种水果我们都应喜欢吃。

参考文献

1. 北京市教育委员会．北京市贯彻《幼儿园教育指导纲要（试行）》实施细则［S］．北京：同心出版社，2006.

2. 邓惠明．幼儿园家长工作指导（第二版）［M］．上海：复旦大学出版社，2019.

3. 盖笑松主编．积极心理学［M］．上海：上海教育出版社，2020.

4. 胡剑红主编．破解家园沟通的44个难题［M］．北京：中国轻工业出版社，2016.

5. 李季湄，冯晓霞主编．《3—6岁儿童学习与发展指南》解读［M］．北京：人民教育出版社，2013.

6. 王欣．让幼儿园新生尽快适应园内生活的几点策略［J］．教育实践与研究(C)，2015（3）.

7. 冯晓霞，王冬梅．让家长成为教师的合作伙伴［J］．学前教育，2000（2）.

8. 刘小蕊，庞丽娟，沙莉．尊重家长权利，促进家长参与——来自美国学前教育法的启示［J］．学前教育研究，2008（3）.

9. 李茹．家庭教育方式、家园合作共育对幼儿自信心、独立性的影响研究［D］．华中师范大学，2015.